基金项目：2018年度青岛市社会科学规划研究项目（课题编号：QDSKL1801170）

经济管理学术文库·经济类

中小企业融资问题实证研究

Empirical Study on Financing Problems of SMEs

赵玉珍／著

图书在版编目（CIP）数据

中小企业融资问题实证研究/赵玉珍著. —北京：经济管理出版社，2020.6
ISBN 978－7－5096－7256－3

Ⅰ.①中… Ⅱ.①赵… Ⅲ.①中小企业—企业融资—研究—中国 Ⅳ.①F279.243

中国版本图书馆 CIP 数据核字（2020）第 128538 号

组稿编辑：王　洋
责任编辑：杨国强　王　洋
责任印制：黄章平
责任校对：董杉珊

出版发行：经济管理出版社
　　　　　（北京市海淀区北蜂窝 8 号中雅大厦 A 座 11 层　100038）
网　　址：www.E-mp.com.cn
电　　话：（010）51915602
印　　刷：北京玺诚印务有限公司
经　　销：新华书店
开　　本：720mm×1000mm/16
印　　张：16.5
字　　数：296 千字
版　　次：2020 年 8 月第 1 版　2020 年 8 月第 1 次印刷
书　　号：ISBN 978－7－5096－7256－3
定　　价：88.00 元

·版权所有　翻印必究·
凡购本社图书，如有印装错误，由本社读者服务部负责调换。
联系地址：北京阜外月坛北小街 2 号
电话：（010）68022974　邮编：100836

前　言

我国改革开放40多年来，中小企业从无到有、从小到大，日益成长为经济社会发展的重要基础。截止到2018年底，我国中小企业的数量达到36.9万户，贡献了全国50%以上的税收、60%以上的GDP、70%以上的技术创新成果，解决了我国80%以上的就业岗位，成为拉动经济增长、支持我国经济可持续发展的重要力量。但同时也有5.6万户出现亏损，亏损面为15.2%，亏损总额达到5302.3亿元，同比增长15.2%。中小企业面临的主要困难表现在原材料和劳动力成本上升，税费负担较重、人才短缺以及融资难等问题上，其中融资难问题成为影响中小企业发展的主要"瓶颈"。本书从金融发展的视角出发，针对中小企业融资过程中的问题进行了实证分析，并构建了新业态下的中小企业融资模式，研究内容主要包括如下四部分：

第一部分在对中小企业融资的文献资料进行梳理的基础上，介绍了国内外中小企业融资的相关理论，针对中小企业发展和融资现状进行了详细论述，并归纳分析了美、日、韩等国中小企业的融资现状和融资支持体系，为后续的研究奠定了坚实的基础。

第二部分从宏观层面介绍融资规模对实体经济的影响，通过实证分析发现直接融资和表外融资的比例与实体经济之间有着因果关系。在此基础上，围绕金融发展对中小企业创业的影响展开分析，提出支持金融发展，对于缓解中小企业融资困境具有重要意义。

第三部分围绕缓解中小企业融资困境展开系列实证研究，从中小企业信用评价开始，建立了中小企业信用评价指标体系和评价模型，在此基础上针对影响中小企业融资能力、融资效率和融资风险的因素进行了分析，并通过实证研究发现中小企业融资过程中存在的问题，针对不同问题提出相应的解决策略。

第四部分从多个角度提出缓解中小企业融资困境的对策建议。针对影子银行、互联网金融、大数据以及中小企业集群等的发展开展中小企业融资模式研究，构建了多种状态下的融资模式，并有针对性地提出对策建议，为缓解中小企业融资提供了有效的经验借鉴和模式参考。

总体来看，中小企业融资问题是一项涉及面广、实践性强、内涵丰富的工作，随着金融自由化的不断加速、各种新业态的不断涌现、经济增速的放缓，缓解中小企业面临的"融资难、融资贵"问题仍面临较大的挑战。本书不仅丰富和完善了金融发展理论和中小企业的融资理论，而且对中小企业融资方面的问题进行了实证分析，并从大数据、互联网金融、共生模式等角度出发，探索中小企业融资模式，对于新形势下中小企业融资提供了多种模式参考和经验借鉴，对于中小企业融资困境的缓解具有重要意义。

但鉴于中小企业融资相关数据的获取具有一定的难度，实证分析过程中可能有不完善之处，但本书的理论意义和实践意义都很强，为解决中小企业融资困难、支持中小企业健康发展提供了有益借鉴。

目 录

第一章 绪论 ·· 1
   第一节 研究背景和意义 ·· 1
   第二节 研究内容与研究方法 ··· 3

第二章 文献综述与理论基础 ·· 6
   第一节 国内外研究现状 ·· 6
   第二节 理论基础 ··· 14

第三章 中小企业发展和融资现状 ·· 19
   第一节 相关概念的界定 ·· 19
   第二节 我国中小企业发展现状 ·· 25
   第三节 我国中小企业融资现状 ·· 28

第四章 中小企业融资国际经验 ··· 36
   第一节 美国小企业融资渠道 ··· 36
   第二节 日本中小企业融资渠道 ·· 41
   第三节 韩国中小企业融资渠道 ·· 46
   第四节 各国经验对中国的启示 ·· 49

第五章 社会融资规模对实体经济影响的研究 ······································ 53
   第一节 社会融资规模的概况 ··· 55
   第二节 社会融资规模对实体经济影响的理论分析 ·························· 61

第三节　社会融资规模对实体经济影响的实证分析 …………… 64
　　第四节　对策建议 ……………………………………………… 80
　　本章小结 ………………………………………………………… 83

第六章　金融发展对中小企业创业的影响研究 ………………… 85
　　第一节　相关概念与文献综述 ………………………………… 86
　　第二节　金融发展与中小企业创业关系概述 ………………… 89
　　第三节　金融发展与中小企业创业关系实证检验 …………… 98
　　第四节　研究结论与对策建议 ………………………………… 101
　　本章小结 ………………………………………………………… 103

第七章　中小企业信用评价实证研究 …………………………… 105
　　第一节　大数据背景下中小企业信用评价方法研究 ………… 105
　　第二节　中小企业信用评价指标体系的构建 ………………… 108
　　第三节　大数据背景下中小企业信用评价的实证分析 ……… 111
　　第四节　对策建议 ……………………………………………… 116
　　本章小结 ………………………………………………………… 118

第八章　中小企业融资能力影响因素实证研究 ………………… 119
　　第一节　融资能力影响因素分析 ……………………………… 119
　　第二节　融资能力影响因素实证分析 ………………………… 123
　　第三节　对策建议 ……………………………………………… 131
　　本章小结 ………………………………………………………… 133

第九章　中小企业融资效率研究 ………………………………… 134
　　第一节　相关概念与理论 ……………………………………… 135
　　第二节　新三板挂牌企业融资概况 …………………………… 138
　　第三节　新三板中小企业融资效率测度 ……………………… 144
　　第四节　新三板挂牌企业融资效率影响因素分析 …………… 154
　　第五节　研究结论和政策建议 ………………………………… 157
　　本章小结 ………………………………………………………… 159

第十章　中小企业融资风险评价研究 · 160

第一节　相关概念与文献综述 · 160
第二节　中小企业融资风险评价实证分析 · 162
第三节　对策建议 · 173
本章小结 · 175

第十一章　影子银行对中小企业融资的影响 · 177

第一节　影子银行体系的发展 · 178
第二节　影子银行对中小企业融资的作用分析 · 184
第三节　影子银行对中小企业融资的实证分析 · 187
第四节　研究结论及对策建议 · 192
本章小结 · 196

第十二章　基于互联网金融的中小企业融资机制研究 · 198

第一节　相关概念和理论综述 · 199
第二节　互联网金融融资模式分析 · 202
第三节　对策建议 · 206
本章小结 · 208

第十三章　大数据背景下中小企业云融资模式的构建研究 · 210

第一节　研究背景与基础 · 210
第二节　中小企业云融资模式的主体和要素 · 214
第三节　构建中小企业云融资模式 · 216
第四节　对策建议 · 219
本章小结 · 220

第十四章　中小企业集群与银行共生模式研究 · 221

第一节　金融共生理论 · 221
第二节　中小企业集群融资概况 · 224
第三节　中小企业集群与银行共生模式分析 · 227
本章小结 · 232

第十五章　基本结论与对策建议 …………………………………………… 234
　　第一节　基本结论 ………………………………………………………… 234
　　第二节　对策建议 ………………………………………………………… 235
　　结束语 …………………………………………………………………… 239

参考文献 ……………………………………………………………………… 240

第一章 绪论

第一节 研究背景和意义

一、研究背景

我国改革开放40多年以来,在相关政策的引导下和激烈的市场竞争中,中小企业从无到有、从小到大,日益成为经济社会发展的重要基础,是拉动经济增长、带动经济转型升级、保持社会和谐稳定、支撑经济可持续发展的重要力量。然而中小企业在其国民经济发展中的地位和作用,并不能消除其发展过程中面临的困境。当前中小企业仍属于"强位弱势"群体,面临创新能力不足、投资受限、原材料和劳动力成本不断上涨、资金短缺等许多问题,其中最关键的问题在于资金不足,难以支撑创新能力的不断提高。尽管国内外学者围绕中小企业融资难问题已经进行了系列研究,但很少有学者针对中小企业的融资问题展开系列实证研究,从而提出相应的对策建议。因此,本书从改善中小企业融资困境作为研究的切入点,对中小企业融资问题进行客观、真实、科学的评价和实证分析,提出具有较高针对性、可操作性的企业融资优化策略,具有重要的紧迫性、较强的创新性和研究价值。

中小企业融资困境的改善和优化是一项多主体的、复杂的、持续的系统工程,需要政府"看得见的手"和市场"看不见的手"的共同作用。本书将有助于切实缓解中小企业所面临的融资困难问题,有利于中小企业的健康发展,并对全国乃至全世界中小企业的融资困境的改善提供借鉴意义。同时有助于政府部门认知和梳理中小企业在融资行为和融资困境中存在的诸多问题,使政府部门认清其在改善中小企业融资困境中的必要作用,并积极采取干预策略以规范和完善其融资困境。

二、研究意义

(一) 理论意义

本书从实证角度论证了社会融资规模对实体经济具有促进作用,并论证了金融发展程度与中小企业创业活跃度之间具有正相关性,创业活跃度与地区国民生产总值呈正相关性等命题,丰富了金融发展理论,对于缓解中小企业融资问题提出了方向性指导。

本书结合中小企业融资现状,建立了中小企业信用评价模型和融资风险评价模型,为中小企业顺利融资提供了科学的评价模型和定量研究方法,有利于不断完善中小企业的信用评价和融资风险评价理论,从而不断优化和完善中小企业发展的融资评价机制,缓解中小企业与金融机构之间的信息不对称问题。

本书从多角度探索中小企业融资模式,包括从互联网金融角度出发探索中小企业融资模式,以大数据为背景从云创新理论视角探索中小企业融资模式以及探索中小企业集群和银行共生的融资模式,等等,可以在一定程度上缓解传统融资模式中的信息不对称和风险收益不对称问题,拓展了融资模式研究视角,对企业融资理论起到了补充和丰富的作用。

(二) 实践意义

本书围绕中小企业融资评价与优化展开研究,分析在企业融资过程中融资风险出现的原因以及影响企业融资能力的主要因素,并针对融资风险和融资能力问题展开实证研究,为降低中小企业融资风险提高融资能力提出有针对性的对策建议,有助于缓解中小企业融资难题。

本书对中小企业融资效率和融资风险进行客观、真实、科学的评价,发现影响中小企业融资效率和融资风险存在的主要因素,提出具有较高针对性、可操作性的企业融资优化策略,降低融资风险给中小企业带来的损害,从而提高中小企业的融资效率和效果,对于推动中小企业等实体经济健康发展具有重要意义。

本书从大数据背景、互联网金融、共生模式等角度出发,探索中小企业融资模式,对于新形势下中小企业融资提供了多种模式参考和经验借鉴,对于中小企业融资困境的缓解具有重要意义。

第二节 研究内容与研究方法

一、主要内容

本书的研究目的在于缓解中小企业的融资难题,在对中小企业发展和融资现状进行整理归纳的基础上展开一系列研究,主要涉及四个层面的内容:

第一,在对中小企业融资的文献资料进行梳理的基础上,介绍了国内外中小企业融资的相关理论,针对中小企业发展和融资现状进行了详细论述,并归纳分析了美、日、韩等国中小企业的融资现状和融资支持体系,为后续的研究奠定了坚实的基础。

第二,从宏观层面介绍融资规模对实体经济的影响,通过实证分析发现直接融资和表外融资的比例与实体经济之间有着因果关系。在此基础上,围绕金融发展对中小企业创业的影响展开分析,利用城市的金融、创业相关数据,运用实证分析的方式,发现金融发展程度与中小企业创业活跃度存在正相关关系。因此提出支持金融发展,对于缓解中小企业融资困境具有重要意义。

第三,围绕缓解中小企业融资困境展开系列实证研究,从中小企业信用评价开始,建立了中小企业信用评价指标体系和评价模型,在此基础上针对影响中小企业融资能力、融资效率和融资风险的因素进行了分析,并通过实证研究发现中小企业融资过程中存在的问题,并针对不同问题提出相应的解决策略。

第四,从多个角度提出缓解中小企业融资困境的对策建议。针对影子银行、互联网金融、大数据以及中小企业集群等的发展开展中小企业融资模式研究,构建了多种状态下的融资模式,并有针对性地提出对策建议,为缓解中小企业融资提供了有效的经验借鉴和模式参考。

二、研究方法

本书将多种研究方法运用其中,做到互相补充,支撑研究的重点问题,实现研究目的。

(一)文献研究

查阅相关期刊、网站、书籍等获取细致的资料,了解目前国内外相关问题的研究现状，选择适合的切入点展开研究，为中小企业融资问题的研究探讨做好理论铺垫。

（二）定性分析与定量分析相结合

在定性分析上，主要论述中小企业融资的背景，从多角度总结归纳融资现状与困境，阐述中小企业融资运行机制和模式；在定量分析上，对中小企业的信用评价、融资能力、融资效率和融资风险研究均采用定量分析的实证方法，如因子分析法、层次分析法等。

（三）比较分析

比较了中、美、日、韩等国中小企业的融资现状和支持体系，为建立适合我国中小企业的融资模式提供了经验借鉴；在融资模式上，针对传统的融资模式特点与互联网金融模式的特点形成比较，凸显互联网金融模式相对于传统模式劣势上的互补。

（四）理论与实践结合

本书不仅局限于在利用理论的基础上对中小企业融资困境及其原因进行分析，而且注重从实际情况出发对以互联网金融、大数据、影子银行为背景的融资机制进行探讨，提出可行的建议对策，在实践中具备可实施性。

三、成果的学术创新、应用价值以及社会影响和效益

（一）学术创新

基于对已有文献的研究和考察，本书有如下创新之处：

第一，运用 VAR 模型，通过 Johansen 协整检验、格兰杰因果检验、脉冲响应分析和方差分解来探究代表社会融资规模的各种融资渠道与实体经济之间的关系，创新了金融与实体经济关系的研究方法。

第二，运用 DEA 分析方法对中小企业融资效率进行测度，从综合技术效率、纯技术效率、规模效率三方面展开研究，创新了融资效率实证研究方法。

第三，利用统计测度分析方法分析云融资模式的融资主体和融资要素，在此基础上构建大数据背景下中小企业云融资模式，实现了中小企业融资模式的创新。

（二）应用价值

本书具有以下三个方面的应用价值：

第一，明确了社会融资规模对实体经济的促进作用和金融发展对中小企业创业的推动作用，有助于政府、金融机构和担保机构等部门进一步了解资金对于中

小企业的重要影响，也为相关部门出台指导意见和决策方案提供了方向。

第二，对中小企业信用、融资能力、融资效率以及融资风险的评价，有助于中小企业明确自身信用评价、融资能力、融资效率和融资风险的影响因素和评价方法，找出自身融资过程中存在的问题，有助于中小企业不断改进，从而提高自身融资能力；也使金融机构和政府部门的监管和支持明确了方向。

第三，针对影子银行、互联网金融、大数据以及中小企业集群等的发展，构建了新形势下中小企业融资模式，为中小企业提供了多途径的融资模式，也为金融机构、担保机构、评价机构等部门的发展提供了方向。

（三）社会影响和效益

本书的社会影响和效益已经开始展现，在未来还将产生更多方面的效益。

第一，中小企业信用评价体系的构建在实践中取得了较好的成效，本书的研究已经被青岛中青电子科技有限公司开发并应用于实践中，带动了中小企业评价工作的顺利开展。

第二，在实践中，多家中小企业通过融资能力、融资效率和融资信用评价意识到自身存在的不足，并根据企业自身的情况查找问题，提出解决问题的改进对策。部分中小企业也通过不断提升自身融资效率和融资能力，获得了新的融资。

第二章 文献综述与理论基础

第一节 国内外研究现状

一、国外研究现状

(一) 中小企业发展阶段研究

国外学者普遍认为中小企业自诞生以来,经历了四个发展阶段。

1. 18 世纪末至 19 世纪末

在英国第一次工业革命之前,各国企业普遍是以中小私营企业的形式存在。尽管中小企业在各国经济发展中占据重要地位,但在当时各国经济并不发达,资金融通出现的情况较少,因此中小企业主要依靠自有资金经营发展,很少涉及财务管理或者筹资的问题。

第一次工业革命带动了机器大工业的产生,很多中小企业借助工业革命的契机得到了发展,迅速成长为大型企业,在竞争的压力之下,中小企业的生存空间受到挤压,理论界出现了小企业迟早会淘汰的萌芽。因此,无论是理论界还是服务中介都不关注中小企业的生存和发展问题,从而导致中小企业的融资困境加剧。同时,针对大型企业发展趋势和发展方向的研究逐步增多,针对大型企业财务管理方面的研究也出现萌芽,但是这个时期对于融资问题涉及依旧较少。但从学者的著述中可以看到出现了融资问题开始受到关注,但更多的研究是针对大型企业。例如,亚当·斯密《道德情操论》指出企业的产品要想得到市场的认可,企业就必须关注诚实、守信、公平以及公共道德等方面的问题。这意味着企业要想获得长久发展，必须遵守诚信的原则，同时保持企业的信息公开透明，这些内容可以看作企业经营环境和融资环境的雏形，直到今天诚实守信无论对于大企业还是中小企业都同样重要。

2. 20 世纪初至 20 世纪 50 年代

工业革命之后，各国经济获得了大发展，特别是在 20 世纪初至 20 世纪 50 年代，资本主义进入垄断资本主义发展时期，机器大工业不断扩张并吞噬着中小企业，尽管蓬勃发展的企业仅靠自有资金已无法满足利润最大化的目的，但资本市场和金融市场还没有发展起来，因此如何筹集到足够的资金便成为企业财务管理的主要任务。同时许多学者明确指出，随着生产和资本的不断集中，中小企业迟早会被垄断大企业所吞并，从而走向消亡。因此，在这一阶段，学者们关注的焦点仍然停留在大企业上，但也有部分学者开始关注中小企业发展问题，中小企业融资问题研究也出现萌芽。例如，20 世纪 20 年代，英国金融委员会提出的洛克理论中曾提到中小企业在发展过程中筹措必要的长期资金时仍存在困难，无论是资本缺口和债务型缺口依然存在，即使中小企业愿意提供担保，其所需资金仍旧难以得到满足，有限的资金更愿意投入到大型企业的发展中。

3. 20 世纪 60 年代至 20 世纪 80 年代

尽管在大企业的竞争压力之下，中小企业随后经历了一段较长时间的衰落，但并没有像一些学者推测的那样消亡，而在进入 20 世纪 60 年代以后迅速成长了起来，并在许多领域表现出优势。在 20 世纪 70 年代经济危机的冲击下，中小企业在国民经济发展中的地位越来越重要，各国政府和社会各界开始关心中小企业的发展，中小企业的融资环境也受到了广泛关注，中小企业生存论和大中小企业共生理论最终战胜了中小企业淘汰论。

在这一阶段，金融和中小企业的关系受到了经济学界和实业界的高度重视。20 世纪 50 年代末至 60 年代初期，英国经济学家瑞蒙德·W. 哥德斯密在他的金融结构论中指出，如果一个国家的金融机构越发达，那么该国的金融资产种类将会越丰富，金融对经济的影响力和渗透能力就会越强，因此一国经济在金融的推动和影响下将会获得更快的发展。麦金农金融压抑论指出许多发展中国家存在金融发展落后主要是因为当局政策上的错误带来的金融制度上的缺陷，如对国有企业给予低息贷款，而对私营企业进行种种限制等，并提出应当积极健全金融体系。

美国经济学家罗斯（1972）和美国金融学家迈尔斯与智利学者迈勒夫（1984）将信息不对称理论引入财务研究领域中用来分析企业的资金结构，提出信息不对称会影响企业的筹资能力,因为中小企业信息不对称的可能性更大,导致金融部门从道德风险的角度出发不断减少为中小企业提供资金支持。Joseph E. Stiglitz and Andrew Weiss(1981)也在企业信贷模型中考虑了信息不对称问题和道德风险问题,提出了信贷配给理论,指出大型企业可以提供充足的抵押,而且信息透明度较高,违约的可能性相对较小;而中小企业抵押品相对较少,风险较大,导致银行更倾向于为大型企业提供贷款。

2006年诺贝尔和平奖得主孟加拉穆罕默德·尤诺斯(1976)提出建立乡村银行,为中小企业提供小额信贷。因为经实践证明,没有任何财产抵押的小额信贷模式贷款回收率达到98%,回收率高于银行给大型企业提供的贷款,而且这一模式在孟加拉获得成功,随后乡村银行迅速在全世界范围内得到认可和传播,乡村银行的发展被誉为世界金融史上的一次深刻变革。

4. 20世纪90年代至今

20世纪90年代以来,各国经济获得了飞速发展,中小企业在这一阶段也获得了较大的发展,对各国经济起到了积极的推动作用。因此学者对中小企业的关注度不断提高,并围绕中小企业融资问题展开了系列研究。Soto(2000)认为,金融部门在甄选借款人时,应该更注重产权清晰、充足的可抵押资产和信用问题。凯瑟琳·皮斯托、马丁·赖瑟和斯坦尼斯劳·盖尔(2000)分析了24个转轨经济国家的投资者保护水平与该国证券市场发展规模的关系后发现,转轨经济国家普遍存在执法效率低的问题,这成为制约其金融发展的主要因素。Thorsten(2002)分析了54个国家的企业数据,发现对小企业成长影响较大的是融资、法律等因素,而且越是发展中国家,中小企业受融资、法律等因素影响越大。所以,各国特别是发展中国家为了促进中小企业成长就必须不断地完善融资制度和配套政策。

Berger(1998)指出银行对于中小企业的贷款成本包含信息成本和决策成本两部分,中小银行与本地中小企业之间的业务联系较为密切,地缘关系也更容易获得相应的信息,因此中小银行对中小企业发放贷款具有优势,可以有效地降低信息成本和决策成本。然而Jayaratne和Wolken(1999)从实证的角度定量分析了中小银行在中小企业融资上的成本优势,发现中小银行在对中小企业发放贷款的过程中成本优势并不明显,但信息优势相对明显。同时,罗伯特·J. 希勒(2003)认为,金融制度和第三方监管体系对于中小企业融资非常重要,保险和证券有助于保持信贷的长期稳定。

(二)中小企业融资情况研究

在中小企业不同的发展阶段,学者对其融资问题的研究侧重点也有所不同。

但中小企业融资一直是国内外学者研究的一个重要问题。

英国学者麦克米兰对中小企业融资问题进行研究之后发表了《中小企业的调查报告》(1931),在报告中麦克米兰指出金融机构难以满足中小企业的长期资金需求,大多数中小企业不得不面对"资金缺口"。针对这个问题,众多经济学者研究之后发现中小企业不但存在"资金缺口",还存在"债务缺口"。Stahan 和 Weston(1996)研究发现银行规模越大,对于中小企业的贷款数量越少,而对于大企业的贷款则会越多。Peek 和 Rosengren(1996)指出,银行与银行之间的并购,特别是银行对小银行的并购使银行倾向于减少对中小企业的贷款,这使中小企业融资更加困难。

关于中小企业融资难的成因,学者们从不同的角度进行了分析,首先,对于银行惜贷方面,Latimer Asch 指出银行等金融机构出于安全性和收益性角度考虑更愿意为大企业提供信贷支持,而由于中小企业具有较高的风险性和失败率,以及所需资金规模偏小带来的银行贷款成本偏高,都影响了银行为其提供资金支持的积极性。斯蒂格利茨和韦斯(Stiglitz and Weiss)认为,信贷配给存在的根本原因使信息不对称导致的逆向选择和道德风险问题,中小企业与融资主体之间存在比较严重的信息不对称问题,导致银行业不愿意按高利率放贷而使自己的利益受损。其次,关于风险投资方面,创业资本家与创业者同处于一个高风险、高不确定性以及信息高度不对称的环境中,创业资本家的投资具有非常大的风险,影响了其投资中小企业的积极性。伯格曼和赫格(1998)对中小企业的道德风险进行了研究,发现在不同的投资阶段,中小企业的表现不同,风险投资企业面临的道德风险也不同。

在中小企业融资对策方面,美国学者 Banerjee 指出应该设立中小银行等地方金融机构为当地中小企业服务,在长期的合作中,中小银行对当地中小企业经营情况的了解程度逐年增加,这对于解决中小企业和银行之间的信息不对称非常有益,从而提出了"长期互动假说"。Strahan 和 Weston(1998)对中小企业和中小银行的关系进行实证分析之后提出了规模匹配理论,指出中小企业和中小企业之间存在互相促进关系,即更愿意为中小企业提供贷款支持的是中小银行,因此鼓励中小银行的发展。同时,国外学者们也论证了 IPO 对于缓解中小企业融资问题具有重要作用,一方面,金和韦尔斯(Jeng and Wells)认为,IPO 市场对中小企业的发展具有积极作用;另一方面,诺顿(Noron)、麦格森(Megginson)和威斯(Weiss)论述了中小企业 IPO 的重要性。再次,对于中小企业鼓励开展债券融资,库诺里和优萨(Coneli and Yosha)指出,中小企业可以从信息透明度方面推动企业债券的发展,特别是可转换债券契约的设计和安排。史米特(Schmit)认为,可转换债券能有效地降低企业家和投资者之间的信息不对称程度,推动中小企业加速发展。尽管中小企业的发展和融资问题受到越来越多学者的重视,但是专门研究中小企业融资的评价研究和量化研究较少。

二、国内研究现状

随着中小企业在我国经济发展中的地位越来越重要,国内学者针对中小企业融资的现状展开了系列研究。王宋奇(2000)对我国中小企业过去几十年的融资模式进行了梳理,发现从国家整体来看,整套融资体制都带有计划经济的烙印,而且处于一种低效率的运行状态,指出这种融资模式急需改善。林毅夫(2001)通过对目前我国融资体制的分析明确提出大型金融机构难以有效地为中小企业提供资金支持,而在我国大型金融机构占主导地位的情况下也就造成了中小企业的融资困境。

对于我国中小企业融资问题的解决对策研究综述。从20世纪90年代开始,我国学者开始针对中小企业融资问题展开系列研究,研究发现中小企业主要的融资渠道包括:政府财政资金、银行信贷资金、风险机构投资、资本市场融资和担保机构提供担保五个方面。

第一,政府财政资金。政府对中小企业融资的支持主要体现在以下两方面:一方面是制度支持,袁庆明(2003)、孙春艳(2011)强调了制度创新的先决性作用,解决中小企业融资难的关键是,通过政府的鼓励和引导制定良好的鼓励中小企业发展的制度,通过制度的安排鼓励新的融资机制形成,从而为有效地解决中小企业融资提供支持。吴敬琏(2002)指出,一个国家或一个地区的制度安排、融资环境和氛围能够激发企业经营活动的开展和企业潜能的充分发挥,对一个地区中小企业的发展会产生重要影响。其次发挥政府金融的杠杆和引导作用。王霞(2011)指出,鼓励金融创新促进中小企业融资,为银行支持中小企业融资提供有利的政策条件及保障措施;刘鲲(2011)提出,对中小企业贷款增长显著的银行,政府应安排一定风险补偿和奖励,降低银行的风险,引导其他金融机构增加对中小企业的信贷额度。另一方面是充分发挥财政的激励作用,制定有利于中小企业融资的政策。顾峰(2011)评选出市场前景好、具有发展潜力的中小企业,政府可以给予一定的贷款贴息政策,鼓励其向高科技企业发展。崔毅、赵韵琪(2011)鼓励政府支持资金不能局限于单个企业的支持,应该向支持公共平台建设的方向转变,重点在于构建企业信息平台、融资信息平台和融资服务平台等,促进中小企业融资。石天维、安亚人(2016)提出,通过融资服务平台和企业信息平台，减少金融机构和中小企业之间的信息不对称问题，鼓励、吸引和支持各类银行和金融中介机构为中小企业提供多元化的金融服务。刘素荣（2018）提出，发挥财政担保资金的效用，为银行及金融机构减少后顾之忧。总之，财政资金在中小企业融资过程中应该发挥引导作用，而不是主导作用，最终为构建一个不同发展阶段、不同发展特点的中小企业多元化、多层次、全方位的支持政策体系。

第二，银行信贷资金。刘鲲（2011）指出，目前我国中小企业主要的资金来源是自有资金，在自有资金难以有效支撑其发展的时候，则选择银行信贷资金作为主要的融资渠道。陆岷峰、张晓莉（2018）指出，中小企业普遍存在可抵押资产少、信用记录不全、经营风险高等问题，而银行工作人员对中小企业了解较少，普遍对中小企业存在惜贷现象。但中小企业融资过程中，银行等金融机构必须发挥主导作用。首先，建立中小企业融资支持政策。张会平（2018）鼓励信贷部门建立专业的客户经理队伍，并针对本地区重点领域进行专业知识培训，利用其从业经验和判断能力来提升对中小企业的风险分析和判断能力，增加企业违约成本，降低金融机构的风险。其次，建立中小企业专家库。朱心坤（2011）提出，搭建专家资讯平台，发挥专家对中小企业的信息了解和专业判断能力，对中小企业融资进行外部评审，为银行等金融机构融资提供技术参考。谭建（2018）指出，监督机制有利于提升中小企业的自律能力，同时降低银行等金融机构的风险。再次，鼓励建立专门的中小银行和社区银行。王成利（2017）指出，银行确立"服务科技创新"的市场定位非常重要，构建专业的科技银行，共同构建中小企业金融服务网络平台，实现资源共享。林毅夫、李永军（2001）从计量分析的角度证明了银行等金融机构给大型企业提供金融服务具有较高的效率，而中小银行为中小企业提供金融服务具有较高的效率，因此，大力发展和完善中小金融机构对于解决中小企业融资难题是非常必要的。张捷（2002）从研究小企业和大企业的特点出发，证明了发展中小企业必须要和发展小微金融同步。实际上中小金融机构可以通过使用人际关系网络来调查和了解企业，这大大地降低了沟通成本和贷款风险，而且温州中小银行的实践也证明了其自身的优势所在。林毅夫、孙希芳（2008）利用经验数据论证了较低的银行业集中度有利于新企业的创建和小企业的成长，支持尽快建立区域性中小金融机构为中小企业服务。又次，借助专业的中介服务机构。许郡（2011）建议成立专门的评级机构，对中小企业的资产、负债、市场、信用等基本情况进行调查之后进行评级，以降低商业银行等金融机构的信贷风险；徐攀、于雪（2018）鼓励成立担保机构，对中小企业融资进行担保,从而使银行等金融机构的风险得以降低。最后,银行等金融机构应该不断创新金融服务产品为中小企业提供合适的融资服务。刘素荣(2018)指出应收账款抵押、股权抵押、提单抵押、专利权质押等业务有助于开展银企合作,缓解中小企业的融资难题。

第三,风险机构投资。发展经济离不开创新,中小企业离不开风险投资的支撑,要推进我国中小企业的科技创新,必须大力发展风险投资(辜胜阻,2000),吴晓求(2006)明确指出风险投资是一种金融制度创新。程昆、刘仁和刘英(2006)以我国1994~2003年的专利申请量数据为衡量指标分析了中小企业技术创新能力和吸引风险投资的能力,结果表明两者呈正相关关系,从中可以看出中小企业通过技术创新可以有效地吸引更多的风险资金,而同时风险资金对中小企业的发展也具有积极的推动作用。尤勇和杨晓燕(2009)认为,风险投资和中小企业存在的信息不对称引发的道德风险同样带来了委托代理问题,导致中小企业的融资成本会高于大型企业,从而影响其发展。中国社会科学院金融研究中心(1998)认为,我国中小企业融资存在着体制环境、金融环境和政策环境等障碍,也影响了风险资本的判断能力和顺畅退出的信心,使其缺乏安全感而减少对中小企业的投资。吴敬琏(2002)提出,风险投资需要适当的制度安排才能获得成功,而目前我们国内对风险投资微观层面的研究较少,更缺少鼓励风险投资发展的制度安排。陈丹华(2017)提出,转变风险投资的发展方式和资金筹集模式,鼓励民间资本主导建立风险投资,并鼓励银行信贷资本、保险机构资金积极参与,形成多层次、多渠道的金融支持体系。王勤(2019)认为,风投经理人的专业素养非常重要,决定了其对投资风险的驾驭能力,因此构建完善的培训和激励约束机制,提升风投经理人本身的专业能力并使其承担相应的风险与收益。廖才高、彭民安等(2008)认为,构建完善的信息中介服务有助于减少信息不对称问题,同时为风险资本和中小企业提供沟通的纽带和桥梁。同时,董春丽(2019)认为,实行好的风险资金税收优惠政策和风险投资公司的财政税收优惠政策,为中小企业开辟多渠道、多层次的资金来源,有助于鼓励风险投资者更积极地参与到企业科技创新的收益与风险分担中去。

第四,资本市场融资。陈凤娣和吴有根(2006)对我国的资本市场进行研究之后发现,尽管资本市场可以促进企业获得资金,推动企业发展,但是对于中小企业融资却存在不少弊病。目前国内企业的间接融资方式主要包括股票融资和债券融资,但是我国对企业发债具有非常严格的要求,比如企业资本、资产状态、盈利能力、信用等级、现金流等,能够达到发行债券要求的中小企业少之又少,债券市场对中小企业也缺乏特殊的优惠政策，反而因为中小企业的高风险性而将其拒之门外。王俊（2011）认为，银行间债券市场可以通过建立适合中小企业的债券品种为中小企业融资提供便利，如组织符合条件的中小企业联合起来，发行中小企业集合票据和集合债券，通过探索高收益债券分散投资人风险。潘永明、桑韬（2018）提出，推进中小企业通过债券市场筹集资金。胡题（2019）指出，待到条件成熟时，适度发展金融衍生品市场，为中小企业创造新的投融资工具。韩丽娜（2011）指出，在股票市场上，无论创业板市场还是主板市场都非常关注企业的业绩，而且上市周期长、上市成本高都是中小企业难以承受的。刘玉忠（2003）曾提出为证券市场提供必要的补充，构建场外交易市场鼓励中小企业融资的开展；朱宗元、苏为华等（2018）主张，发展"新三板"市场，为中小企业开拓新的融资平台，同时提升企业的知名度、引进现代企业治理制度。卢金贵、陈振权（2009）认为，建立中国国际技术产权交易中心，可以为中小企业提供综合金融服务，并为支持中小企业技术成果转化提供服务，同时对于符合条件的中小企业上市发挥了积极的推动作用，有效地拓宽了中小企业在资本市场上融资的途径。但总体来看在资本市场融资中中小企业处于劣势地位，为了有效地支持中小企业融资，资本市场制度和渠道都需要不断地改进和创新。

第五，担保机构提供担保。王嘉琛（2016）指出，担保机构可以有效地分担投资方风险，并降低投资方和企业之间的信息不对称程度，特别是在中小企业融资的过程中担保机构的存在尤为重要。朱健齐、林泽兰（2018）提出，我国担保机构普遍规模较小，运行机制仍不完善，因此无论在风险分担还是补偿机制方面仍存在不完善的地方，导致难以产生规模效益。同时吴莉昀（2019）指出，我国担保行业法律法规建设相对落后，对担保公司的运作程序和运行机制缺乏有效监管，使担保机构更多地愿意为大企业提供服务，而对于中小企业融资难以提供有效的支持。因此，我国需要不断完善担保机构的法律体系，推进其运行机制的不断完善，鼓励其开发适合中小企业的担保品种，有效解决中小企业融资过程中的担保问题，有效分散和降低金融机构的风险，为中小企业融资体系提供风险防护机制和担保体系。

我国学者除了针对上述五个方面展开研究外，还在保险机构、社区银行、中介服务机构、企业评级、民间资金等方面进行了系列研究。针对中小企业的融资问题的研究在国内来说已经不是一个新的研究领域或研究题目了，而且国内在对中小企业融资的实践、立法、理论等方面都有了比较深入的研究，并取得了一定的成果。但与美国等发达国家相比较，我国对中小企业融资依旧面临较大困难，对一系列问题研究有待不断深化。因此，我们不仅要借鉴国外的经验，更要加强对中小企业融资的研究。

第二节 理论基础

资金在企业发展中如同血液般起着决定性的作用，各类企业的运行以及是否具有发展的可持续性受到资金的结构和数量的直接制约。由于银行以及其他金融机构嫌弃中小企业的规模小，所以不会轻易地在其资金方面给予支持。因此，西方经济方面相关学者，对此建树颇多。

一、信贷配给理论

英国议员 Macmillan 早在 20 世纪 30 年代，就向英国国会递交了关于中小企业问题的调查报告，报告明确指出：中小企业需要的外源性资金数量一般较小，和银行等金融机构之间的信息不对称更加明显，因此在有限的资金面前只能处于劣势，难以从资本市场中获得所需要的资金，这就是"金融缺口"，而出现金融缺口的原因在于银行业存在的"信贷配给"。

Macmillan 指出信贷配给是资本市场中的一种典型现象，在一定的利率条件和其他附加条件下，银行在利润最大化动机的驱使下，导致信贷市场不能出清的情况，特别在信息不对称的情况下中小企业在融资过程中经常会面临这样的问题，从而信贷配给成为融资理论研究的经典问题。Baltenperger（1978）认为，当借款人愿意接受协议中所有的条款，包括不受货币当局管控的所有条款时，由于信贷资金的有限性，银行依旧无法满足借款人的资金需求。如果借款人缺乏符合要求的抵押品或担保品被拒绝贷款，属于借款人难以满足金融机构的非价格条款导致被拒，不能将其归为信贷配给问题。银行条款包括价格条款和非价格条款，非价格条款主要指抵押条款、还款期限、投资项目、担保人等。Keeton（1979）根据调查发现两种情况下信贷配给会出现：①中小企业因为信息不全和信用问题经常面临信贷配给。在银行信贷利率既定的情况下，因为申请贷款的数额往往大于银行供给金额，因此银行会对借款人进行筛选，中小企业即使愿意支付更高水平的利率，但由于信息不对称导致的道德风险和逆向选择问题也被拒之门外。②即使中小企业不存在信息不全和信用问题，在信贷资金有限的情况下，银行也无法满足所有借款人的需求，只能在现有资金的约束下满足企业的部分资金需求。因此银行在资金有限的情况下会优先考虑大企业的资金需求，即使中小企业愿意给予更高的利息率，银行为了资金的安全性也会拒绝。

Stiglitz 和 Weiss（1981）分析了 Keeton 的观点之后指出：信息不对称是导致信贷配给出现的主要原因。他们认为，如果银行和企业之间不存在信息不对称的问题，在一个完全自由竞争的资本市场上，资金会按照企业的需求和利率的高低进行配置。但是银企之间信息不对称带来了企业的逆向选择和道德风险问题，从而出现了信贷配给。在现实的资金借贷市场中，银行无法准确衡量借款人的风险，如果不断提高利率来实现借贷平衡，最终得到资金的将是愿意承担高利率的高风险借款人，这就导致了逆向选择；或者企业必须投资于高收益的项目才能支付承诺给银行的高利率，导致企业被迫放弃了低风险的项目而选择高风险的项目，这就是道德风险。由于逆向选择和道德风险的存在，在贷款需求数量超过了贷款供给数量时，银行不会依靠提高利率来放贷，从收益最大化的角度出发将会对客户进行评价和有针对性地放贷，这就导致了信贷配给。因此在授信过程中，即使有申请人愿意接受更高的利率也可能得不到贷款，因为银行担心借款人为了偿付高额的利率回报转而投资高风险的项目，如果最终经营失败将无法偿还银行本息，这也会降低银行的平均资产质量，甚至使银行出现亏损。因此，即使银行有剩余的可贷资金，为了避免将来借贷资金收不回来银行也不会提高利率贷款给资信差的企业，而一般情况下银行面临的是可贷资金不足的情况。

学者不断对信贷配给模型进行改进和创新，Whette（1983）将借款人从风险厌恶者修改为风险中性的借款人，认为银行在借款过程中不再通过提高利率进行信贷配给，而是增加了对抵押品的要求。但部分抵押条款也提高了企业的借款成本，最终使借款人产生逆向选择，从而降低银行的收益，因此银行借贷中的抵押条款也会导致信贷配给问题。Whette 发现银行抵押条款同样会产生道德风险和逆向选择问题，使银行的预期收益与利率回报之间呈现非单调的函数关系，从而产生了信贷配给问题。

Jaffee 和 Russell（1976）构建了借款人行为的博弈模型来定量分析信贷配给问题。在模型中，企业是否偿还贷款不具有强制性，可以根据企业的具体情况来做出理性选择。假设企业的现金流量为 y_i，如果企业选择偿还贷款，贷款本息为 R_i。如果企业选择违约，违约成本为 D_i，可能出现如下三种情况：①如果 $R_i > y_i$，企业贷款本息超过了企业的现金流，企业无法偿还贷款只能违约；②如果 $y_i > R_i$，而且 $D_i > R_i$，企业的现金流超过了贷款本息具有还款能力，同时违约成本也超过了贷款成本，表明违约成本太高，于是企业被迫偿还贷款；③如果 $y_i >$

$R_i > D_i$,尽管企业的现金流超过了贷款本息,即企业具有还款能力,但违约成本并不是太高,于是厂商将可能选择违约。因此 D_i 的大小决定了企业违约与否,如果违约成本 D_i 是透明的,银行会根据违约成本、现金流和贷款本息的比较决定是否发放贷款给企业,这时会出现信贷配给。如果违约成本 D_i 对银行来说是隐形的,那么银行必须面对企业的逆向选择和道德风险问题。

Williamson(1987)在信贷配给分析中增加了银行对企业的监督成本。随着银行和企业之间信息不对称程度的降低,银行的监督成本会不断增加,因此银行的期望收益与利率水平之间并非单调递增的函数关系。有时企业愿意接受较高的利率,但银行为了资金的安全性必然要付出更高的监督成本,而且随着银行利率水平的不断提高,企业需要支付银行更多的本息,降低了企业的预期收益,也影响了企业偿还贷款的能力,从而降低了银行的预期收益,因此银行不能单纯依靠利率指标实现信贷平衡。在高利率的情况下,监督成本的提高也抵消了部分高利率带来的收益,理性的银行会在平衡成本与收益之后拒绝提供贷款给部分企业,导致信贷配给依旧存在。

二、关系型信贷理论

美国学者 Berg Udell(2002)对信贷配给问题、银企关系问题进行了大量研究之后,将银行对企业的信贷支持划分为两种类型:一是交易型信贷,这一类借款者借助信息技术和数理统计模型对客户的经营状况、信用记录、资产形态、抵押品等硬信息进行统计分析,根据统计结果决定贷款发放与否,交易型信贷具体包括抵押担保型贷款、财务报表型贷款等。这一类贷款的发放决策和贷款条件测算要求的技术水平较为复杂,而且对贷款申请者提供的财务报表反映的信息积累要求较高,因此一些信息透明度较高的企业容易获得这类交易型贷款,而中小企业因为历史相对较短,可提供的信息也较少,往往难以提供符合这类贷款的信息条件。交易型贷款对信息的需求较严格,从信息特征来看,这类信息都是可以表达出来的,如企业的经营情况、合同签订等信息都可以在财务报表中统计和量化,具有契约经济的特征,且多为一次性的市场交易行为,不具有人格化的特征,因此这类信贷相对较少。二是关系型信贷,这一类贷款申请者与银行之间往往存在长期合约和较密切的业务往来,因此会对借款人进行密切监督,银行通过和企业长期多渠道的接触积累相关的信息。在长期的业务往来中,银行不仅可以积累企业的财务信息和日常业务往来信息,甚至涉及企业能力、企业信誉和经营者、管理者个人信用的问题,这些难以量化的软信息属于银行的专有信息,银行不会主动将其传递或扩散给其他金融机构。银行利用这些专有信息判断是否对企业发放贷款以及决定贷款的条件。这类信贷的发生是在长期的业务往来中形成的，可以具有长期性和反复性。

由此可以看出，交易型信贷和关系型信贷的最大区别在于银行获取企业信息的性质。交易型信贷中银行获取的相关信息都是标准化的，可以经过量化的信息，如企业的财务报表或抵押品等。而关系型信贷中银行获取的企业的相关信息都是难以量化的非标准化信息，在银行与企业的长期合作中积累起来的，比如企业在银行的存款、取款、结算以及其他业务信息，也包括银行从企业的上下游产业链中获得的相关信息，这类信息的可信度较高。在存在信息不对称和信息虚假的情况下，关系型信贷提高了银行对企业发放贷款的意愿，有助于推动企业持续稳定健康发展。

三、融资优序理论

梅耶斯和麦基罗夫（S. Myers 和 N. Majluf，1984）在信息不对称的情况下通过信号传递得出了融资优序理论。他们认为信息不对称现象是由于企业的投资者和经营者不一致所导致的，经营者在融资过程中可以选择融资方式，但不同的融资方式所传递的信号是不同的，对于不同的信号投资者要求的投资回报率将会有所区别，也就导致了融资成本的不同，这会影响企业的市场价值。当企业需要资金时，首选是内部融资，因为内部融资没有交易成本而且不会传递任何不良的信号，内部融资成功则释放出了有利信息。当企业通过发行股票筹集资金时将会给投资者传递一种不利的信息，影响投资者购买股票时愿意支付的价格，这会导致企业的价值被严重地低估，从而导致企业改变投资和融资决策。如果企业通过发行债券筹集资金时，将会给投资者传递一种有利的信息，则企业的价值不会被投资者严重地低估。因此企业在需要资金时，内部融资的融资成本最低，成为经营者的首选融资方式。其次会选择能传递有利信息的债券融资，融资成本将会高于内部融资，最后才是融资成本较高且会传递不利信息的股权融资。

融资优序理论强调了一般企业的融资方式所传递的信息会影响企业的融资结构，但没有涉及企业的信用、规模等其他影响因素。而最近的研究发现，由于信息传递对于企业融资结构的影响仅仅适用于中小企业，而对大企业的融资结构影响不大。

四、长期互动假说

班纳吉（Banerjeel）在 1994 年提出的长期互动假说中认为，中小金融机构具有地区性的特点，在与当地中小企业共事过一段时间后，逐渐地相互了解，从而削减了信息不对称的程度，增加了其为中小企业提供资金的信心。大型金融机构则相反。因此，这一假设表明，中小金融机构的设立将有助于解决融资难的问题。Phillp 和 Weston（1998）也有相同的结论，提出在向中小企业提供小额信贷方面，中小型金融机构相比大型金融机构具有明显的比较优势。西方发达国家都极其重视中小金融机构的发展和体系的构建。

综上所述，在经济理论和财务理论的指导下，借助于信息技术的进步和统计方法的更新，国内外研究学者已经形成了比较系统的中小企业融资理论，如何利用相关融资理论来指导实践工作是本书的重点。因此本书通过对中小企业信用评价、融资能力、融资效率、融资风险等问题展开实证分析定量研究了中小企业融资问题，并构建了经济新常态下中小企业的融资模式，对缓解中小企业融资困境具有重要意义。

五、研究现状述评

综上所述，西方国家经济发展相对较快，因此对于经济理论和金融理论的研究起步较早，已经形成了比较成熟的理论，在企业融资评价体系和融资支持体系方面也形成了比较成熟的研究成果和共识。而我国中小企业融资的相关研究起步于 20 世纪 90 年代，到目前为止，主要取得了以下一些积极成果：阐述了我国小企业融资难的现状，同时从银行信贷、风险投资、资本市场、政策性融资等方面对于中小企业融资难的问题展开系列研究并提出了对策建议。但随着经济的发展和科学技术的进步，目前对于中小企业融资的研究出现了一些不足：一是研究的视角比较陈旧，对于经济领域和金融领域新的现象缺乏研究。虽然国家对于中小企业的发展高度重视，学者们围绕中小企业融资问题也展开了大量研究，但现有的研究大多从传统的信息不对称理论、博弈论等视角出发对中小企业融资问题展开研究，而从大数据、互联网金融等新兴现象出发研究中小企业融资支持体系才刚刚处于起步阶段。二是研究的系统性不强，目前已有的文献中，大都是利用定性分析中小企业融资问题，部分定量分析所用的研究方法也比较简单，而且大部分研究只是单纯地分析融资效率、融资风险等的一个方面，这种研究具有片面性、局部性和系统性，难以发挥融资对中小企业的整体促进作用。三是政策效用时效性。目前的研究从金融机构和政府的角度提出了多种推动中小企业发展的策略，但中小企业融资是一项系统工程，在大数据、互联网发展的大背景下，建立新的融资模式，需要中小企业、政府、金融机构的共同努力。

第三章　中小企业发展和融资现状

2018年末，我国中小企业的数量为39.6万户，占全部规模以上工业企业总数的97.6%，比2017年末减少6494户，是2011年以来中小企业数量首次出现负增长。尽管国家非常重视中小企业的发展现状和面临的困难，并出台了一系列政策措施鼓励中小企业的发展。但中小企业发展面临的问题主要在于原材料等要素成本和用工成本上升，税费较重、市场竞争激烈、人才缺乏、融资难等问题，解决难度较大。其中融资难、融资贵问题成了中小企业发展的主要瓶颈问题，资金缺口不断加大以及资金供应不上的状况进一步压缩了中小企业的生存空间。导致中小企业出现融资难的原因有很多，除中小企业本身存在问题外，还需要考虑政府方面的问题、银行方面的问题，还有信用担保体系方面的问题。本章把我国中小企业融资问题作为研究对象，希望结合企业、政府、银行以及信用担保体系这四个方面寻找中小企业出现融资困难的原因。

第一节　相关概念的界定

长期以来，中小企业在各国经济发展的过程中都占据重要地位，但世界各国所处的经济发展阶段不同，各国中小企业发展面临的社会历史背景不同，因此各国对中小企业的界定也存在不同。

早在19世纪末，随着第二次工业革命的完成，大企业、大公司成为经济生活的主导之后，与之相对出现的规模较小的企业就被统称为"中小企业"。但世界各国面临的国内经济状况和经济发展阶段不同，各国确定了不同的经济发展重点，中小企业在各国经济发展中的地位和影响也不同，从而在国际上难以形成普遍认可的中小企业定义和划分标准,各国根据本国情况对中小企业的界定存在较大差距。即使在同一个国家、不同的历史时期,中小企业的地位和定义也在不断变化中,一般情况下各国会根据中小企业的产业部门、产业规模、产业结构以及就业人数等对中小企业进行划分。

一、国外中小企业的界定

首先,在中小企业的分类方面存在国别差距。美国的企业划分为大型企业和小型企业两类,没有中小企业的说法;韩国和日本将企业划分为三类,分别是大型企业、中型企业和小型企业,习惯上将中型企业和小型统称为中小企业;欧洲国家将企业划分为四类,分别是大型企业、中型企业、小型企业和微型企业,欧洲国家特别注重微型企业的发展和培育,将中型、小型和微型企业统称为中小企业。由此可见,世界各国对企业的分类存在区别,对中小企业的提法也存在差异。

其次,各国对于中小企业的界定存在差异。各国经济发展水平不同,对中小企业的界定也各不相同;甚至在同一个国家的不同经济发展阶段,也对中小企业确定了不同的界定标准。例如,尽管今天大多数国家将员工人数在100人左右的企业视为中小企业,然而18世纪中期以前员工人数在100人左右的企业绝对是大企业。

战后初期,美国经济学家卡普兰对企业的管理模式进行研究之后提出:小企业指的是企业的所有者直接对企业进行管理经营,并和企业的雇员及客户直接发生联系的企业。卡普兰强调的是小企业属于个人所有并直接经营,具有一定的独立性,而不是企业的分支机构或者聘用专业的经理人进行经营管理。而经济学家罗斯·罗伯逊认为只要出资者直接经营企业,而且出资者与企业的管理人员和员工联系密切,即可界定为小企业。美国1953年颁布《小企业法》,其中明确规定企业主拥有企业的所有权并自主经营管理企业,企业如果无法在某一领域占据主导地位即可划分为小企业。后期美国出现了两个中小企业划分标准,一个是经济发展委员会出台的小企业划分标准,认为如果具备如下两个特征即可划分为小企业:①由一个人或少数几个人投资设立;②所有权与经营权一致,业主自己经营企业;③产品主要供给本区域消费使用;④企业规模相对较小。另一个是美国小企业管理局出台的小企业划分标准。不同行业的标准如下:制造业雇员人数不超过500人;制造业年营业额不超过2000万美元;服务业雇员人数不超过50人;服务业年营业额不超过700万美元,等等。两个并存的界定标准给小企业的管理带来了一定的困难。2011年美国颁布了《美国小企业法》,统一将小企业的雇员人数界定在500人以内，在将人数标准单一化的同时要求美国小企业管理局针对不同行业制定具体量化标准。

英国对中小企业的界定相对较早，1971年波尔顿委员会提出小企业是由小企业主充当管理者来直接管理企业，企业并非某大企业的组成部分或分支机构，市场份额相对较小但企业具有独立性。其他各个国家或地区对中小企业的划分标准也各有不同，具体见表3-1。

表3-1 各国或地区中小企业的划分标准

国家及地区	划分标准	标准来源
美国	雇员人数不超过500人	2001年《美国小企业法》
欧盟	雇员少于250人，不被一个或几个大企业拥有25%以上的股份，并且年营业额不超过4000万欧元或者资产负债表上的资产总额不超过2700万欧元的企业	2003年欧盟委员会修订
日本	制造业人数300人以下或资本金3亿日元以下；服务业人数100人以下或资本金5000日元以下；批发业人数100人以下或资本金1亿日元以下；零售业人数50人以下或资本金5000万日元以下；旅馆业资本金人数200人以下或5000万日元以下	2010年日本《中小企业宪章》
韩国	建筑业：从业人数50人以下或资产总额5亿韩元以下 商业服务业：从业人数50人以下或资产总额5000万韩元以下 批发业：从业人数50人以下或资产总额2亿韩元以下	2007年韩国促进大中小企业相生合作的法律
新加坡	小型企业：固定资产≤500万新元，且生产用固定资产≤200万新元 中型企业：固定资产额在500万~1000万新元	小工业金融计划
中国台湾	金融保险业、商业、运输业、工商服务业、农林牧渔业、水电燃气业： 小型企业：经常雇员≤5人 中型企业：前一年营业额≤1亿元新台币，或经常雇员≤50人 土石采掘业、制造业、矿业： 小型企业：经常雇员≤20人 中型企业：实收资本≤8000万元新台币，经常雇员≤200人	台湾地区中小企业白皮书（2000）

从表3-1可以看出，世界各国或地区对中小企业的界定和划分普遍采用资产总额、营业额、员工数量和注册资本等指标，对于不同的行业有些国家或地区会采用两个或两个以上的指标来界定，对于同一行业和部门，各国或地区的划分标准也各有侧重。从英国对中小企业的界定来看，不同的部门界定标准不同：在

生产行业按照从业人员进行划分，从业人员25人以下的建筑业、采矿业被划分为小企业，从业人员200人以下的制造业被划分为小企业；在销售行业按照销售收入进行划分，年销售收入在18.5万英镑以下零售业被划分为小零售业，年销售收入在73万英镑以下的批发业被划分为小批发业。

总之，各国或地区对于中小企业的界定标准存在较大区别，但总体来看中小企业指的是在特定的历史时期内生产规模相对较小的企业，或在特定的行业内处于相对从属地位的企业，而且一般要求企业有所有者独立经营管理企业。

二、我国中小企业的界定

改革开放以来，我国经济飞速发展的同时中小企业也得到了较大发展，我国对中小企业的界定标准也随着经济的发展在不断更新变化中。我国1984年出版《中国企业管理百科全书》，书中将中小企业界定为生产规模相对较小，劳动力相对较少且劳动手段相对多样的企业。2003年1月1日我国颁布了第一部关于中小企业的专门法律，即《中华人民共和国中小企业促进法》，该法指出中小企业是为了满足社会和经济发展需要而产生和发展的，并且按照国家产业政策的要求设立的雇佣人员相对较少、生产规模相对较小的企业，具体划分标准包括雇员人数、销售收入、资产总额等指标。2011年经济学家郎咸平提出小微企业应该单独划分出来，郎咸平将小型企业、微型企业和家庭作坊式企业统称为小微企业，则中小企业成为中型企业和小微企业的统称。目前，我国各界普遍认为中小企业指单个人或少数人投资设立，由投资人直接经营管理，而且在同一行业内无论是雇佣人员、营业收入，还是资产总额都相对较小的企业，这类企业在生产经营过程中受外界干涉较小，同时受外界关注也较小。

从1949年中华人民共和国成立至今，我国对中小企业的划分标准不断变化，国家层面先后进行了10次修正，其中7次划分标准正式出台了文件，3次是对划分标准的修订，本章重点介绍7次正式划分标准。20世纪50年代第一次划分的标准比较单一，仅以企业职工人数为标准进行了界定，员工人数在3000人以上的被界定为大型企业，员工人数在500人以下的被界定为小型企业，员工人数在500人以上、3000人以下的企业被界定为中型企业。在1962年第二次划分中选择以固定资产价值作为标准，通过固定资产规模大小划分了大企业和中小企业的界限。第三次是在1978年，原国家计委联合其他部门颁布的《关于基本建设项目的大中型企业划分标准的规定》，这项规定取消了此前的固定资产价值标准，将企业的年综合生产能力设定为企业划分标准。国务院在1984年《国营企业第二部利改税试行办法》，综合考虑企业生产经营能力和固定资产原值的基础上，考虑地区差异确定了企业划分标准，如国营小型公交企业的划定标准，如果在京津沪三市，要求年利润不超过40万元，固定资产原值不超过400万元；而京津沪以外的地区，要求年利润不超过30万元，固定资产原值不超过300万元。第四次是比较专业的划分标准出台，即1988年颁布的《大中型工业企业划分标准》该标准综合考虑企业规模和不同行业的特点将企业划分为四类六档，包括特大型企业、大型企业（包括大一、大二两类）、中型企业（包括中一、中二两类）和小型企业，其中中小企业指的是中二类中型企业和小型企业。关于划分标准，对于产品单一的企业按照生产能力进行划分，如炼油厂、炼钢厂、水泥厂等的划型；对于一般企业按照生产设备数量进行划分，如发电厂、棉纺厂、橡胶厂的划型；对于产品和设备比较复杂的企业按照固定资产原值数量进行划分。后来对上述划型标准进行了调整和补充之后出台了1992年版的《大中型企业划分标准》，此版划分标准只包括特大型、大型、中型和小型企业四大类，对于生产单一产品的企业依旧按照生产能力进行划分，对于其他企业则统一采用固定资产原值进行划分。第五次是1999年8月颁布的专门针对工业企业的划分标准，即将销售收入、营业及资产总额作为工业企业统一的划分标准，如果年销售收入和资产总额均在50亿元以上则划为特大型企业；如果年销售收入、资产及营业总额均在5亿元以上则划为大型企业；如果年销售收入和资产总额都在5000万元以上则划为中型企业；其余则划为小型企业。第六次是2003年4月专门针对中小企业的划分标准，即原国家经贸委财政部和统计局联合颁布了《中小企业标准暂行规定》，此次划分包括我国各类所有制和各种组织形式的企业，考虑行业特点、资产总额、销售收入、职工人数等多项指标之后进行了划分。例如，对于工业型企业，满足职工人数2000人以下，或资产总额40000万元以下，或销售收入30000万元以下的任意一项即可划为中小型企业，如果同时满足职工人数超过300人，或资产总额超过3000万元，或销售收入超过3000万元的任意一项则为中型企业，其余企业则划为小型企业。对于餐饮住宿业，如果中小型企业指的是满足职工人数在800人以下或销售收入在15000万元以下任一项的企业，如果同时满足职工人数超过400人或销售收入超过3000万元，则划为中型企业，其余企业则为小型企业。

第七次是在2011年国家根据具体情况单独划出了微型企业之后重新修订了划分标准，由财政部、发改委等四部门联合颁布了《中小企业划型标准规定》，主要根据行业特点、营业收入、员工人数和资产总额四项指标将中小企业划分为中、小、微三种类型,具体分类标准如表3-2所示。本次划分重点考虑了不同行业的差别,将中型企业、小型企业和微型企业单独划型,便于针对不同规模的企业制定不同的制度安排和支持政策,对于支持中小企业发展具有重要意义。

表3-2 中国大中小企业划分标准

序号	行业	主要指标	单位	大型企业	中型企业	小型企业	微型企业
1	农、林、牧、渔业	营业收入(R)	万元	R≥20000	500≤R<20000	50≤R<500	R<50
2	工业	从业人员(P)	人	P≥1000	300≤P<1000	20≤P<300	P<20
		营业收入(R)	万元	且R≥40000	且2000≤R<40000	且300≤R<2000	或R<300
3	建筑业	资产总额(A)	万元	A≥80000	5000≤A<80000	300≤A<5000	A<300
		营业收入(R)	万元	且R≥80000	且6000≤R<80000	且300≤R<6000	或R<300
4	批发业	从业人员(P)	人	P≥200	20≤P<200	5≤P<20	P<5
		营业收入(R)	万元	且R≥40000	且5000≤R<40000	且1000≤R<5000	或R<1000
5	零售业	从业人员(P)	人	P≥300	50≤P<300	10≤P<50	P<10
		营业收入(R)	万元	且R≥20000	且500≤R<20000	且100≤R<500	或R<100
6	交通运输业	从业人员(P)	人	P≥1000	300≤P<1000	20≤P<300	P<20
		营业收入(R)	万元	且R≥30000	且3000≤R<30000	且200≤R<3000	或R<200
7	仓储业	从业人员(P)	人	P≥200	100≤P<200	20≤P<100	P<20
		营业收入(R)	万元	且R≥30000	且1000≤R<30000	且100≤R<1000	或R<100
8	邮政业	从业人员(P)	人	P≥1000	300≤P<1000	20≤P<300	P<20
		营业收入(R)	万元	且R≥30000	且2000≤R<30000	且100≤R<2000	或R<100
9	住宿业	从业人员(P)	人	P≥300	100≤P<300	10≤P<100	P<10
		营业收入(R)	万元	且R≥10000	且2000≤R<10000	且100≤R<2000	或R<100
10	餐饮业	从业人员(P)	人	P≥300	100≤P<300	10≤P<100	P<10
		营业收入(R)	万元	且R≥10000	且2000≤R<10000	且100≤R<2000	或R<100
11	信息传输业	从业人员(P)	人	P≥2000	100≤P<2000	10≤P<100	P<10
		营业收入(R)	万元	且R≥100000	且1000≤R<100000	且100≤R<1000	或R<100
12	软件和信息技术服务业	从业人员(P)	人	P≥300	100≤P<300	10≤P<100	P<10
		营业收入(R)	万元	且R≥10000	且1000≤R<10000	且50≤R<1000	或R<50
13	房地产开发经营	资产总额(A)	万元	A≥100000	5000≤A<100000	2000≤A<5000	A<2000
		营业收入(R)	万元	且R≥200000	且1000≤R<200000	且1000≤R<1000	或R<1000
14	物业管理	从业人员(P)	人	P≥1000	300≤P<1000	100≤P<300	P<100
		营业收入(R)	万元	且R≥5000	且1000≤R<5000	且500≤R<1000	或R<500

续表

序号	行业	主要指标	单位	大型企业	中型企业	小型企业	微型企业
15	租赁和商务服务业	从业人员（P）	人	P≥300	100≤P<300	10≤P<100	P<10
		资产总额（A）	万元	且A≥120000	且8000≤A<120000	且100≤A<8000	或A<100
16	其他未列明行业	从业人员（P）	人	P≥300	100≤P<300	10≤P<100	P<10

第二节 我国中小企业发展现状

我国中小企业萌芽于20世纪80年代初期，随着国家改革开放进程的不断加快，中小企业在我国迅速发展，并成为国民经济不可或缺的重要组成部分。

一、我国中小企业的特点

我国中小企业虽然起步较晚，但是经济的飞速发展带动我国中小企业呈现蓬勃发展之势，反过来中小企业的发展对我国经济起到了巨大的推动作用。

（一）中小企业是国民经济发展的重要推动力量

2018年中小企业总数达到36.9万户，占规模以上企业总数的97.6%；实现主营业务收入57.9万元，占规模以上企业主营业务收入的56.7%；实现利润总额3.4万元，占规模以上企业利润总额的51.6%；但也有5.6万户中小企业亏损，企业亏损面达到了15.2%，亏损总额5302.3亿元。中小企业已经成为我国国民经济中不可或缺的组成部分，在提高经济效率、扩大就业、缩小收入差距、保持经济活力等方面具有不可替代的重要性，成为推动国民经济发展，保持社会稳定的基础力量。中小企业在国民经济发展中贡献了巨大力量，也得到了政府越来越多的重视。政府已经将扶持中小企业发展列为主要经济发展目标，并成立中小企业局专门负责管理中小企业事务。

（二）决策机制灵活，市场适应能力强

我国大多数的中小企业，初始投入资金较少，股权结构单一，企业的经营权全部掌握在企业主手中，企业的财务、认识、经营等权力受到的外部制约因素相对较少。遇到市场疲软、产品不适销等问题，可以迅速地改变经营方向，有效发挥"船小好掉头"的优点，摆脱危机困扰，变危为机。遇到好的决策机会，可以充分发挥机制灵活的优点,快速做出决策之后进行技术创新和产品创新,将科研成果转化为生产力,利用市场化的产品快速占领市场,这对于一个国家的经济发展作用巨大。在现代市场经济条件下,中小企业利用自身的科研优势和小型化优势,可以集中精力关注大企业不愿意进入的市场空白领域和边缘领域,在细分市场中占据一定的优势地位,从而争取获得最大化的收益。总之,中小企业虽然资金较小,可抵押品少,经营风险大,但中小企业机制灵活,可以利用贴近市场的优势,在大企业的夹缝中占据一定的生存空间,并不断利用其创新性强的特点,在激烈竞争的市场中发展壮大。

(三)对技术资本和人力资本具有较高的依存度

在中小企业中,技术资本是其核心竞争力所在,人力资本是其创新的主体,技术资本和人力资本的重要性超过了其他的资本形式,如财务资本、物质资本等传统的资本形式。无论是物质资本的保值增值,还是财务资本的不断增加,都依赖于技术资本和人力资本所进行的研发活动带来的价值。

(四)有助于我国产业结构的不断优化

发展初期中小企业主要集中在制造业、运输业、建筑业等劳动密集型行业和领域,为解决劳动力就业做出了重要贡献。随着国家经济结构的升级,中小企业也开始向新兴产业拓展,如文化、休闲娱乐等领域,并且开始在法律、咨询等技术密集型行业开始崭露头角。中小企业内部产业结构的不断优化,对于我国产业结构的调整具有重要推动作用。

二、我国中小企业发展存在的问题

(一)融资渠道单一、筹集资金困难

资金对于中小企业的发展至关重要,无论是市场的开拓、规模的扩大,还是新产品的研发、研发产品的产业化都需要大量的资金投入。然而在目前中小企业资金短缺的情况下,难以单纯依靠内源融资获得足够的资金,也难以从银行获得足够的资金支持。企业资金短缺会影响企业的发展和创新,而创新活动从技术研发到产品开发再到新产品产业化的漫长过程,本身就充满高风险,同时需要大量资金投入。我国中小企业的自有资金供给不足,本来更加需要银行的支持,但中小企业从事研发活动的能力较弱,可抵押品也相对较少,导致仅有8%左右的中小企业能得到银行的贷款支持。目前,我国的资本市场和债券市场对于大企业融资提供了相当的便利,但是中小企业难以达到资本市场和债券市场要求的高门槛,因此大多数中小企业无法从资本市场和债券市场融资。综上所述,中小企业自身的不足、资本市场的高门槛等各种因素综合作用，导致中小企业融资渠道单一，融资不足难以得到有效解决。

（二）技术创新能力差，技术水平低下

由于我国中小企业对于科技创新的认识不足，以及资金短缺、抗风险能力较弱，难以拿出大量资金进行研发投入，导致我国中小企业的竞争力与发达国家比较起来并不占优势，而且差距非常明显。中小企业技术人员缺少，科研经费投入不足，导致自主研发水平较低，关键技术的缺失致使其产品的附加值和技术含量较低，从而在国际竞争中处于弱势地位。尽管也有部分企业与科研院所和高等院校进行校企联合、共同研发，但技术领先度往往不高，在缺乏持续创新的情况下，产品在有限的时间内就会被模仿和超越，因此单纯依靠购买的技术如果不能进行持续创新，将很快被其他企业模仿或超越，也就难以给企业带来持久的竞争力。因此，我国中小企业在缺乏创新能力的情况下，难以在某一领域保持领先地位，更难在高附加值、高技术含量的领域有所突破，因此只能在低技术含量的领域展开竞争。这种竞争一方面消耗了大量的资源，另一方面分散了企业注意力，降低了企业的盈利能力，导致产出水平相对较低。因此，要想提高中小企业的竞争力，必须加大在高附加值高技术领域的投入。中小企业单纯依靠模仿创新难以获得跳跃式发展，只有依靠不断增强自身研发能力，提高科研实力，自己创新研发高端技术才是推动中小企业发展的关键。自主创新是推动我国中小企业不断发展壮大，走在世界前列的必经之路。

（三）企业管理方面存在较多问题

中国中小企业成立之初，规模较小，缺乏有效的管理。即使发展壮大之后也多数会成立家族式企业，仍旧缺乏企业管理的能力和相关知识。几十年来的计划经济体制导致我国整体企业管理水平相对落后，缺少职业经理人，在管理思想上也无法与时俱进，跟上企业和社会的发展，导致很多中小企业管理混乱，长此以往会影响企业经营活动的正常开展。而且对于家族式的中小企业，容易存在产权不清、一言堂等问题，难以建立规范化的管理体系，这些都会导致中小企业在管理制度上的混乱。在劳动人事和利益分配等方面的制度不够健全很容易使企业处于混乱状态。随着企业不断发展壮大，企业规模不断扩大，企业发展过程中暴露出越来越多的问题，对管理能力和管理制度提出了更高的要求，过去粗放式的管理方式已经不能适应中小企业快速发展的需求。

（四）政府及社会对中小企业的支持力度不够

在许多西方发达国家，中小企业之所以能够迅速发展，除企业不断地创新外，政府对中小企业的支持也是必不可少的助推力。我国大多数中小企业处于产业链的底层，难以成为凸显地方政府政绩的明星企业，导致大多数政府忽视了其在创造就业与创新等方面发挥的作用，对中小企业缺乏重视。同时由于我国的发展阶段以及有限财力，政府资源更多地向大中型企业倾斜，而对中小企业的扶持尚处于起步阶段，无论是相关的法律法规还是管理支持机构都不太健全，加之缺乏相关的经验，即使出台了好的政策，但需要各部门的配合才能执行，目前我国各部门在协调配合方面还存在一定的问题，导致其对中小企业的支持力度也会受到影响。

第三节　我国中小企业融资现状

一、我国中小企业融资的特点

(一) 内源性融资是我国中小企业的主要融资渠道

根据梅耶斯的优序融资理论，企业在融资过程中首先偏好内部留存收益，在内部留存收益不足的情况下，才会考虑债务融资，最后考虑的才是股票融资。通过数据调查，在西方发达国家中，企业更偏好内源性融资，内源性融资平均达到了62%，美国中小企业偏好内源性融资的比重更是达到了77%，这说明西方国家融资偏好基本符合融资优序理论，即偏好内源性融资。我国中小企业由于债务融资和股票融资存在较大困难，导致内源性融资占资金总数的70%以上，成为我国中小企业主要的融资方式。内源融资作为企业生产经营活动中产生的资金，财务成本较小，不需要直接向外支付相关的融资成本和费用，在使用时具有较大的自主性，受外界的制约和影响较小，而且不用承担付息成本和股权稀释的代价。内部融资不但减少了因信息不对称而造成的负面影响，还节约企业的交易费用，降低了融资成本，对中小企业的生存和发展有着不可忽视的作用。把企业自身的盈余资金和留存利润作为首选融资方式，其效率取决于企业的经营效益，可调控的范围较小，这种方式获得的资金量十分有限并具有不确定性，对企业的快速成长不利，影响了企业在资本市场上的融资能力。

中小企业的整体自筹能力较低，仅仅依靠自有资金难以满足企业发展需要，资金需求的巨大缺口只有求助于企业外部，依靠外源性融资满足。目前，我国八成以上的中小企业有贷款需求而无法得到满足,在与大企业竞争资金的过程中明显处于劣势,即遭遇我们常说的麦克米伦限制,面临太多的约束性条款。这种情况严重制约了我国中小企业的发展步伐,明显影响了我国中小企业的发展和壮大。

(二) 可供抵押资产少,贷款难度大,贷款利率上浮空间较大

各银行普遍认为中小企业的有形资产较少,可供抵质押资产少,而且都是新兴企业,本身规模较小,发展历史短,没有完整、系统的信用记录可供参考,许多企业投资项目都是新产品、新概念,市场定位具有超前性,投资方缺乏相关的评估经验和具体的评估标准,难以对中小企业进行信用评估,因此银行不得不面对中小企业的道德风险和逆向选择问题。银行从规避风险的角度出发,对中小企业的贷款申请持审慎态度也是可以理解的。虽然国家和各级金融机构出台了系列文件,要求银行加大对中小企业的信贷支持,但商业银行要考虑自身风险,同时也要符合金融监管部门对商业银行信贷的诸多限制,导致商业银行难以为中小企业提供更多的资金支持和融资服务。在面临巨大融资压力的情况下,我国不少中小企业通过企业投资人抵押自己的私人房产来取得贷款,房产抵押贷款利率上浮较多,进一步加剧了企业的负担。

(三) 对外源融资具有迫切需求,但外部融资渠道狭窄

中小企业仅仅依靠内源融资,靠自身的积累难以满足企业发展壮大的需要。资金需求的重大缺口只有求助于企业外部,靠外源性融资满足。由于中小企业具有明显的高风险性、高增长潜力、高预期收益、低流动性的特征,再加上中小企业成立时间短,企业规模较小,土地、机器设备等固定资产相对较少,信用记录和经营记录缺乏,因此商业银行出于自身资产安全性、营利性和流动性的考虑,对这些企业的贷款申请持谨慎态度。在融资市场上,中小企业始终是弱者,商业银行不可能放弃能获利更大、安全性更高的大中型企业贷款,而持续地去做收益较小、风险较高的中小企业贷款,所以对于中小企业来说从银行获得融资非常困难。然而从目前的情况来看,我国中小企业的外部融资更多地来源于银行的抵押贷款和担保贷款。

在西方发达国家,因为债券市场比较成熟,债券融资也是企业偏好的一种融资手段,导致无论是在发行数量还是发行次数上债券融资都超过了股票融资。但我国由于债券融资发行的种种限制,如发行规模、发行利率和偿还期限等的限制使企业发行债券存在较大困难,中小企业发行债券的可能性更小。导致我国债券市场存在品种比较单一、利率僵化等问题,使债券市场比较冷清,难以支撑中小

企业的融资需求。

在股票市场上，主板市场主要为国有企业和大型企业提供融资服务，中小企业板主要为中小企业提供融资服务，创业板市场主要为科技型企业提供融资服务，但这在两个市场中，企业的上市条件并没有太大降幅，没有具体考虑中小企业的特征。然而在现实中，中小企业发行股票的数量相对较小，特别是在首次公开发行时普遍存在"高股价、高市盈率、高超募率"的"三高"现象，高股价导致投资者面临较高的投资风险，高市盈率降低了对企业未来收益的预期，高超募率会导致中小企业资金闲置或投资于效益不高的项目，降低了资金的使用效率，同时过高的股价会诱使一部分创业元老提前变现而离开公司，影响公司的正常经营和管理，不利于中小企业的长期可持续发展。

总体来看，我国中小企业外源融资更多地来自于银行等金融机构，进入资本市场发行股票和债券的可能性对于中小企业来说几乎为零，融资渠道较为狭窄。

（四）短期负债是我国中小企业的债务融资的主体

在优序融资理论中，企业从融资成本的角度出发，更偏好内源融资，但我国中小企业的内部留存收益和权益资金相对短缺，难以满足其生产经营的需要。在次优的债务融资中，中小企业由于自身特点所限，导致很难获得金融机构长期的资金支持，由于金融机构对企业发展缺乏信心，因此从自身风险的角度出发，更愿意为其提供流动资金贷款。因为短期贷款的利率相对于长期贷款来说一般较低，中小企业出于融资成本的考虑，在债券融资中也更倾向于短期流动资金。

我国中小企业在巨大的融资压力之下可能会求助于非正规金融，通过亲朋好友借贷等方式融资属于合法金融的一部分，但是这种融资渠道所得资金数量有限，很难满足中小企业发展需要。地下钱庄、私募股本也属于非正规金融的一部分，由于其要求回报率较高，而且运作方式不够规范，导致风险较大，但是在一定程度上缓解了中小企业融资的需求，而无论是合法融资还是非法融资大多都属于短期借贷，企业使用这类资金的时间不会太长。

综上所述，中小企业在自有资金缺乏、银行等金融机构融资利率高、获得性低，而政府政策扶持资金不足的情况下，应该积极寻找改善融资环境，降低信息不对称程度，从而开拓更多的融资渠道。

二、我国中小企业融资难的原因分析

（一）中小企业自身因素

一是中小企业生产经营中存在较大的不确定性。中小企业在发展中往往面临投入不足、缺乏优秀的人才和先进的经营管理理念,企业创办者对企业拥有绝对话语权,决策缺乏民主性,导致企业内部控制不健全,抗风险能力弱,难以适应不断更新的市场需求和日益激烈的市场竞争,而且中小企业所投资项目的风险、预期收益以及市场状况存在很大的不确定性,导致面临较大的经营风险,在生产经营的过程中经常发生破产、倒闭的现象。

二是融资担保和抵押能力不足。抵押贷款是银行贷款的最主要方式,中小企业的有形资产相对较少,更多的是专利、技术等无形资产,由于缺少有形资产作为抵押物,也难以找到大企业为其提供担保,导致融资过程中中小企业的抵押品和担保人都难以满足金融机构的要求,在现行金融机构审贷分离管理的机制下,中小企业难以获得贷款审批,无法从金融机构获得足够的资金支持。

三是中小企业信息不透明。无论是中小企业的经营能力、信用等级,还是财务状况都存在一定的信息不透明,而且在其投资项目的风险状况和资金回收时间上也存在一定的信息不对称。大部分中小企业由个人或家族创建,按照现代企业要求建立内部治理结构比较少,财务制度也不太健全。此外,在生产成本居高不下,盈利水平下降的情况下,许多中小企业采用设立内外两套账的方法来减少税收,粉饰经营业绩。这些虚假的财务信息非常容易被金融机构人员辨识,将影响金融机构信贷人员的信心,导致银行信贷人员无法做出准确判断的后果就是被拒绝提供贷款。同时个别中小企业在经营过程中存在骗贷、拖欠债等情况,严重影响了金融机构对于中小企业整体的信心。

四是资信状况差,存在道德风险。中小企业成立时间往往不长,自有资金较少,大多数用地没有所有权,固定资产相对较少,缺少符合要求的抵押物。同时中小企业缺乏职业经理人管理,家族式企业管理过程中信贷观念缺乏,存在独断现象,更没有约束与制衡机制,这些都降低了中小企业的信用等级。而且贷款到位后甚至出现将资金改作他用的行为,无论在金融机构还是评级机构都缺乏相关的信用记录,即使在融资过程中违背信用,企业的盈利也不会受到太大的影响。

综上所述,各种因素导致中小企业在融资过程中必然面临一系列的困难。

(二) 银行方面的问题

1. 信贷配给的存在

由于对未来政策的不确定,不同规模企业向银行申请贷款的结果趋于两极分化。虽说商业银行是中小企业融资的主要来源,但是实际上,商业银行一方面在市场上没有严格的定位;另一方面银行将风险收益和资产质量纳入考虑范围之内。这两方面使银行不会轻易为一个中小企业提供资金支持,尤其在受到宏观调控、压缩贷款规模的影响后,商业银行的信贷业务倾向于身体倍棒的大中型企业。"两极分化"同样存在于中小企业之间。那些产品不愁销路、企业效益喜人、信用优良的优质中小企业,成为各银行眼中的香饽饽,各银行纷纷将其确立为黄金会员,设立一对一专线,开设绿色通道,提高服务质量,甚至压低贷款利息率来获得提供贷款的机会,但是这些企业对于贷款的需求极低甚至没有。而对于那些有潜力但眼下情况不好的中小企业由于银行方面的信息不对称而受到冷落。根据二八定律,20%的企业拥有80%的潜力。但在这20%的企业中只有20%的企业是被银行所了解的,其他80%由于信息不对称出现融资难的问题。所以在企业与银行之间架起彼此了解的桥梁,是走出中小企业融资困境的重要一步。

2. 银行对信贷员的赏轻罚重

银行对贷款负责任的奖赏不是很多,但对于其惩罚却是极其严厉的。一笔失误的贷款即使主要责任人不是信贷员,也会成为其职业生涯的终生污点,但他们的薪水却与其他平级人员相差不多,基本上与贷款回收的利息无关。这种存在于奖金与问责间的巨大落差使本来很受人追捧的工作变成了明日黄花,且信贷负责人自身都对贷款感到恐惧与排斥,这对于信贷员的积极性来说无疑是个沉重的打击。

3. 银行主导的金融体系不利于中小企业融资

我国金融机构多数属于国有金融机构,成立之初的目的就是为国有企业或大型企业等符合国家产业发展政策的行业及国家战略性项目提供服务的。而目前作为独立的法人主体,商业银行在自主经营、自负盈亏的情况下,必然从自身利益最大化的角度出发,形成了以大企业的需求为重点,并向具有市场发展前景、节能环保、符合现代企业管理的创新型企业扩展。从收益最大化的角度来看,中小企业贷款资金往往小于大型企业,但是放贷手续更为复杂,因此不存在放贷的规模效益;从风险最小化的角度出发,许多中小企业财务制度不健全,难以提供可信的财务记录,银行难以对中小企业进行准确的信用风险评价,在信息不对称的情况下,银行内部将建立更严格的贷款审批程序,总之银行从其自身发展空间和风险控制的角度出发都不愿涉足中小企业贷款。此外,银行对抵押物的要求极高、贷款成本高、贷款程序复杂以及审批权限受限。烦琐的贷款和抵押手续,使无数中小企业望而却步。

4. 银行信用评级标准不同

各银行的信用评级标准中指标体系设置、企业非财务因素评价、各因素的权重比例等指标很难体现中小企业的经营规模和行业特点。例如,银行往往以企业过去几年的销售额、利润等财务情况判断企业的经营能力,很少根据市场前景、产品科技含量等因素来判断中小企业的偿还能力,因此银行过于重视有形资产抵押担保。近年来,在国家政策的大力推动和激烈竞争的情况下,各银行纷纷设立了中小企业信贷部,不断改进其信贷考核办法和奖惩机制,开发适合中小企业的金融产品。但是总体来看,并不能有效地缓解中小企业的融资难题。在银行信贷资金有限的情况下,银行更青睐收益性和稳定性更高的大企业,中小企业处于弱势地位,在麦克米伦效应的作用下中小企业必然会存在资金紧缺的问题。本应是中小企业贷款主体的小微民营金融机构由于金融法规的准入限制成长缓慢,仅靠目前的金融体系难以缓解中小企业融资难题,银行高额的贷款成本和苛刻的贷款条件进一步提高了中小企业的融资成本,这对于中小企业无异于雪上加霜。

(三) 政府方面的问题

1. 与融资相关的法律政策不完善

政府是一个提供公共产品的职能部门,应充分发挥其职能来为中小企业融资建立一个友善的环境,但是目前有关融资的法律政策还很青涩。首先,针对信用的法规尚未出台。虽然有《刑法》《合同法》《民法通则》《担保法》等与信用有关的法律法规,但是,规范信贷活动没有具体规定,良好的社会信用环境建设缺乏相应的法律支持。其次,虽然我国为了解决中小企业融资问题出台了《中小企业促进法》,实际上,《中小企业促进法》只是写入了20款条文,且都是难以解读的模糊的规定,很难真正用于解决实际问题。最后,对于在民间进行资本筹集,该法律也只写上了几个对实际毫无帮助的条文。目前,我国相关法律可操作性和可利用空间较小,而且缺乏金融、风险投资和担保等方面的法律法规与之相配套。

2. 资本市场相对不够成熟

随着我国经济体制改革的不断推进而发展起来的资本市场,在制度设计上存在一定的缺陷,其融资能力难以与企业不断增长的资金需求相配套,在产品和结构上也存在一定的问题,这些都影响了资本市场功能的发挥。究其原因,一方面企业上市的审批环节没有市场化,行政监管因素较多,使大批优质中小企业在上市交易面前望而却步,另一方面多层次的资本市场没有建立,虽然中小企业板和新三板是为中小企业而设的,但国家在政策上设立了企业股权融资的门槛,使许多中小企业只能望梅止渴。同时证券内幕交易、操纵市场案件频发,资本市场交易品种不健全,等等,资本市场面临较多的发展问题,这也阻碍了资本市场服务实体经济、推动中小企业快速发展。

我国债券市场也处于政府严密的监管之下，国家实行总量控制、集中管理和分析审批的发债机制，而且政府会优先考虑城市公共设施建设、农业和重点原材料、能源、交通等项目，以促进产业的调整。而且，债券的发行门槛也比较高，大多数中小企业不符合进入债券市场的条件；并且中小企业由于规模普遍偏小，企业经营的稳定性较差，即使发行公司债也很难获得投资者的认可。

（四）中介服务机构的影响

目前我国相关金融中介服务机构发育不良加剧了中小企业融资困境。

1. 征信体系建设进展缓慢，银企信息不对称现象严重

尽管部分中小企业信用良好，但是在信用记录缺失的情况下，金融机构也难以获得一手证明材料。首先，中小企业财务制度和管理制度不健全，信用意识不强，相关信息记录不完善，不愿建立自身信用档案，也缺乏提供自身真实信息的积极主动性。有时为了顺利融资，反而会提供虚假信息。其次，人民银行征信评价系统对中小企业作用较小。尽管国务院要求人民银行负责征信系统建立和维护，对个人和企业进行征信评价，人民银行也建立了一套系统来征集中小企业的信息，但是要收集相关信息，就需要发改局、银行、税务、水电、工商等多部门的信息汇集到人民银行，想实现诸多信息的共享必须对于信息使用、信息共享等制定统一可接受的标准，难度相对较大。

2. 担保体系发展缓慢

世界上许多发达国家利用信用担保等中介机构来支持中小企业发展，我国对于中小企业担保体系的建设也非常关注，不断丰富担保体系的构成种类并建立了政策性担保机构。但某些经济不发达地区的市场中只有政策性信用担保机构，而且担保机构所提供担保的种类不多。由于缺乏投入和后继资本补偿机制，市场上的担保业发展良莠不齐，担保能力普遍偏低，很多担保公司的业务开展并不理想。民营担保公司的收费相对较高，担保额难以支撑企业发展，从而导致部分担保公司只能"不务正业"，甚至将担保资金用于经营民间借贷，导致担保机构运作混乱。而且我国民营担保机构处于发展初期，缺乏经验，在对中小企业进行贷前审查、贷后监督的环节存在一定困难，导致担保机构难以降低交易费用和交易风险，银保合作难度较大。在中小企业信用难以得到统一评价的情况下，担保机构风险较大，也缺乏风险分担转移的能力，有可能由于一笔业务而导致破产倒闭，导致担保机构自身风险较大，因此收费高昂，对于缓解中小企业融资难题的作用非常有限。

3. 民间借贷发育不良

从实地调查来看，80%的中小企业存在民间借贷经历。但目前民间借贷运作不规范，缺乏国家有效监管，而且借贷利率相对较高，甚至达到正常银行打款利率的4~8倍，企业主只有遇到紧急情况才会考虑借用民间资金。中小企业经营过程中一旦出现资金周转不畅，民间借贷不会提供持续资金支持，将会带来企业资金链条的断裂，最终破产倒闭。企业主跑路潮加剧了企业和经济的不稳定性，也引发了民间借贷的高风险。

4. 其他中介服务机构较少

服务中小企业贷款的评级机构、审计机构等中介机构较少，同时办理抵押物资产评估登记的手续非常繁杂，涉及房产、工商、保险、公证等多个部门，时间长，收费高，影响了中小企业的顺利融资。

第四章 中小企业融资国际经验

当今世界，无论是在发达国家还是在发展中国家，中小企业都成为各国经济中最活跃的力量，成为各国经济的重要一极，对各国经济发展产生影响。但融资难问题一直困扰各国中小企业的发展，也成为各国广泛关注的问题。世界各国都建立了专门的中小企业管理机构和中小企业融资体系，特别是发达国家的融资支持体系相对比较成熟，因此本章重点研究美国、日本、韩国的融资支持体系，为我国中小企业的发展寻找可供借鉴的经验。

第一节 美国小企业融资渠道

随着美国经济高速发展，美国对于小企业的关注度也不断提升。在美国没有中小企业的提法，美国企业只有大企业和小企业之分。美国于1890年颁布了《反垄断法》以避免大企业的垄断经营挤压小企业的生存空间，从而维护了自由竞争的市场秩序。第二次世界大战以后，小企业无论是在美国就业、税收还是稳定经济方面都表现出色，因此得到了更多的支持和关注。美国小企业数量众多，尽管可以依靠业主的自有资金创业，但发展壮大过程中自有资金和内部积累往往难以满足需要，不可避免地需要外部资金支持。

一、美国银行融资

美国银行数量众多，银行体系非常发达，规模巨大的跨国商业银行主要致力于为大企业集团提供金融服务，但美国还有数以万计的社区银行，社区银行主要致力于为小企业提供金融服务。

(一) 美国社区银行发展良好

美国社区银行数量众多，几乎覆盖所有的地区，但资产规模相对较小。多数社区银行的资产只有10亿美元而且没有其他分支机构，这就决定了社区银行不可能服务于大企业，服务的市场局限于一个社区内部，为社区内小企业和居民提供金融服务。在美国，社区银行具有为小企业服务的优势，也为小企业提供了便利的融资渠道，所以美国小企业和大企业在金融领域内一般不会存在直接竞争和冲突。美国的金融机构发展相对完善，银行和企业形成了天然的对应关系，跨国银行为跨国集团提供金融服务，大银行为大企业提供金融服务，社区银行为小企业提供金融服务。美国大企业可以轻松从资本市场和债券市场获得资金支持，但小企业却难以从资本市场和债券市场筹资，更多的资金需要依赖社区银行的支持。社区银行具有为小企业服务的巨大优势，其主要在于：其一，社区银行因为地缘和血缘关系，非常熟悉社区内的小企业和企业老板。社区银行为小企业提供服务方面具有地缘优势，往往是社区内小企业的开户行和往来银行，因此对于小企业的财务状况、经营状况和信用状况等非常了解，能准确评价小企业的还贷能力，了解小企业的还贷意愿，从而根据企业的不同情况提供多样的融资服务。而不是像大企业一样单纯依靠信用评价体系去衡量小企业的还贷能力。但为了降低风险，社区银行也会要求小企业提供抵押品来保证资金安全，不过可以是固定资产抵押，也可以是应收账款、信用证抵押等其他方式。其二，社区银行在开发大客户方面存在劣势。社区银行由于资金的限制，难以为大企业提供融资服务，在与大银行的竞争中处于劣势地位。而且一家大企业的违约可能带来社区银行的倒闭，因此社区银行从分散风险的角度出发，更愿意将资金借贷给多个小企业。

(二) 美国银企关系属于市场主导型

美国的银行和企业之间独立性较强，一直保持市场主导型的关系，在一系列平等的市场性交易体制下，无论是银行还是企业首先考虑的是自身利益，对于资金借贷或其他金融服务之间的协议均按照市场规则来执行，坚信经济的良性发展可以依靠斯密看不见的手的原理来获得。美国市场主导型银企关系主要表现在如下三方面：

第一，银行和企业之间的关系以信用为基础。美国具有高度发达的市场经济，银行之间在业务开展、客户关系的维系方面存在激烈竞争。美国小企业获取短期资金的主要来源是银行信贷，除企业自身的实力外，银行还会考虑企业的信用评价决定是否提供资金支持。小企业一般和社区银行具有良好的合作关系，在银行具有良好的信用记录从而可以获得信贷支持，实现社区银行和企业的共同发展。

第二，银行和企业之间可能存在产权交易。银行直接投资企业并持有企业股份不在美国法律允许范围之内，但商业银行有时会建立专门的信托投资部门入股企业，从而间接持有企业股份，使银行和企业建立了密切的联系。银行入股企业既增加了自身的利润来源，分散了风险，又可以参与到企业的生产经营中掌握一手企业信息，为拓展信贷融资业务打下了坚实的基础。企业有了银行的股份之后，在信贷融资方面也更容易获得银行的支持。

第三，银行和企业之间交易资产具有很高的流动性。在市场主导型的美国交易模式中，美国具有高度发达的资本市场，银行可以轻易地将持有资产打包证券化，变成流动性很高的交易资产。资产证券化的方式降低了银行风险的同时，提高了银行资金的安全性，使银行更乐意为企业提供信贷支持。

二、美国民间金融发达

尽管美国银行体系发达，但依旧难以满足企业和居民的需求。因此，民间金融在美国高度市场化的环境中应运而生，并延伸到了直接融资和间接融资领域。民间金融主导的"天使投资"和"风险投资"，尽管风险较高，但颇受欢迎，风险投资一方面解决了企业的资金需求，另一方面可以助力企业发展。风险投资方直接参与企业的经营管理，为企业发展出谋划策，并借助自身优势为企业提供更多的技术支持和指导，对小企业的发展具有积极的推动作用。

美国民间金融自发组成了许多建立在地缘、业缘和血缘基础之上的信用社，这些信用社带有合作的性质，从市场经济的角度出发为小企业提供信贷融资支持，从属于美国民间金融体系的一部分。美国第一家信用合作社诞生于20世纪初，由位于曼彻斯特的圣玛丽大教堂创立至今。到目前为止美国信用合作社已经形成了比较成熟的三种形式：一是同一行业内的企业联合起来共同出资，组建具有行业性质的信用合作社。成员方中的某一企业资金短缺的时候，行业信用社将为其提供一定的资金支持。二是同一专业人员共同出资组建的专业性质的信用合作社。专业人员处于同一专业领域，在该领域内具有丰富的从业经验并充分了解该领域企业情况，专业人员将会利用自身优势在本领域内开展投融资业务。三是位于同一社区内的成员共同出资组建的社区性质的信用合作社，依靠社区内部的地缘、人缘、血缘优势了解社区成员的相关信息，当社区内某一成员需要资金支持，由信用合作社为其提供资金支持。总之，美国信用合作社的会员一般来自同一行业、同一职业或同一社区，从而降低了信用社的信息成本和信贷风险，保证了贷款质量的同时为本领域企业提供了便利的融资支持。从表面来看,中国的民间金融的组织形式与美国信用合作社类似,但美国金融监管部门对信用合作社的设立和经营会进行监管和审批,可以更好地管理和控制民间金融。

美国实行双轨制监管,监管体系包含联邦政府和州政府两个主体。因此,信用合作社在监管主体方面可以自由选择,如果在联邦政府注册的信用社可以参加联邦存款保险体系,在州政府注册的信用社可以参加州政府存款保险体系,也可以自由选择其他的社会保险机构。1909年美国马萨诸塞州针对信用合作社的监管通过了信用合作社法案之后,1934年美国颁布了联邦信用合作社法案,随后其他各州也陆续效仿颁布了信用合作社法案,1965年各州信用社监督专员全国协会成立。信用合作社法案不仅承认了信用合作社这一新的金融机构存在形式,推动了各地信用合作社的快速发展,也带动了当地小企业的发展,对美国金融发展和企业发展都起到了推动作用。

三、美国小企业融资支持体系

（一）完善的小企业法律政策

1958年10月美国政府颁布了修改后的《小企业法》,随后1974年颁布了《联邦采购政策法》,1979年颁布了《雇员退休收入保障法》,1980年颁布了《小企业经济政策法》和《小企业创新发展法》,1988年颁布了《综合贸易和竞争法》,1992年颁布了《扩大小企业出口法》,随后颁布了《雷戈尔社区开发和规章制度改进法》,2010年颁布了《小企业法案》,这些法案的通过均为小企业提供了更为有力的法律保障。同时美国制定了一系列的法律法规来缓解美国小企业的融资难问题,如《小企业融资法案》《社区再投资法》《小企业投资法》《小企业投资经济政策法》《小企业股权投资促进法》《小企业项目改进法》《小企业贷款增加法》《小企业投资中心技术改进法》和《小企业贷款基金法》等,大量法律的颁布与实施不仅对小企业的技术创新与融资提供了法律支持,而且大大提高了小企业的法律地位。

（二）统一的小企业管理机构

1953年,美国政府创立了美国联邦小企业管理局来负责管理小企业事务,其目的就是为小企业提供融资支持、咨询服务、技术援助和政府采购合同等,致力于支持小企业的发展。美国国会在1958年将其确定为永久性联邦机构,将支持小企业发展作为长期国策。小企业局的具体职能包括如下四点:一是确保美国小企业担保体系正常运行,为小企业发展助力。在商业银行为小企业提供贷款的过程中，美国小企业局可以为小企业提供担保，降低商业银行的信贷风险，鼓励商业银行为小企业提供融资支持。例如，小企业管理局可以为银行发放的75万美元以下的贷款提供75%的担保；如果银行发放的贷款在10万美元以下小企业管理局可以提供80%的担保；如果企业是由少数民族和妇女开办的，其所需贷款在5万美元以下，小企业管理局可以提供90%的贷款担保；等等。二是要求一定比例的政府采购必须从小企业处购买。美国法律明确规定了在不同的采购项目中小企业的中标率来支持小企业的发展。例如，小企业在联邦政府采购项目中的中标率至少要达到23%；如果大企业在政府采购中中标，必须至少将其20%的份额转包给小企业，以支持小企业的发展。三是帮助社区建立小企业贷款中心，并提供一定的资金支持。小企业微型贷款中心的主要职责是帮助社区内的居民创办和经营小企业，特别是对于少数民族和妇女开办的小企业进行信贷支持。四是免费为小企业提供信息咨询服务，为小企业培训相关财务、税法知识，并为其提供必要的援助。

美国小企业管理局成立之后，无论从信贷方面还是法律层面都对小企业进行了大力扶持，使小企业的利益受到了各方的关注，也为小企业得到公平的竞争地位创造了条件，对美国小企业的发展具有重要的意义。

（三）资本市场非常发达

美国的资本市场发展较早，也比较成熟，呈现出了比较明显的特点。第一，层次多，包含全国性证券交易所、地方性证券交易所等共八个层次。其中专门为小企业提供融资便利的有三个，分别是纳斯达克小型市场、粉红单市场以及小额股票市场，这三个市场的入市标准也较低。第二，适应性强。美国资本市场体系庞大、功能完备，不同规模的企业可以进入不同的资本市场融资，不同发展阶段的企业可以选择不同的资本市场融资，条块结合、层次多样的市场为需求不同、风险程度不同的企业提供了融资便利，避免了企业之间的不公平竞争。第三，转板灵活。美国不同资本市场要求不同，但机制非常灵活，企业满足条件即可转板，提高了企业融资的效率，激发了企业的积极性，为中小企业的发展提供了重要的融资场所。

（四）小企业信用担保体系

美国是联邦制国家，在各级政府间的事权和财权划分非常明确，小企业管理局建立了全国性的小企业信用担保机构并直接负责管理，地方政府建立了区域性的小企业信用担保机构并负责管理经营。美国市场经济又高度发达，政府和社区在经济发展中的分工非常明确，除全国性的小企业信用担保机构外，还有社区负责的社区性的小企业担保体系。因此,美国三个层次的担保体系相互扶持,形成各有侧重、优势互补的局面,为小企业提供了完善的融资担保机制。

第二节 日本中小企业融资渠道

第二次世界大战结束后日本经济飞速发展,很快成为世界第二大经济体,这得益于日本数量众多的企业。因为企业数量众多,日本曾被冠以"企业王国"的称号,而中小企业占据全部企业数量的99%以上,堪称"王国中的王国"。但在融资方面和大多数国家一样,日本中小企业也存在融资难的问题。尽管中小企业偏好内源融资,但平均13%左右自有资金的比率是日本中小企业的常态,对金融机构的贷款依赖度比大企业要高许多。但中小企业在外源融资时主要依靠银行等金融机构的信贷融资,很难获得直接融资。自20世纪90年代,日本大企业蓬勃发展,资本积累不断增多,内源融资比重不断提高的同时,更愿意从资本市场获得外源融资,对商业银行信贷融资的依赖度降低,因此商业银行对于中小企业的惜贷局面所有改善,中小企业从银行获得信贷支持的可能性增加。

一、日本银行融资

(一) 日本银行体系发达

经过战后多年的发展,日本形成了比较完善的银行体系。日本的商业银行数量众多,主要包括大型的城市银行和区域性的地方银行两种类型。大型金融机构以大都市为中心建立,称为"城市银行"或"都市银行",并建立了数量众多的分支银行分散在全国各地,形成了非常发达的商业银行体系。而这些商业银行和日本的大企业财团互相持有股份,保持着密切的关系。1953年,日本颁布新的《禁止垄断法》,该法案对于金融机构与企业之间的最高持股比例进一步放宽,互相持股比例最高可以达到10%,金融机构趁机提高了对原有企业的持股份额,加强了对产业的控制,也增强了金融机构的实力,并组建了新的财团。新的财团不断增加其他企业的持股比例,使日本的银行和企业之间的联系进一步加强。同时,大的企业财团也入股银行等金融机构,分享金融机构利润的同时,也可以从持股银行获得融资便利,这导致在大企业的外源融资中,银行融资一度占比高达80%以上。但这种状态随着日本政府放松对资本市场的管制而改变,日本的资本市场迅速发展壮大,也为日本大企业提供了新的融资渠道。日本大企业的融资方式也发生了转变,从银行信贷间接融资转向了资本市场直接融资,日本银行开始关注中小企业的信贷需求。但银行更多地从资金的安全性出发考虑问题,对中小企业贷款审核非常严格,中小企业往往难以达到其对信用和抵押物的要求,从而经常面临贷款被拒绝或削减的局面,而且中小企业需要承担的贷款利率也相对较高。在中小企业的所有信贷融资中,大约47%的信贷融资是由日本十大城市银行提供的,但获得的贷款企业数量却只有77万家,可见只有为数较少的优秀中小企业能从城市银行获得信贷支持,大多数中小企业信贷融资难以依靠城市银行解决。

除大型城市银行外,日本还有数量众多的区域性的地方银行,这些地方银行以总行所在地为中心,在周边设立分支机构,每一家地方银行都以所在区域为中心开展业务。在所有中小企业的信贷融资中,日本地方银行提供的贷款比例仅为24.4%,但服务的企业数量却有300万家之多,这说明地方银行在服务中小企业融资方面具有一定的便利性和优越性。

(二)日本银企关系属于银行主导型

在日本为企业提供大多数金融服务的银行称为该银行的主办银行,因为日本允许银行和企业互相持股,导致几乎所有的企业都与某家银行保持着长期固定的交易关系,甚至是持股关系,因此日本几乎所有的企业都会有一家主办银行。而银行为了争取更多业务,也纷纷入股企业,成为某些企业的主办银行。随着银行和企业之间联系的不断加强,日本企业形成了独具特色的主办银行融资模式,而主办银行也成为日本中小企业主要的间接融资来源地。主办银行为企业提供融资的同时,也持有企业的股份,因此不断地介入到企业的经营管理中,对企业的了解不断深入和加强。同时,企业为了获得融资便利和更广泛的利润来源,也愿意入股主办银行,银行和企业交叉持股有利于银行和企业之间长期合作关系的开展,也为企业提供了融资便利。主办银行不但为企业提供融资支持,还帮助企业发行债券,使企业以较低的成本发行债券筹集资金,获得债券筹资的好处。目前,日本中小企业的主要融资来源是其主办银行,主办银行对于中小企业的发展具有积极的促进作用。

日本主办银行和中小企业互相持股,共同发展,利润导向目标一致。主办银行为中小企业提供信贷支持,为企业提供融资便利分享企业经营利润的同时,也拓展了银行的业务空间,主办银行并不单纯关注企业的短期利润,也会关注企业长期盈利的能力。因此,主办银行不但为企业提供贷款支持,在资本和人事等领域银行和企业也互相渗透,积极参与对方的经营管理并为其出谋划策,实现利益共享和风险共担,协同发展。主办银行模式减少了银行和企业之间的信息不对称问题,使银行得以全面及时地了解企业经营信息和财务状况,从而降低企业出现逆向选择和道德风险的可能性,使其更容易获得银行的信贷融资。主办银行模式通过银行和企业的交叉持股,形成了利润共享风险共担的利益共同体,对于双方长期稳定的发展具有重要意义。

在日本,主办银行不但为中小企业提供资金支持,还对中小企业形成了必要的监督。主办银行尽管和中小企业互相持股,但首先考虑的依旧是资金的安全性问题。因此,主办银行在中小企业贷款的过程中,对于企业的经营状况、财务状况会进行严格的审查和监督,甚至主办银行为了更好地了解企业的信息,会向持股企业派遣人员参与企业管理。在企业遇到财务危机时,主办银行会利用自身优势出谋划策,并为企业设计救助方案,帮助企业渡过危机。主办银行通过对企业的持股和监督,减少了银企之间的信息不对称,更有利于达到互利共赢的结果。

二、日本民间金融

日本大企业直接融资渠道顺畅,在银行信贷融资方面也具有一定的便利条件,但中小企业直接融资渠道不畅,也缺乏大企业信贷融资的便利,因此中小企业对于民间金融的依赖度相对较高。

早在1255年,日本东部就出现了民间金融的雏形——典当融资,因此可以说民间金融在日本发展得非常早。随着典当融资的不断扩张,一些典当行为了追逐利润采取不规范的经营行为带来了一定的社会问题,引起了日本金融当局的关注。日本当局为了规范典当行的发展和对典当融资进行监管,出台了《典当法》。《典当法》的施行使日本80%的典当行合并成立了联合股份公司,发展成了商业化运转的规范金融组织。后来日本出现了专门为当地中小企业提供资金支持的轮转基金组织。

第二次世界大战以后,日本经济陷入混乱的同时,金融运转也失去往昔的秩序。日本出现了许多小型金融公司,致力于为中小企业提供金融服务。尽管这些小型金融公司的融资机制与日本早期的典当融资类似,但组织形式和运作模式比典当融资更加完善和健全。为了引导和规范这些小型金融公司的发展,日本在1951年颁布了《互助银行法案》,引导小型金融公司向互助银行转型,并对其信贷规模和经营地域进行了限制,但在一定范围内扩大了其业务经营范围。鉴于互助银行的业务与日本商业银行差异不大,日本金融研究委员会试图将互助银行向商业银行转型，通过法律规范和引导，几乎所有的互助银行在 1989~1990 年都完成了向商业银行的转变，在日本互助银行的历史也就结束了。

目前，日本民间金融机构有 3000 多家，在机构数量上接近地方银行的数量，资金规模也不断扩大，对中小企业融资提供了较好的支持。日本主要的民间金融机构包括信用金库、劳动金库等中小企业金融组织，以及信用组合和商工组合中央金库，它们构成了 40% 左右的民间金融机构。这些民间金融组织在政府的引导和规范下，在为中小企业提供金融服务和缓解中小企业的融资难方面发挥了巨大作用，也有效地推动了日本中小企业的发展。其中信用金库是由中小企业和个体户自发组成的互助合作的性质金融机构，信用金库有多个中小企业作为会员共同出资设立，规定了每个会员的最低出资额度和最高贷款额度，信用金库的规模较小，仅对出资会员提供融资支持，监管相对比较宽松，更强调会员的自律。劳动金库是劳动者自发组成的互助性金融机构，增强了劳动者之间的互助合作，也有助于劳动者从中获得信贷融资。信用组合和商工组合中央金库尽管属于会员制的互助合作机构，但也按照商业化的原则经营管理，为中小企业提供短期的信贷融资的同时也追求利润最大化，对经济的发展起到了积极的促进作用。

日本对于民间金融机构的发展非常重视，为了保证日本民间金融机构的有序运转专门成立了全国信用联合会，在全国范围内为民间金融机构进行资金调剂。日本民间金融机构还可以开展更多的金融业务来增加收入，如票据贴现、买卖债券、代理证券业务等，多样化的经营范围有效地降低了民间金融机构的风险和经营成本，提高了经营利润和资金的安全性。尽管民间金融机构业务范围较大，但主要为地方性的中小企业提供服务，经营方式比较灵活，构成了中小企业信贷融资的重要来源。民间金融机构有效地弥补了正规金融机构的空白地带，可以比较快捷地满足中小企业的融资需求，对繁荣地方经济做出了贡献。

三、日本中小企业融资支持体系

经过多年发展，日本已经建立健全的中小企业融资支持体系，主要包括如下三个方面：

（一）健全的中小企业法律政策

日本为了支持中小企业发展，形成了完善的中小企业法律体系，而且法律条款非常具体，因此日本法律政策的操作性更强，实用性也更强。为了指导日本中小企业的工作，日本早在 1963 年就颁布了《中小企业基本法》，该法既是中小企业行为的基本法律，也是政策支持体系的基石。随后日本颁布了一系列相关法律支持和保障中小企业，如 1963 年颁布了《中小企业指导法》、1973 年颁布了《大规模零售店法》、1976 年颁布了《中小企业振兴事业团法》、1977 年颁布了《防止中小企业破产倒闭法》，等等。另外，日本为了推动中小企业向技术方向转型，颁布了《中小企业现代化促进法》，同时颁布了一系列法律法规来保障其融资需求，如《中小企业现代化资金助成法》《中小企业金融公库法》等。日本为了鼓励中小企业发展，先后制定了 50 多部法律，这些法律形成了日本特色中小企业融资模式，也提供了坚实的法律保障，有效地推动了日本中小企业的发展。

（二）独特的中小企业管理机构

中小企业政策审议会是日本中小企业的主要管理机构，该机构属于日本总理府的下属机构。中小企业政策审议会根据中小企业的发展情况定期审查当前的政策，并明确应该采取的政策和应该改进的政策，形成报告提交给国会。政府会定期听取审议会的汇报，了解日本中小企业的具体发展情况和困难，审议其提交的报告，为中小企业的发展助力。日本经济省还设有中小企业厅，对中小企业进行有效的管理和服务；地方政府在商工科设立中小企业指导科，贯彻宣传中小企业政策审议会的各类支持政策，为中小企业提供具体的业务指导。

日本还设有多层次的中小企业服务体系，包括国家、都道府县和地方三级。在国家层面，日本设立了中小企业创业综合支援中心，该中心主要贯彻落实中小企业政策审议会的相关决策，以及地方机构难以应对的工作；都道府县也设立了专门的中小企业支援中心，主要职责就是根据国家基本计划制订适合本地中小企业的发展计划，并负责具体的实施工作；地方上设有支援中心的分支机构，这些分支机构负责和地方商工会对接，扶持地方中小企业的发展，利用自身的地缘优势深入中小企业，普及各项中小企业发展政策，为其提供咨询、谈判、技术指导等具体的服务。

（三）中小企业融资担保体系

为了解决中小企业融资担保问题，日本建立了双重融资担保体系，由日本的信用保证协会和信用保险金库构成。为了支持中小企业发展，日本设立了政策性的金融机构——信用保证协会。信用保证协会可以为有融资需求的中小企业提供担保，特别是对于缺少抵押物和质押物的中小企业来说尤为重要。信用保证协会设立有专门的信用保证基金，在提供担保的时候将其存入向中小企业提供贷款的金融机构，中小企业将会获得不超过保证基金 7 倍的信贷资金。在信用保证协会提供的担保中，一般要求中小企业支付贷款总额的 1% 作为保证费。中小企业信用保险金库负责为信用保证协会的担保提供再担保。对于信用保证协会对外提供的担保，信用保险金库会提供债务保险和信用担保。一旦出现中小企业不能按时偿还债务的情况，信用保证协会可以从信用保险金库获得部分赔偿，分担了信用担保协会的风险，也对贷款银行起到了双重保障作用，有效地保证了协会业务的正常开展。此外，日本信用保证协会还为中小企业提供贷款担保，并为信用保险金库提供再担保，有效地降低了银行的风险，为中小企业获得优惠贷款提供了保障，对于促进中小企业发展具有非常积极的作用。

综上所述，尽管日本金融机构数量众多，但能为中小企业提供融资支持的机构主要还是其主办银行，其他金融机构很少为非关联中小企业提供融资贷款。同时，中小企业从资本市场和债券市场筹集资金的可能性较小，因此导致日本中小企业对于主办银行的依赖度较高，融资渠道较少。

第三节 韩国中小企业融资渠道

韩国是亚太地区少有的几个发达经济体之一，韩国的飞速发展和中小企业的发展呈正相关关系。韩国中小企业的创新水平较高，有效地推动了国民经济发展；反过来韩国对于中小企业的支持力度和政策优惠较大，也推动了中小企业的加速创新和发展。

一、韩国银行融资

（一）韩国企业银行支持力度较大

在韩国，全国性的商业银行对中小企业的支持力度很大，中小企业贷款的70%来自于全国性的商业银行，大大缓解了中小企业融资难的问题。韩国政府出资设立了三家比较大的企业银行，成为中小企业主要的融资来源地。政府拥有企业银行一半以上的股份，设立初衷就是支持那些成长性强但处于发展初期缺乏抵押担保品的中小企业，为其提供必要的创业资金和发展资金。韩国企业银行大约80%以上的贷款总额是发放给中小企业的。韩国企业银行具有一批专业的中小企业信贷人员，凭借其地缘优势和业缘优势开展业务，同时建立了专业的中小企业信贷风险防范系统，韩国企业银行的不良贷款率只有1.5%左右，具有很高的贷款质量。韩国企业银行借助自身政策性银行的引导优势，不断通过乘数效应来扩大影响，积极推动了中小企业的发展和融资。尽管地方商业银行的主要服务对象是中小企业，其贷款总额的 2/3 是发放给中小企业，但仅占全部中小企业贷款的 10% 左右，对于中小企业融资仅能起到补充作用。

（二）韩国银企关系属于政府主导型

在韩国经济发展中，政府发挥了重要作用；在中小企业融资过程中，政府也发挥了主导作用，形成了政府主导型的尚未成熟的资金配置模式。市场在资源配置过程中存在短期性和道德风险，政府适当弥补了其中的不足，一方面政府加强了对大型金融机构的控制，另一方面对于其信贷资金进行引导，鼓励储蓄转化为投资，流向需要扶持的新兴产业和高新技术产业。

韩国中央银行定期对金融机构进行考核，调查各商业银行给予中小企业的贷款额度和贷款利率，并据此确定对其发放再贷款利率的高低。同时，韩国政府出资设立了政策性银行支持中小企业发展，为中小企业提供低息优惠贷款。

政府在中小企业融资过程中发挥了积极作用，以政府意图为主导建立的银行体系，政府对于其利率决定权和人事任命权等具有较高的决定权，也就剥夺了银行的经营自主权，使银行成为实施政府经济政策的工具。银行一直致力于服务产业部门，完成政府的发展目标，因为缺乏自主选择权导致了银行对于投资项目评估的动力不足。

韩国银行和企业之间主要是资金借贷关系，政府直接控制着银行，在政府的授权下银行会对企业提供融资支持和信贷优惠。因此，企业没有必要也不可能持有银行的股份，银行也不需要入股企业，不需要通过入股企业来获得监控权。政府赋予了贷款银行对借贷企业的监督权力，银行凭借监督职能的实施就可以全面掌控企业的经营信息，了解企业财务状况和运营情况。

二、韩国民间金融

最初，韩国民间金融的出现形式是互助会，互助会属于会员制，作为会员的企业主共同出资建立资金池，借贷给需要资金的会员。后来互助会演变成了地下钱庄，地下钱庄属于营利性质，将会员资金以较高的利率借贷给外部资金需要者，韩国将这种资金运营形式称为"契"。尽管韩国政府对于民间金融采取了严厉的遏制措施，但效果甚微，民间金融还是迅速发展壮大了起来。随着韩国中小企业在国民经济中的地位不断提高，韩国政府对中小企业的重视和支持程度也逐渐加大，为了更好地解决中小企业的融资难题，韩国政府开始对民间金融采取疏导政策，引导民间金融为中小企业提供资金支持，并积极利用官民合作的方式扩大民间金融的影响力,让中小企业可以充分利用民间金融的资源。1972年,韩国政府将民间金融的"契"统一转变为共同信贷机构,使韩国民间金融正式得到了官方的认可,其运行形式也逐步规范。在国家机构的担保下,民间金融不断加大对技术创新型中小企业的投资,多渠道增强了对中小企业的融资支持,也缓解了中小企业融资难的问题。

三、韩国中小企业融资支持体系

(一) 韩国中小企业法律政策

韩国颁布了许多法律来支持中小企业发展。首先颁布了《中小企业基本法》作为中小企业的基本大法作为指导其他工作的法律基础。其次划定了大企业的禁区,为中小企业留下了空间,如《中小企业系列化促进法》《中小企业制品购买促进法》和《中小企业振兴法》。为了支持中小企业技术创新,颁布了《中小企业技术革新促进法》《中小企业创业支援法》。为了推动中小企业在组织和经济资源上实现联合,颁布了《小企业合作法》,从而提高其竞争能力,为中小企业创造了更多的市场机会和发展空间。

韩国政府为了支持中小企业发展颁布了多项针对中小企业的优惠政策,1997年韩国设立了"中小企业创业振兴基金",同时明确规定了基金主管部门的职能、服务范围等,保证中小企业可以获得融资优惠,还设立了"中小企业共济事业基金"使中小企业可以获得税收减免等的优惠。1998年,韩国颁布了《培育高科技企业特别措施法》,鼓励风险投资公司投资高科技中小企业,并给予中小高科技企业一定的优惠政策。1999年,韩国颁布了《科技创新特别法》,对中小企业科技创新过程中遇到的问题给予了明确的规定,引导企业进行科技创新。2000年,韩国为了支持高科技中小企业发展颁布了合作培育风险企业的谅解备忘录,致力于为前景好的高科技中小企业提供充足的资金。《中小企业制成品购买法》规定了政府采购中必须优先考虑中小企业,采购总额的50%以上必须从中小企业采购,为中小企业提供了较大的政策支持,对中小企业竞争力的培育和发展具有重要作用。

(二) 专门的中小企业管理机构

韩国设立了中小企业厅专门负责管理其中小企业,中小企业厅的主要职责就是根据中小企业的发展情况制订相应的发展计划、积极拓展其融资渠道并制定相应的优惠政策。为了解决中小企业融资难题,韩国中小企业厅设立了多个下属机构。例如,设立融资推介局的主要目的就是分析中小企业的融资境况并制定相应的融资计划，鼓励金融机构为中小企业提供信贷支持；设立创业基金的目的是鼓励政府拿出一定的资金作为引导资金，吸引民间资金和私募资金入股中小企业。同时，政府设立了专门的中小企业银行直接为中小企业提供融资服务，不仅提供流动资金的短期借贷，还提供中长期信贷资金帮助企业更新生产设备，鼓励企业维持正常生产经营的基础上实现扩大再生产。为了鼓励中小企业融资，降低信贷机构的风险，韩国设立了专门的政策性担保机构，在金融机构对缺乏有效担保品的中小企业贷款时，提供担保服务，降低了金融机构的信贷风险。综上所述，韩国中小企业厅为了支持中小企业发展，在融资、创新、政府采购等方面都提供了多方位的支持，成为推动中小企业发展的核心力量。

（三）担保体系

根据韩国中小企业的特点和政府的发展方向，政府建立了完备的中小企业担保体系。例如，韩国设立了中央政府和地方政府两级信贷担保基金，为中小企业的贷款提供担保和再担保。韩国还设立了信用保证基金为中小企业的信用贷款提供担保，以便中小企业在没有合格抵押品的时候也可以获得融资。另外，韩国设有技术信用保证基金，鼓励中小企业通过技术获得信贷支持，鼓励中小企业进行技术创新。同时，设立了信用保证财团为当地有发展前景的中小企业提供资金支持。韩国建立了多样化的担保机构，形成了健全的担保体系，中小企业可以根据自身的发展和需要，为自己的信用融资或技术融资选择合适的担保机构。

第四节　各国经验对中国的启示

各国的历史文化背景不同，经济发展过程和所处的经济发展阶段不同，每个国家也根据自身情况建立了不同的中小企业融资体系。美国的融资体系是由市场主导建立的，日本的融资体系是由银行主导建立的，韩国的融资体系是以政府主导建立的，无论哪种模式对于缓解中小企业融资难都起到了一定积极的作用，推动了中小企业的发展，其中的许多经验是值得中国借鉴的。

一、中小企业融资需要政府支持

尽管各国中小企业的融资体系各有特点，存在较大差异，但政府在各国的金融支持体系中都不可或缺，发挥着重要作用。为了促进中小企业发展，各国政府纷纷出台了相关支持法律，并不断完善各类政策和制度，设立中小企业的专门管理机构负责中小企业相关事务，并建立政府引导基金和担保体系鼓励资金流向中小企业，并为支持中小企业发展提供全方位的服务和综合保障。对于缓解我国中小企业融资难问题，政府还需要在以下四方面不断努力：

第一，中小企业法律制度还需要不断健全。任何一个国家的中小企业在发展过程中都面临不同程度的融资难问题，但中小企业对于一个国家经济的发展至关重要，政府需要加大力度对其进行扶持。我国需要设立专门的中小企业法和其他相关配套法律，给予中小企业法律上的保障和支持，为中小企业的发展保驾护航。

第二，建立专门的中小企业管理机构。建立以服务中小企业为基本职能的中小企业管理机构，负责管理全国的中小企业，并协调各类资源服务于中小企业，对于中小企业发展过程中出现的资金、技术等问题提供专业的指导和帮助。

第三，政府采购适当向中小企业倾斜。我国政府采购越来越规范，对于国产品牌的关注度不断提高，但是政府采购更偏好大品牌大企业，对中小企业没有特殊的照顾。为了鼓励中小企业提升质量档次，可以规定一定的比例的政府采购必须来自中小企业，体现政府对于中小企业支持的同时，也激励中小企业不断提高科技含量和产品质量，使中小企业可以分享政府采购的利益，推动中小企业发展。

第四，组建志愿者团队服务于中小企业。中小企业对于许多政策法规掌握不够准确，也存在不少技术难题，但缺少专业的指导。我国有大量的相关专业人员和退休专家，政府可以组建志愿者团队，聚集各行业的志愿者，为中小企业提供相关服务，如定期开展大讲堂活动为中小企业解读优惠政策；定期调研中小企业技术难题并联系相关专家为其提供指导；志愿者团队对于中小企业的经营计划和财务计划提供定期的指导和合理化建议等。志愿者团队在企业需要的时候会提供专业的帮助，对企业来说并非强制性的，而且成本不高，但可以有效地帮助企业。

二、银行融资支持体系需要不断完善

银行融资支持体系需要根据各国的国情和中小企业的特点来不断调整，我国银行规模相对较大，但缺少社区银行，银行和中小企业难以建立紧密的联系。银行难以了解企业的相关信息，在放贷初期处于信息劣势，在放贷后期对中小企业资金的使用情况难以进行有效的监管，因此银行对于中小企业的惜贷问题严重。

同时我国中小企业又缺乏有效的债券市场和股票市场融资渠道。根据我国发展实际和国际经验，我国银行融资支持体系需要改善的方面主要有：

建立社区银行，社区银行与社区内中小企业的联系密切，具有一定的区位优势和地域优势。可以允许社区银行借鉴日本的主银行制，建立银行与企业之间的密切联系，使银行可以深入中小企业的生产经营，缓解银行和中小企业信息不对称问题的同时，为中小企业的经营发展出谋划策，降低企业经营风险和违约风险。通过社区银行和企业之间的密切联系不但可以提高银行资金的安全性，而且为中小企业融资提供了便利和支持。同时可以鼓励地下金融入股社区银行，借助地下金融与中小企业的合作业务，将民间资金纳入合法的资本市场，并降低中小企业的融资风险和融资利率。

建立相应的立法，鼓励银行对中小企业提供融资支持，如明确规定银行对于中小企业的信贷额度占比，让银行在对大企业放贷的同时支持中小企业的发展。从银行准备金、再贷款利率等方面对于此类银行给予一定的优惠，或者有政府设立相应的担保机构，对银行对于中小企业的信用贷款或抵押贷款提供担保，从而降低银行风险，鼓励银行加大对中小企业的信贷融资力度。

三、推动民间金融规范化运作

从发达国家的经验来看，中小企业的融资需求难以得到满足的现状下，民间金融的出现是大势所趋。正规金融从自身资金的安全性和营利性角度出发，永远存在对中小企业的惜贷行为，这就使得民间金融具有了自己特定的生存空间。如果将民间金融正规化，民间金融的经营模式和行为将向正规金融靠拢，失去相对优势和存在土壤的民间金融难以有效地为中小企业提供融资支持。因此从中小企业的角度来说，应该避免将民间金融收编为正规金融，而是鼓励民间金融向规范化、阳光化发展。

日本和韩国早期的民间金融在发展过程中，政府允许其经营形式保留原来的风格，但需要在国家相关部门注册和登记，尽管依旧是民间金融的经营形式，但已经成为现代金融的一部分。各国政府规范管理民间金融措施都是比较温和的，使民间金融认识到只有融入现代金融体系才有立足之地，允许其保留自己独特的经营模式和组织形式，政府所起的作用只是让其正规化、阳光化，并适当监管而已。例如，日本1915年对民间金融进行规范的时候，颁布了《无尽业法》，将其转化为互助银行，依旧以互助的形式进行会员之间的帮助，并允许其对外提供融资服务，扩大了其业务范围。韩国1972年将民间金融"契"规范化的过程中将其转变为共同信贷机构。在存在金融抑制的金融体系中，正规金融对于中小企业存在惜贷行为，导致中小企业存在大量的资金缺口，只能通过正规金融之外的外源性融资来得到满足。因此，政府对于传统的互助性民间金融采取了疏导的措施，将其不断规范化、阳光化，弥补正规金融的不足，支持中小企业的发展。

我国正在逐步引导民间金融向规范化方向发展，这具有一定的必要性和可行性，但要分阶段推进，现阶段并不是所有的民间金融都愿意转化为正规金融。民间金融在一定的范围内有存在的合理性，但由于其个体规模普遍较小，经营过程中不可避免有不规范的地方，因此抗风险能力弱，管理水平较低，这都给一国经济发展带来后顾之忧。因此，我国可以鼓励正规金融和民间金融的合作，充分利用民间金融的信息优势和正规金融的管理优势，降低民间信贷资金的信用风险和融资成本，使中小企业和民间金融实现互利共赢，提高市场的效率和效益。

四、完善信用担保体系

各国金融机构在为中小企业提供融资的过程中，都面临贷款风险过大的问题，因此信用担保成为融资过程中必不可少的组成部分。信用担保体系不但可以为金融机构提供一定的担保，降低其信贷融资的风险，还可以对中小企业形成一定的监督功能。信用担保机构可以分为市场主导型担保机构和政府主导型担保机构，政府主导型担保机构对于中小企业信贷融资提供担保对资金起到了一定的引导作用，而且对于金融机构形成了更深层次的保障。因此，我国应该不断完善担保体系，分散金融机构信贷风险的同时，缓解中小企业融资难的问题。

综上论述了各国中小企业融资的渠道和融资支持体系，发现解决中小企业融资困境是多个部门、多个主体合作的复杂系统工程，要求建立全国统一的中小企业管理机构为中小企业提供服务，各类正规金融和民间金融的积极参与，信用担保体系的建设，等等。但最重要的是中小企业自身的信用问题和资金利用问题，后续章节将围绕这些问题展开论述。

第五章　社会融资规模对实体经济影响的研究

自改革开放以来，各种融资渠道层出不穷，衡量我国金融宏观调控的指标发生了一系列变化。2010年底中央经济工作会议上，第一次提到了"社会融资规模"的概念，并明确了经济发展的目标之一是"保持合理的社会融资规模"，随后中国人民银行把社会融资规模列入了货币政策调控的中间目标。近年来，社会融资规模这个指标越来越受到国家和人们的广泛关注和认可。目前，该指标已经连续八次被写入中央经济工作会议文件和政府工作报告。

由于社会融资规模是一个较新的概念，所以它的数据统计和发布在不断完善。在2011年4月中旬，中国人民银行首次发布了季度全国社会融资规模增量数据；在2012年以后每月都会公布其数据；之后又于2012年9月发布了自2002年以来的月度历史数据；中国人民银行从2014年起按季发布各地区的社会融资规模增量数据，于2015年起按季公布各地区的社会融资规模存量数据；随着统计技术的成熟和数据的不断积累，中国人民银行自2016年1月起，中国人民银行按月发布社会融资规模的存量数据，至此将社会融资规模作为统计指标进行实证分析成为可能。2018年政府工作报告提出要保持社会融资规模的合理增长，由此可见社会融资规模作为衡量金融体系对实体经济的支持目标已经得到确认，相关的研究也随即展开。

历年来，我国货币政策调控一直都以M2（广义货币供应量）和新增人民币贷款作为中介目标，但是随着我国经济的不断发展，新型金融创新产品的不断涌现，企业获得融资的渠道也在不断更新，虽然人民币贷款依旧占主要位置，但是其比例却在不断下降，一些非银行金融机构发挥着越来越重要的作用，促使仅仅以人民币贷款或者M2作为衡量金融对实体经济支持力度的指标不免显得捉襟见肘，所以在此背景下，我国创新性地提出了用社会融资规模来代替传统的信贷指标作为货币政策中介目标。

我国一直以来都较为注重实体经济的发展,注重制造业这一国家命脉,也在一直强调金融业服务于实体经济,要想研究金融如何才能最有效地促进实体经济的发展,就必须要全面掌握不同地域、不同行业、不同融资方式对实体经济的不同影响,从而宏观制定促进金融服务实体经济的措施,而社会融资规模就恰好全面反映了不同融资渠道对实体经济的影响以及金融对实体经济薄弱环节的支持等。只有金融不断发展,新型融资渠道不断涌现,企业融资成本不断下降,打造良好的融资环境,实体经济才能健康发展。而社会融资规模尽可能大地包含了金融支持实体经济的主要融资渠道,且随着国家统计技术和条例规程的不断完善,近年来社会融资规模得到了社会各界的认可,成为衡量金融对实体经济支持作用的第三个指标,我国无论是制定货币政策还是金融调控都会考虑社会融资规模的情况。

山东位于华东地区的最北端,是中国的经济大省,近年来地区生产总值仅于广东和江苏之后位列全国第三,占中国 GDP 总量的 1/9。淡水资源、海洋资源、土地资源、矿产资源等自然资源丰富,平原广阔,铁路、公路、水路交通便利,基础设施比较完善。作为农业大省,农业产额增加值更是稳居中国各省第一位,且长期以来工业总产值及工业增加值也居中国各省前三位,除工业、农业外,山东省的第三产业近年来也呈稳步增长趋势。近年来,山东按照国家部署在积极改革,实施新旧动能转换、乡村振兴战略,产业结构优化升级等,这些政策的实施都离不开金融业的有效支持。所以山东省对金融发展应该予以重视,应当坚持国家和相关政府的坚强领导,保障一个高效、安全的金融环境,加强对金融改革的支持力度,创新金融服务,防范金融风险。近年来,山东省金融业运行总体较为平稳,规模也在不断扩大,对不同产业的支持力度也在不断提高,较好地保障了山东实体经济的发展,但是还有上升的空间,需要不断去创新,同时政策方面要给予一定支持。比如在 2018 年 9 月,山东省《支持实体经济高质量发展的若干政策》共包含了八个方面 45 条具体措施,其中在金融支持方面提出了 6 条具体措施,为金融支持实体经济提出了具体的方案和意见。而金融支持实体经济的细节不仅需要理论分析,也需要定量研究。但是经过文献查阅,发现对地区的社会融资规模定量研究很少,所以本章以山东省为例展开对金融支持实体经济的研究。从社会融资规模的相关数据来看,表内融资中占比最高的就是人民币贷款,而山东省实体经济的融资数据表明融资主要来自于人民币贷款,但这是一种对实体经济有利的现象还是不利的现象需要进一步研究分析,而且直接融资虽然会降低企业融资成本,但是加大直接融资的比例会不会真的促进实体经济的发展也需要进一步实证验证。所以本章选取代表山东省社会融资规模的表内融资、表外融资和直接融资这三个变量,定量研究它们与山东省实体经济之间的关系。

第一节 社会融资规模的概况

一、社会融资规模的概念

我国最早对社会融资规模进行定义的是中国人民银行,社会融资规模是指一定时期内(每月、每季或每年)实体经济从金融体系获得的全部资金总额,是一个增量概念。社会融资规模主要是衡量实体经济从金融体系获得的资金支持,因此衡量金融对实体经济的支持可以借鉴社会融资规模这个指标。相信社会融资规模扩大对于缓解中小企业融资也具有一定的积极作用。

二、社会融资规模的构成

随着各种融资渠道的不断涌现,衡量金融对实体经济支持力度的指标的统计口径也需要不断更新,所以在 2010 年提出了由多口径构成的社会融资规模,其概念中的金融体系包括银行、债券、保险等多种金融机构;这些金融机构所涵盖的信贷、债券、股票、保险等市场从而都被包含其中。本章将社会融资规模整理为四大部分,每部分又下分具体项目,结合中国人民银行给出的具体概念,这四部分共计 10 个项目,经资料综合整理,如表 5 – 1 所示:

表 5 – 1　社会融资规模构成

社会融资规模	金融机构表内业务	各项人民币贷款
		各项外币贷款
	金融机构表外业务	委托贷款
		信托贷款
		未贴现银行承兑汇票
	直接融资	非金融企业境内股票融资
		企业债券融资
	其他项目	投资性房地产
		保险公司赔偿
		小额贷款公司和贷款公司贷款

三、山东省社会融资规模发展历程

本章以山东省为例研究社会融资规模对实体经济的影响,因此针对山东省社会融资规模的发展历程和发展现状展开论述。

(一) 财政支持为主阶段

1956~1978年,我国正处于社会主义建设期,由于国家急需集中精力搞经济建设,所以在这一阶段我国实行的是高度集中的计划经济体制,国家所有资源由政府根据提前制定的发展目标和计划进行合理分配。山东省作为农业和工业大省,所有企业发展经营所需要的资金全部由当时的财政计划统一分配,资金融通全部来自于中央财政拨款。而且中央为了更好地实行计划经济,全面禁止了民间借贷、商业信用贷款等融资渠道。中国人民银行在当时还没有对金融业务进行统一管理的权力,不能制定独立的货币政策,所以在财政主导的阶段,中国人民银行只能是配合财政政策实施的机构,银行信贷主要的功能也是仅仅用于企业的短期贷款,配合计划经济的顺利进行。在这一阶段,银行信贷虽为山东省计划经济的顺利实施做出了贡献,但是更多的,它造成了山东省企业融资风险大,融资渠道、产业结构单一等问题,阻碍了企业的技术创新、生产结构的扩大,不利于山东省经济的发展。

(二) 银行信贷为主阶段

1978~2003年是我国改革开放不断深入的阶段,在此期间我国也从计划经济体制向市场经济体制转变,财政拨款逐渐走下历史舞台。为了更好地发挥市场经济的作用,中国人民银行作为整个金融系统的核心,也开始逐步进行深化改革,银行信贷成为市场经济中引导资金去向、合理配置资源的关键。1984年,"拨改贷"改革在全国范围内深入推进。此后,山东省国有企业的正常生产经营活动不再依赖于财政拨款,而转向银行贷款,银行贷款在金融体系中发挥着关键性的作用。在1986年国务院颁布的《银行管理暂行条例》中也明确了中国人民银行作为金融监管者的法律地位。中国人民银行不仅负责货币政策的制定,同时还需对银行业、保险业、证券业和信托业的业务活动进行监督和管理,形成了以人民银行为唯一监管者的统一监管体系,山东省由此进入了银行信贷为主的发展阶段。

(三) 多元化融资共同发展阶段

随着改革开放的不断深入,经济发展水平不断上升,新旧动能转化的不断进行,企业的科技创新、结构优化需要越来越多的资金支持,这就催生了多样化的融资渠道,传统的银行信贷已经不足以满足不同企业对于融资的多样化需求。在这一大背景下,为了更好地发挥金融对实体经济的支持作用,在2003年中央通过了《中共中央关于完善社会主义市场经济体制若干问题的决定》,文件指出要发展多元化、多层次的资本市场。2012年2月24日中国人民银行济南分行下发《关于加强和改进金融服务支持山东省实体经济平稳较快发展的意见》,要求山东省各金融机构进一步发挥金融对实体经济发展的促进作用,推动经济结构调整和发展方式的转变。2016年,山东省提出《山东省人民政府办公厅关于金融支持实体经济发展的意见》。另外,在2018年9月27日,经山东省委、省政府研究同意,山东省政府予以发布《支持实体经济高质量发展的若干政策》,其中也提到加大金融对实体经济的支持力度。山东省社会融资结构在此期间做出了一系列改变。首先,由于山东省金融业发展水平同发达地区还有一定差距,所以山东省企业融资渠道依然以银行信贷为主,随着建设银行、农业银行等银行在山东省相继开办分行,银行信贷极大地推动了山东省实体经济的快速发展。其次,山东省的保险公司、证券公司等非银行金融机构不断涌现,资本市场上不断发行股票和债券,直接融资不断发展。不仅降低了山东省农业和传统工业的融资难度,还带动了山东省经济的大发展。

四、山东省社会融资规模发展现状

(一)发展面临的形势

在融资领域,山东省银行贷款在山东省各渠道融资中占比最大,企业融资需求中,绝大多数源于银行贷款,仅有约10%来源于其他形式。融资方式过于单一,使得企业在资金方面抵抗风险的能力下降,企业运行风险加大,极有可能形成不良贷款。但是随着中国资本市场股票发行注册制的改革、区域性资本市场的建设、市场化私募基金的涌现,这些资本市场的变化使得企业融资变得更加容易,成本大大降低,将为山东省的企业融资提供重要机遇和创造有利的条件。在金融改革领域,随着"公司+农户""公司+中介组织+农户"的贷款模式的发展、新型农村金融改革的不断推进,将促进山东省经济与金融的协同发展。其次,山东省经济结构的调整、农业现代化的要求、新型制造业和各种新型产业的发展也为金融的发展提供了机遇。所以近年来山东省金融的不断发展会推动各种融资渠道的产生,从而扩大山东省的社会融资规模。

(二)社会融资规模和各项贷款发展情况

对于山东省的社会融资规模,由表5-2可清晰看出,2013年山东省的社会融资规模最高,其原因是在2013年"影子银行"的不断扩张为社会融资规模奉献了不少数据,表明地方政府债务信用风险在不断上升,所以在2014年之后采取了更加审慎的货币政策,降低政策风险、监管风险、信用风险,从而使社会融资规模呈现正常增长趋势。从整体来看,近年来,山东省社会融资规模增量一直处于一个较高的水平,且人民币贷款占社会融资规模的比例远高于其他各项,说明山东省企业融资依旧依赖银行贷款,而其他融资项占社会融资规模的比重依旧处于较低的位置,有待进一步提高。尤其是外币汇款、信托贷款和未贴现的银行承兑汇票,变化较不稳定,多年呈现负增长状态,山东省对于此融资渠道应该予以重视,以便保障融资额的稳步提升,促进融资结构优化升级。在直接融资渠道中,可以看出企业债券增量占比在2014~2018年相对比较稳定,也相对较高,其融资效果是不容忽视的。而2018年的委托贷款、信托贷款、未贴现的银行承兑汇票呈现大幅度下降,经研究发现,自2017年以来,强监管态度清晰,金融机构违法违规业务逐步得到整治,同时此次强监管也在着眼于防范重点业务领域风险,守住风险底线不动摇,而表外融资业务则在其列,近期出台的一系列监管政策都在资产端和资金端加强了表外融资业务的约束。对此,山东省政府应当适当调整表外融资,加强对其监管,实现其结构优化,同时继续积极发挥直接融资对实体经济的支持作用。

表5-2 山东省社会融资规模及各项占比　　　　单位:亿元,%

年份	山东省社会融资规模	其中	人民币贷款	外币汇款	委托贷款	信托贷款	未贴现银行承兑汇票	企业债券	非金融企业境内股票融资
2013	10838	数量	4613	410	1329	935	2036	1128	44
		占比	42.56	3.78	12.26	8.63	18.79	10.41	0.41
2014	9292	数量	5126	399	696	-40	965	1580	210
		占比	55.17	4.29	7.49	-0.43	10.39	17.00	2.26
2015	7600	数量	5397	-305	437	-573	296	1665	319
		占比	71.01	-4.01	5.75	-7.54	3.89	21.91	4.20
2016	8312	数量	6289	-576	1255	456	-1507	1531	446
		占比	75.66	-6.93	15.09	5.49	-18.13	18.42	5.37
2017	8498	数量	5874	48	673	501	39	307	582
		占比	69.12	0.57	7.92	5.89	0.45	3.61	6.85
2018	9225	数量	7251	-404	-887	-380	-1074	1401	191
		占比	78.60	-4.38	-9.62	-4.12	-11.64	15.19	2.07

资料来源:中国人民银行官网(统计数据与标准)。

对于山东省表内融资增量占社会融资规模增量的比例，由图5-1可以看出，2013~2016年，山东省金融机构表内融资增量依旧是呈现增长的趋势但是趋于平稳达到70%左右，说明人民币贷款仍然是山东省的主要融资渠道，即使在其他融资渠道层出不穷的社会背景下，对实体经济的主导作用并没有发生改变。趋于平稳的状态表明山东省的融资结构在不断优化，表内融资增量占比不再有明显的大幅度上升，说明其他的融资渠道发挥着越来越重要的作用。在2017~2018年表内融资有了小幅度的上升，是因为这段期间国家对表外融资的强监管使得资金一部分回流表内融资。与全国的变化趋势来比，自2014年以后，占比情况大致相同，说明山东的表内融资情况与全国的表内融资情况不相上下，实体经济的表内融资能跟得上国家改革的步伐。

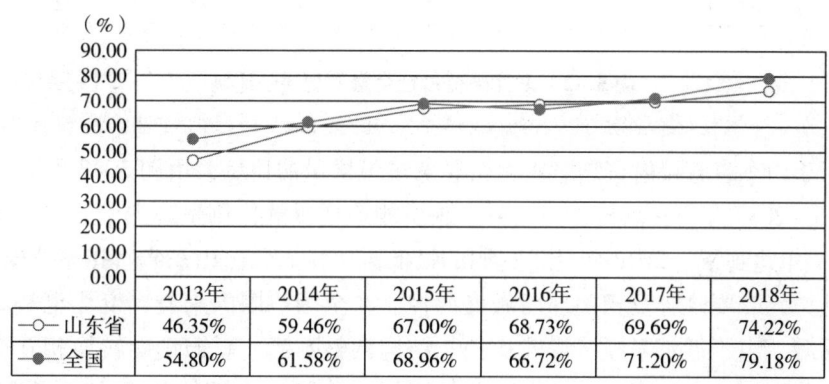

图5-1 表内融资占社会融资规模的比例

对于山东省表外融资增量占社会融资规模增量的比例，由图5-2可以看出，2013~2015年表外融资增量占比大幅度降低，2015~2017年又呈现增长的趋势，在2017年达到18%，这充分体现了近年来金融市场发展的有效性。在2013年打击影子银行、限制理财资金投资等一系列监管举措实施后，压制了表外融资。在2017年，货币政策收紧，信用债发行受到制约，成本上行明显，社会融资需求再次回归银行信贷以及表外融资，表外融资占比明显上升。但是在2018年不管是在国家层面还是在山东省占比增量都呈现一个剧烈的下跌，甚至是负相关的关系，主要因为严监管对表外融资形成新一轮打压，导致表外融资正在向表内融资回流，整个表外融资生态正在重塑。整体来看，表外融资增量依然处于弱势地位，2015~2017年占比虽然在增加，可是依然不足20%。与全国数据相比，变化趋势大致相同，但是全国范围内的表外融资增量占比是略高于山东省的，说明山东省在表外融资这方面的结构调整有待进一步加强。

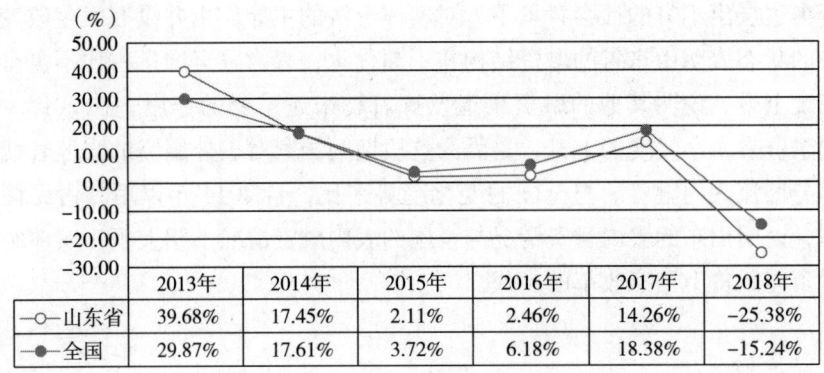

图 5-2 表外融资占社会融资规模的比例

对于山东省直接融资增量占社会融资规模增量的比例，由图 5-3 可以看出，在 2013~2017 年直接融资增量占社会融资规模增量的比例呈现先增后减的状态，且 2017 年达到了与 2013 年几乎趋同的最低占比，显示出山东省直接融资渠道融资的乏力，需要政府及相关部门做好调控。在全国范围内来看，变化也是如此，先增后减，由于近年来经济增速换挡、结构调整阵痛、新旧动能转换相互交织，经济下行压力加大，直接融资渠道还处于调整阶段，尤其在 2017 年市场资金成本有所上升，债券市场波动较大，股票市场表现整体平淡，而定向增发等监管趋严，所以直接影响了山东省直接融资规模。但是在 2018 年，山东省和全国占比都

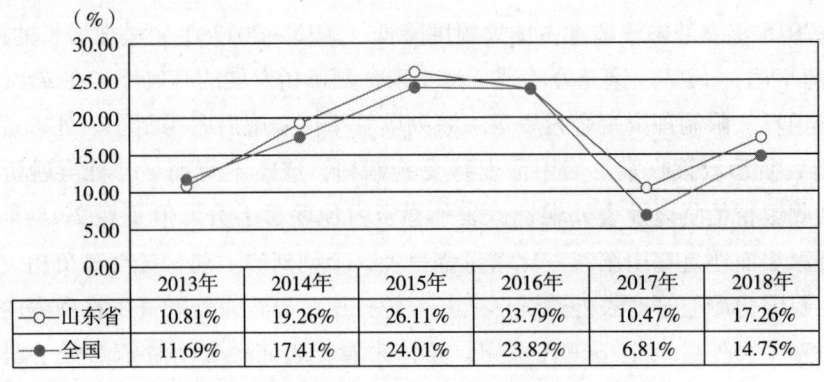

图 5-3 直接融资占社会融资规模的比例

有了很大幅度的增加，表明社会融资结构在不断优化，资金慢慢转向直接融资，说明直接融资渠道变得越来越重要，越来越受到国家和公众的认可，国家也越来越重视直接融资对实体经济的支持作用，并出台相关支持政策。

第二节 社会融资规模对实体经济影响的理论分析

一、社会融资规模对实体经济增长的促进作用

对我国来说社会融资规模是一次理论创新，弥补了传统的统计口径无法准确反映金融体系与实体经济之间关系的缺陷，全面反映了各种融资渠道与融资规模对实体经济的支持力度。虽然这是一个较新的概念，但已有较为成熟的国外经济理论作为基础。

传统的货币供给理论认为货币是从商品中分离出来的充当一般等价物的商品。大多数经济学家认为货币不仅包含传统意义的通货和商业银行的活期存款组成，还包括商业银行的储蓄存款和定期存款。随着社会经济和金融市场的不断发展，人们对货币作用的认识也发生了变化。人们为了满足自身生活需要，对货币的需求越来越高，用货币去兑换等价商品，这就促使企业加快商品的提供，促使企业去多渠道融资来支持生产，不仅是传统的借贷融资，更催生了多元化的融资结构，如直接融资渠道。然后将生产出来的商品销售换成货币，再投入生产，进行下一轮的运转。这也正印证了《拉德克利夫报告》中提到的整体流动性理论。在非银行金融机构大力发展的背景下，除传统意义上的货币供给对经济有影响以外，货币在整个社会的流动性也会对经济产生影响。因此，传统意义的商业银行和非银行金融机构都会影响货币供给和货币的流动性。

国内外学者通常从货币观点和信用观点两方面来阐述货币政策传导机制。

货币观点论提出之初是以 IS-LM 模型为基础，认为货币对经济只产生间接影响，不会产生直接影响，因此货币对总产出的影响是通过利率为中介来间接实现的，属于凯恩斯学派。但后来的货币观点论提出居民对货币的需求受其自身收入影响较大，受利率的影响较小，所以当收入越高，对货币的需求越高时，货币供给就越多。所以，在这种情况下货币对经济有着更加直接的影响。综上，早期的货币观点更强调货币价格—利率的作用，而晚期的货币观点更强调货币数量的

影响。但货币观点的成立是有一些假设的：一是市场是完全的、信息是充分的；二是所有的货币金融资产和非货币金融资产是无差异的，可以完全替代。

然而信用观点认为金融机构和非金融机构之间的货币、债券、股票和保险等之间不能相互替代，当商业银行的存款减少时，一般会同时减少贷款和债券两种资产。由于银行存款不足，贷款利率也会上升，这就导致了一些依赖贷款进行经营的个人或者企业会因为贷款利率的上升而成本上升、收入减少，随之支出水平也会降低，最终会导致实体经济的疲软下行。另外，信用观点还指出信息不透明会使企业花费更多的时间及资金去了解各种融资渠道的信息，错过最佳时期，产生企业外部融资利差，从而增加企业的融资成本，不利于企业的发展，不利于实体经济的整体有效运行。当央行实施一定的货币政策，如加息时，外部融资利差会随之增加，于是造成企业融资成本会大幅度上升，企业的借贷减少，支出萎缩，最终总产出水平下降。

二、各种融资渠道促进实体经济增长的理论分析

（一）银行信贷渠道促进实体经济增长的理论分析

银行信贷渠道指的就是包括银行在内的金融机构，通过其自身的表内业务和表外业务来对企业进行资金支持。在发放贷款前，银行会对企业进行详细的资金审查和资格审查，评估企业的资产价值，从而确定是否为企业发放贷款和发放多少贷款。具备优质资源、有良好发展前景和优质资产价值的企业会较容易地获得比较大额的信贷支持，使企业获得了更多的资金去进行对外投资和科技创新，为自身和社会创造了更多的价值。当银行处于信用扩张期的时候，信贷量会快速地增加，对企业来说，融资成本会随之降低，从而能够更容易地获得信贷支持，就会有更多的资金去进行投资，促进金融资本向产业资本转化，产业资本集聚就能够带动实体经济的快速发展。相反，银行处于信用收缩期的时候，企业获得信贷支持的成本会增加，从而影响其对社会投资量的增加，影响实体经济的发展。从这里可以看出，银行通过信贷渠道可以实现对实体经济的调控。此外，银行能根据不同行业和不同企业的发展状况和资金需求紧迫程度对贷款投放顺序进行合理安排，通过制定不同行业的信贷政策来准确发放贷款，从而促进实体经济的发展。银行还可以根据信贷收益来准确判断宏观经济形势，及时对相关企业进行资产及经营监测，保证企业的良好运营。

（二）债券融资渠道促进实体经济增长的理论分析

债券融资作为一种债务性融资方式，企业可以通过发放债券迅速融得资金，然后用这些资金可以进行正常的经营活动。在企业利用得当的情况或者企业经营状态良好、融资结构合理的情况下，债券融资可以作为企业的负债来提高其自身的财务杠杆，通过加杠杆来扩大企业的收益，同时能够促进资金的有效流通，将居民手中的储蓄存款转换成企业的流动资金，促进企业自身的发展，同时也促进实体经济的增长。何志刚（2006）发现债券融资在发达经济体中处于主导地位，企业通过债券市场获得的融资额远远超过通过股票市场获得的融资额。另外在理论上来讲，企业运用债券筹集来的大量资本，除维持自身基本的经营活动外，还能扩大企业的对外投资，作为其他企业融资的来源，这样不仅带动了自身和被投资企业的发展，从长久来看，这种模式可以促进多方企业带动多个被投资企业的发展，从整体来看，切实带动了实体经济的增长。

（三）非金融企业境内股票融资促进实体经济增长的理论分析

大量正处于起步阶段的企业，由于其科技创新、人才引进等需要资金较多，而且经营风险较大，往往无法达到获得银行贷款所要求的相关指标，无法获得银行贷款。这种企业就可以在股票市场进行融资活动，吸引一些喜欢高风险、高收益，偏好风险投资的企业或者个人进行投资，从而获得大量资金，进行必要的经营活动。从国家层面，在一级市场中，国家可以根据筹集资金的企业所要发展的行业方向来进行合理选择，使资金流向有发展前景的行业和企业，引导企业进入国家重点发展的领域。同时证券中介机构也会在发行证券前对企业进行调研，选择那些国家支持行业和自身发展有良好前景的企业，从而获得较高收益。在我国股票市场属于审核制，在股票融资的发行审批阶段，优质企业更容易获得保荐机构的支持和通过证监会的审核，因此优质企业更容易获得股市融资，推动优质企业的进一步发展，增加企业获得的利润。通过股票市场的审核机制，国家还可以调控行业的发展方向，提升宏观经济的竞争力和经济效益。在二级市场中，对于企业的增资和配股也有很高的要求，如创业板要求最近两年的营业收入增长率不低于30%，持续经营3年以上等。因此，只有自身发展状况良好的优质企业才能达标。综上，国家已经从源头上保证了二级市场融资的也是优质好企业，因此在二级市场上融资的难度对于中小企业来说难度也很大。而金融资本无论是一级市场还是二级市场，都会优先考虑优质企业，这对于提高整个宏观经济的运行收益非常有益。所以，股票融资也可以促进实体经济增长。

基于以上理论的分析，我们可以得知，构成社会融资规模的主要融资渠道能通过大量集纳资金，提高财务杠杆，优化产业结构，加大优质企业投资，分散企业融资风险，从而加大企业获得的收益，进而促进实体经济的增长。

第三节 社会融资规模对实体经济影响的实证分析

本节的研究主要是通过 VAR 模型研究社会融资规模对实体经济增长所产生的影响。通过总结与分类，选取代表社会融资规模的三个变量（表内融资、表外融资、直接融资）与代表山东省实体经济增长的实际 GDP 变量和固定资产投资分别构造 VAR 模型，研究山东省社会融资规模对山东省实体经济的影响。

一、变量选取与模型设定

（一）变量的选择

1. 被解释变量

根据实体经济数据的可获得性，且经济增长一般都是在一个很长的时间跨度上来说的。所以实体经济指标常采用实际 GDP 或者是实际 GDP 增长率、CPI 和固定资产投资。本章选择山东省实际 GDP 和山东省固定资产投资作为衡量实体经济增长的指标。

2. 解释变量

本章所要验证的是山东省社会融资规模与实体经济之间的关系。其中社会融资规模数据为中国人民银行公布的山东省的社会融资规模增量。而实证的解释变量则选取最能代表社会融资规模的三大变量，即表内融资、表外融资和直接融资。表内融资由人民币各项贷款和外币各项贷款组成；表外融资由委托贷款、信托贷款和未贴现银行承兑汇票组成；直接融资由非金融企业境内股票融资和企业债券组成。

人民币各项贷款指当地金融机构发放的人民币贷款，包括借贷给非金融企业、个人、机关团体、境外单位等机构的贷款、票据贴现、垫款等。从资金需求方来看，这是最常见的融资渠道。

外币各项贷款指当地金融机构发放的外币贷款，包括借贷给非金融企业、个人、机关团体、境外单位等机构的贷款、票据贴现、垫款、押汇、福费廷等。因为容易受到外汇管制等的影响，所以其规模远低于人民币各项贷款。

委托贷款指企事业单位和个人自己提供者，在确定了贷款对象、用途、金额、期限、利率等的前提下，将资金委托给金融机构，要求金融机构代为发放贷款,并监督贷款的使用,最后有金融机构协助收回贷款的方式。从资金需求方来看,当企业不符合银行放贷条件的时候,通过委托贷款可以筹集到大量资金。

信托贷款是指在国家规定的范围内,信托投资公司制订信托投资计划,利用信托投资计划筹集资金,并将筹集到的资金发放给信托投资计划规定的单位和项目。因为信托投资计划的资金来源和使用是专项的,因此不列入信托投资公司的资产负债表。对资金需求方来说,虽然利息较高,但是会节约大量的时间成本。

未贴现银行承兑汇票是指尽管持票人持有银行承兑汇票,但没有到当地金融机构进行承兑要求贴现的部分,这部分信贷只有在金融机构表内和表外合并之后才会体现出来。一般持票人持有银行承兑汇票会要求银行贴现,从而可以充分利用票据的资金,当然也可以通过背书转让来解决企业对资金的燃眉之急。在统计上全部银行承兑汇票要扣除已在当地银行贴现的银行承兑汇票才是未贴现银行承兑汇票。

非金融企业境内股票融资指非金融企业通过股票市场获得的资金融通,股票市场包括沪市、深市、新三板、创业板、中小板等正规的金融市场。作为资金需求方,一些尚未成熟的企业它们科技创新需要大量资金,可以通过股票市场来迅速收纳资金,获得偏好"高风险、高收益"的投资者支持。

企业债券包括企业通过各种渠道发行的各类债券,如企业债券、短期融资券、公司债、可转换债券等。目前企业债券的种类非常多,也在不断创新中,企业必须不断提高自身实力和信用,保证兑付能力,才能顺利通过发行企业债券融资。

其中,表内融资、表外融资、直接融资在下文中分别用大写字母 X1、X2、X3 来表示,山东省实际 GDP 用 Y 来表示,山东省固定资产投资用 Z 来表示。

(二)数据来源与处理

本章的实证分析所需数据来源于中国人民银行官网和国家统计局,由于地区社会融资规模数据是从 2013 年开始公布的,选取山东省的年度表内融资、表外融资、直接融资数据不足以支撑 VAR 模型的建立与分析,又因为山东省的社会融资规模各季度数据是从 2014 年开始公布的,考虑到数据的可得性、连贯性和完整性,所以本章选取 2014~2018 年各季度共 20 组数据来建立 VAR 模型进行分析。而山东省的 GDP 数据和固定资产投资来源于国家统计局,同样运用的是 2014~2018 年各季度共 20 期的数据。

至于数据的处理,将中国人民银行公布的第一季度数据、上半年季度数据、前三季度数据和一年的数据运用 Excel 来进行处理得到每个季度的增量数据。同样,将山东省的 GDP 数据和固定资产投资经过相同处理方法得到每个季度的 GDP 数据和固定资产投资完成额。由于山东省社会融资规模中各季度表外融资、直接融资数据中存在负数,所以采用极值化方法对数据进行无量纲化处理。此方法是通过变量取值的最大值和最小值将原始数据转换为介于某一特定范围的数据,从而消除量纲和数量级的影响。公式如下:

$$a_1 = 0.1 + \frac{a - \min(a)}{\max(a) - \min(a)} \times 0.9$$

其中,a 表示样本原始数据,a_1 表示无量纲化处理之后的数值,$\max(a)$ 表示样本原始数据中的最大值,$\min(a)$ 表示样本原始数据中的最小值。经研究,数据经过无量纲化处理,不会对数据本身的意义产生影响。

(三) 模型介绍

多方文献表明,对于社会融资规模与实体经济之间的实证分析,多采用时间序列 VAR 模型来进行实证分析,同时也找到了建立 VAR 模型所必需的数据,所以本章采用此模型进行实证研究分析。

滞后阶数为 p 的 VAR 模型表达式为:

$$y_t = A_1 y_{t-1} + A_2 y_{t-2} + \cdots + A_p y_{t-p} + Bx_t + \mu_t \quad (t = 1, 2, \cdots, n) \quad (5-1)$$

其中,y_t 为被解释变量,即内生变量;x_t 为外生变量;μ_t 是误差向量,A_1, A_2, $\cdots$, A_p, B 是需要实证分析来进行测算的系数。VAR 模型也可以写成如下形式:

$$\begin{pmatrix} y_{1t} \\ y_{2t} \\ \vdots \\ y_{kt} \end{pmatrix} = A_1 \begin{pmatrix} y_{1t-1} \\ y_{2t-1} \\ \vdots \\ y_{kt-1} \end{pmatrix} + A_2 \begin{pmatrix} y_{1t-2} \\ y_{2t-2} \\ \vdots \\ y_{kt-2} \end{pmatrix} + \cdots + A_p \begin{pmatrix} y_{1t-p} \\ y_{2t-p} \\ \vdots \\ y_{kt-p} \end{pmatrix} + B \begin{pmatrix} x_{1t} \\ x_{2t} \\ \vdots \\ x_{dt} \end{pmatrix} + \begin{pmatrix} \mu_{1t} \\ \mu_{2t} \\ \vdots \\ \mu_{kt} \end{pmatrix}, \quad (t = 1, 2, \cdots, n)$$

$$(5-2)$$

从式 (5-2) 中可以看出,向量自回归 VAR (p) 模型由 k 个方程构成,还可以将该表达式写成如下形式:

$$\tilde{y}_t = \tilde{A}_{1t} \tilde{y}_{t-1} + \tilde{A}_{2t} \tilde{y}_{t-2} + \cdots + \tilde{A}_p \tilde{y}_{t-p} + \tilde{\mu}_t \quad (t = 1, 2, \cdots, n) \quad (5-3)$$

式 (5-3) 中,$\tilde{y}_t$ 是内生变量 y_t 关于外生变量 x_t 进行回归后得到的残差。可简化为如下形式,即:

$$\tilde{A}(L)\tilde{y}_t = \tilde{\mu}_t \quad (5-4)$$

$$\tilde{A}(L) = I_k - \tilde{A}_{1t}L - \tilde{A}_{2t}L^2 - \cdots - \tilde{A}_p L^p \quad (5-5)$$

式 (5-4) 被称为自回归模型,含有外生变量和非限制性向量,其中 $\tilde{\mu}_t$ 是白噪声向量,上述为含有外生变量和非限制性向量的自回归模型。

如果系统不含外生变量,上述模型可以简化为如下的自回归模型:

$$y_t = A_1 y_{t-1} + A_2 y_{t-2} + \cdots + A_p y_{t-p} + \mu_t \quad (t = 1, 2, \cdots, n) \quad (5-6)$$

式(5-6)表示的非限制性向量自回归模型不含有外生变量,当行列式 det $[A(L)]$ 的根都不在单位圆内时,式(5-6)才满足平稳性条件。

上述不含外生变量的模型包含多个方程,每个方程的右侧均不含有外生变量,只含有内生变量的滞后项,因此这些滞后项不受误差向量 $\tilde{\mu}_t$ 的影响,这种情况下可以选择普通最小二乘法(OLS)对方程进行计算评估,此时计算所得估计参数是一致的,并且有效。

二、社会融资规模对实体经济增长的实证检验

(一)平稳性检验

为了消除异方差的影响,对所有数据进行了取对数处理。对于时间序列,进行协整检验的前提还必须对序列的平稳性进行检验,通常采用 ADF 单位根检验方法来完成平稳性检验。在进行平稳性检验的时候,如果变量存在单位根,那么计算结果可能出现伪回归问题,此时就要对数据进行差分处理,通常差分处理之后就可以消除单位根,并且得到平稳序列。对上述数据进行检验之后得到结果如表5-3所示:

表5-3 平稳性检验

变量	检验类型(C, T, K)	ADF 值	1% 的临界值	5% 的临界值	结论
LNZ	(C, T, 0)	-5.056425	-3.831511	-3.029970	平稳
LNY	(C, T, 2)	-5.564555	-4.616209	-3.710482	平稳
LNX1	(C, T, 2)	-5.638874	-3.886751	-3.052169	平稳
LNX2	(C, T, 1)	-6.179057	-3.857386	-3.040391	平稳
LNX3	(C, T, 0)	-3.943500	-3.831511	-3.029970	平稳

注:Z、Y、X1、X2 和 X3 分别代表山东省固定资产投资完成额、山东省 GDP、表内融资、表外融资和直接融资,C 代表截距项,T 代表趋势项,K 代表滞后项。

从上面检验结果可知,各变量的 ADF 值均小于 1% 的临界值,所以均具有平稳性,所以各变量为同阶单整序列,可以进行协整检验。

(二)协整检验

1. 山东省 GDP 与表内融资、表外融资、直接融资的协整检验

从表5-3的平稳性检验可以看出各变量不存在单位根,具有平稳的趋势。

但对于平稳序列,还需要做协整检验,以此检验序列是否具有长期稳定的均衡取数。由于本章是多变量分析,因此我们采用 Johansen 协整检验法。首先建立 VAR 模型,以确定最优滞后阶数,然后进行 Johansen 协整检验。根据最优滞后阶数的检验结果和 AIC 最优滞后准则,可知 VAR 模型的滞后阶数为 3,但该模型是否稳定还需进行单位圆稳定性检验,检验结果如图 5-4 所示:

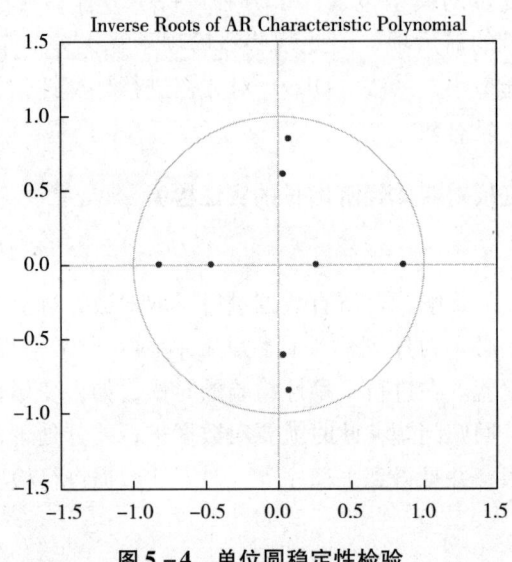

图 5-4 单位圆稳定性检验

由图 5-4 可知,所有的单位根均位于单位圆内,所以该 VAR 模型是稳定的。因为 Johansen 协整的滞后阶数是在 VAR 模型滞后阶数的基础上减 1,由 VAR 模型的滞后阶数为 3 可知,Johansen 协整的滞后阶数为 2。从协整检验结果可知,在 5% 的显著水平上,变量间至少存在 3 个协整向量,所以通过了协整检验,变量间具有长期稳定的均衡关系。

2. 山东省固定资产投资与表内融资、表外融资、直接融资的协整检验

做 Johansen 协整检验之前,我们需要建立 VAR 模型,以确定最优滞后阶数,根据最优滞后阶数的检验结果和 AIC 最优滞后准则,可知 VAR 模型的滞后阶数为 3。单位圆检验结果如图 5-5 所示:

由图 5-5 可知,所有的单位根均位于单位圆内,所以该 VAR 模型是稳定的。因为 Johansen 协整的滞后阶数是在 VAR 模型滞后阶数的基础上减 1,由 VAR 模型的滞后阶数为 3 可知,Johansen 协整的滞后阶数为 2。从协整检验结果可知,在 5% 的显著水平上,变量间至少存在 3 个协整向量,所以通过了协整检验,因此可以判定变量间具有长期稳定的均衡关系。

第五章 社会融资规模对实体经济影响的研究

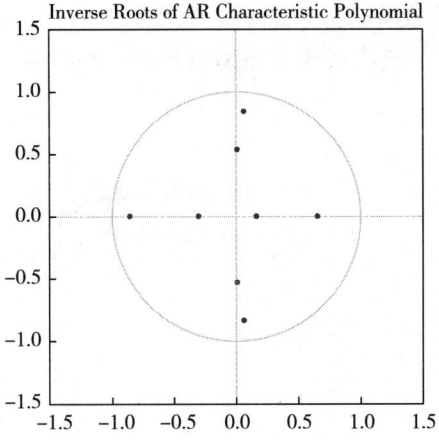

图 5-5　单位圆稳定性检验

（三）格兰杰因果检验

1. 山东省 GDP 与表内融资、表外融资、直接融资的格兰杰因果检验

由上述分析可知变量间具有长期稳定的均衡关系，但是否具有因果关系我们还需进行格兰杰因果检验，具体检验结果如表 5-4 所示：

表 5-4　格兰杰因果检验

Dependent variable：LOG（Y）			
Excluded	Chi-sq	df	Prob.
LOG（X1）	0.905719	3	0.8240
LOG（X2）	6.093985	3	0.0178
LOG（X3）	13.61828	3	0.0422
All	17.66450	9	0.0393

从表 5-4 格兰杰检验结果中可知，"LOG（X2）不是 LOG（Y）的格兰杰原因"这一个假设条件下的概率值 0.0178 小于 5%，拒绝原假设，即 LOG（X2）的变动是 LOG（Y）变动的原因。"LOG（X3）不是 LOG（Y）的格兰杰原因"这一个假设条件下的概率值 0.0422 小于 5%，拒绝原假设，即 LOG（X3）的变动是 LOG（Y）变动的原因。说明表外融资和直接融资与 GDP 的增长有着因果关系。且 LOG（X1）、LOG（X2）、LOG（X3）可以同时作用格兰杰引起 LOG（Y）。

2. 山东省固定资产投资与表内融资、表外融资、直接融资的格兰杰因果检验

对于如上变量间是否具有因果关系需进行格兰杰因果检验，具体检验结果如表5-5所示：

表5-5　格兰杰因果检验

Dependent variable：LOG (Z)

Excluded	Chi-sq	df	Prob.
LOG (X1)	5.938956	3	0.3180
LOG (X2)	3.521007	3	0.0195
LOG (X3)	0.809469	3	0.0472
All	22.32825	9	0.0079

在表5-5格兰杰检验结果中可知，"LOG (X2) 不是 LOG (Z) 的格兰杰原因"这一个假设条件下的概率值0.0195小于5%，拒绝原假设，即LOG (X2) 的变动是LOG (Z) 变动的原因。"LOG (X3) 不是LOG (Z) 的格兰杰原因"这一个假设条件下的概率值0.0472小于5%，拒绝原假设，即LOG (X3) 的变动是LOG (Z) 变动的原因。说明表外融资、直接融资与固定资产投资完成额有着因果关系。且LOG (X1)、LOG (X2)、LOG (X3) 可以同时作用格兰杰引起LOG (Z)。

（四）VAR 模型

1. 山东省GDP与表内融资、表外融资、直接融资的VAR模型构造

为了消除异方差性，所以对变量Y、X1、X2、X3做了对数处理。根据AIC准则，选择滞后三阶为此VAR模型的滞后阶数。通过EViews得出模型结果如表5-6所示：

表5-6　VAR模型

	LOG (Y)	LOG (X1)	LOG (X2)	LOG (X3)
LOG [Y (-1)]	0.675322	1.635820	0.072657	-0.401974
	(0.74318)	(1.36735)	(1.26920)	(1.24722)
	[0.90870]	[1.19634]	[0.05725]	[-0.32230]
LOG [Y (-2)]	0.488218	0.117401	0.014911	-0.757293
	(0.22805)	(0.41958)	(0.38947)	(0.38272)
	[2.14085]	[0.27980]	[0.03829]	[-1.97872]

续表

	LOG (Y)	LOG (X1)	LOG (X2)	LOG (X3)
LOG [Y (-3)]	-0.094814	-0.304035	-0.371214	0.977957
	(0.42450)	(0.78102)	(0.72496)	(0.71241)
	[-0.22336]	[-0.38928]	[-0.51205]	[1.37275]
LOG [X1 (-1)]	-0.202369	-1.209164	-0.092476	-0.459952
	(0.29513)	(0.54300)	(0.50402)	(0.49529)
	[-0.68571]	[-2.22684]	[-0.18348]	[-0.92865]
LOG [X1 (-2)]	-0.086599	-0.757462	-0.162881	0.433556
	(0.17924)	(0.32979)	(0.30612)	(0.30081)
	[-0.48313]	[-2.29682]	[-0.53209]	[1.44128]
LOG [X1 (-3)]	-0.188444	-0.660875	0.061350	0.373113
	(0.20941)	(0.38530)	(0.35764)	(0.35145)
	[-0.89986]	[-1.71524]	[0.17154]	[1.06165]
LOG [X2 (-1)]	0.094411	0.182461	0.281453	-0.537141
	(0.27780)	(0.51113)	(0.47444)	(0.46622)
	[0.33985]	[0.35698]	[0.59324]	[-1.15212]
LOG [X2 (-2)]	0.591474	-0.114705	-0.248111	-0.207063
	(0.20473)	(0.37667)	(0.34964)	(0.34358)
	[2.88907]	[-0.30452]	[-0.70962]	[-0.60266]
LOG [X2 (-3)]	-0.292792	-0.931361	-0.119367	-0.585569
	(0.49021)	(0.90193)	(0.83719)	(0.82269)
	[-0.59728]	[-1.03263]	[-0.14258]	[-0.71178]
LOG [X3 (-1)]	0.123763	-0.029470	-0.180974	0.500192
	(0.19646)	(0.36147)	(0.33552)	(0.32971)
	[0.62996]	[-0.08153]	[-0.53938]	[1.51707]
LOG [X3 (-2)]	-0.092882	-0.028605	0.077002	-0.223938
	(0.19878)	(0.36574)	(0.33949)	(0.33361)
	[-0.46725]	[-0.07821]	[0.22682]	[-0.67127]
LOG [X3 (-3)]	0.124788	0.416166	-0.073355	0.195753
	(0.19675)	(0.36199)	(0.33601)	(0.33019)
	[0.63425]	[1.14965]	[-0.21831]	[0.59285]
C	0.089104	-3.086916	-1.395760	-1.146910
	(0.77565)	(1.42711)	(1.32467)	(1.30173)
	[0.11488]	[-2.16306]	[-1.05367]	[-0.88107]

续表

	LOG (Y)	LOG (X1)	LOG (X2)	LOG (X3)
R - squared	0.865674	0.813106	0.482783	0.813410
Adj. R - squared	0.462696	0.252424	-1.068868	0.253639
Sum sq. resides	0.303163	1.026252	0.884212	0.853847
S. E. equation	0.275301	0.506520	0.470163	0.462019
F - statistic	2.148193	1.450210	0.311142	1.453112
Log likelihood	10.10498	-0.259905	1.006357	1.303386
Akaike AIC	0.340591	1.559989	1.411017	1.376072
Schwarz SC	0.977754	2.197152	2.048180	2.013235
Mean dependent	-0.478528	-0.907797	-0.804090	-0.852003
S. D. dependent	0.375576	0.585827	0.326875	0.534793

由上述结果可以得到如下方程:

$$LOG(Y) = 0.089 + 0.675 \times LOG[Y(-1)] + 0.488 \times LOG[Y(-2)] - 0.095 \times LOG[Y(-3)] - 0.202 \times LOG[X1(-1)] - 0.087 \times LOG[X1(-2)] - 0.188 \times LOG[X1(-3)] + 0.094 \times LOG[X2(-1)] + 0.591 \times LOG[X2(-2)] - 0.293 \times LOG[X2(-3)] + 0.124 \times LOG[X3(-1)] - 0.093 \times LOG[X3(-2)] + 0.125 \times LOG[X3(-3)]$$

2. 山东省固定资产投资与表内融资、表外融资、直接融资的 VAR 模型构造

为了消除异方差性,所以对变量 Z、X1、X2、X3 做了对数处理。根据 AIC 准则,选择滞后三阶为此 VAR 模型的滞后阶数。通过 EViews 得出模型结果如表 5-7 所示:

表 5-7 VAR 模型

	LOG (Z)	LOG (X1)	LOG (X2)	LOG (X3)
LOG [Z (-1)]	-0.398688	0.014702	0.243984	-0.011876
	(0.42743)	(0.51440)	(0.48483)	(0.56465)
	[-0.93277]	[0.02858]	[0.50324]	[-0.02103]
LOG [Z (-2)]	0.168452	0.298479	0.226251	-0.627162
	(0.28079)	(0.33793)	(0.31850)	(0.37093)
	[0.59992]	[0.88327]	[0.71037]	[-1.69077]

续表

	LOG（Z）	LOG（X1）	LOG（X2）	LOG（X3）
LOG［Z（-3）］	0.177815 (0.40783) [0.43600]	0.937639 (0.49081) [1.91037]	-0.389162 (0.46260) [-0.84126]	0.572641 (0.53876) [1.06289]
LOG［X1（-1）］	0.467027 (0.26348) [1.77252]	-0.709338 (0.31710) [-2.23698]	-0.143839 (0.29887) [-0.48128]	-0.489571 (0.34807) [-1.40653]
LOG［X1（-2）］	0.551015 (0.31856) [1.72972]	-0.314304 (0.38338) [-0.81983]	-0.295640 (0.36134) [-0.81819]	0.386306 (0.42083) [0.91797]
LOG［X1（-3）］	0.183007 (0.35179) [0.52021]	-0.193723 (0.42338) [-0.45756]	-0.230440 (0.39904) [-0.57749]	0.825774 (0.46473) [1.77687]
LOG［X2（-1）］	-0.299009 (0.38680) [-0.77304]	-0.587929 (0.46550) [-1.26299]	0.431932 (0.43874) [0.98448]	-0.376202 (0.51097) [-0.73625]
LOG［X2（-2）］	0.451891 (0.32073) [1.40897]	-0.130222 (0.38599) [-0.33737]	-0.023796 (0.36380) [-0.06541]	-0.435332 (0.42369) [-1.02748]
LOG［X2（-3）］	0.214152 (0.40192) [0.53282]	-0.155104 (0.48371) [-0.32066]	-0.026148 (0.45590) [-0.05736]	-1.056886 (0.53096) [-1.99054]
LOG［X3（-1）］	0.169366 (0.29650) [0.57122]	0.050090 (0.35683) [0.14037]	-0.244442 (0.33632) [-0.72682]	0.666008 (0.39169) [1.70035]
LOG（X3（-2)）	-0.182919 (0.27871) [-0.65630]	-0.104016 (0.33542) [-0.31010]	0.165963 (0.31614) [0.52497]	-0.298980 (0.36819) [-0.81203]
LOG［X3（-3）］	0.215628 (0.28254) [0.76319]	0.425839 (0.34003) [1.25237]	0.003662 (0.32048) [0.01143]	0.206445 (0.37324) [0.55312]

续表

	LOG (Z)	LOG (X1)	LOG (X2)	LOG (X3)
C	1.091118	-1.691618	-1.190406	-1.105194
	(0.99629)	(1.19902)	(1.13008)	(1.31614)
	[1.09518]	[-1.41083]	[-1.05338]	[-0.83972]
R - squared	0.871620	0.836440	0.533320	0.763520
Adj. R - squared	0.486479	0.345761	-0.866722	0.054080
Sum sq. resides	0.620090	0.898122	0.797817	1.082145
S. E. equation	0.393729	0.473847	0.446603	0.520131
F - statistic	2.263122	0.704658	0.380931	1.076228
Log likelihood	4.022434	0.873677	1.880306	-0.710678
Akaike AIC	1.056184	1.426626	1.308199	1.613021
Schwarz SC	1.693347	2.063789	1.945362	2.250184
Mean dependent	-0.508542	-0.907797	-0.804090	-0.852003
S. D. dependent	0.549437	0.585827	0.326875	0.534793

由上述结果可以得到如下方程：

$$LOG(Z) = 1.091 - 0.399 \times LOG[Z(-1)] + 0.168 \times LOG[Z(-2)] + 0.178 \times LOG[Z(-3)] + 0.467 \times LOG[X1(-1)] + 0.551 \times LOG[X1(-2)] + 0.183 \times LOG[X1(-3)] - 0.299 \times LOG[X2(-1)] + 0.452 \times LOG[X2(-2)] + 0.214 \times LOG[X2(-3)] + 0.169 \times LOG[X3(-1)] - 0.183 \times LOG[X3(-2)] + 0.216 \times LOG[X3(-3)]$$

（五）脉冲响应分析

脉冲响应函数是刻画每个内生变量的变动对自身及其他变量产生的影响，能比较直观地分析变量之间的相互影响。为探究社会融资规模对 GDP 和固定资产投资的影响，利用前述的 VAR（3）模型，建立脉冲响应函数（IRF）来刻画变量之间的关系。本章运用 Eviews 10.0 软件来完成脉冲响应分析，结果如图 5-6 所示。图 5-6 中横轴代表追溯期数，纵轴代表受到 GDP 受到自身或对方影响的程度，纵轴数值代表标准差的大小，实线代表 GDP 受一个标准差大小影响的脉冲反应函数值，在实线代表的脉冲响应函数值基础上加上两倍的标准差，或者减去两倍的标准差之后得到的反应函数值用虚线表示。

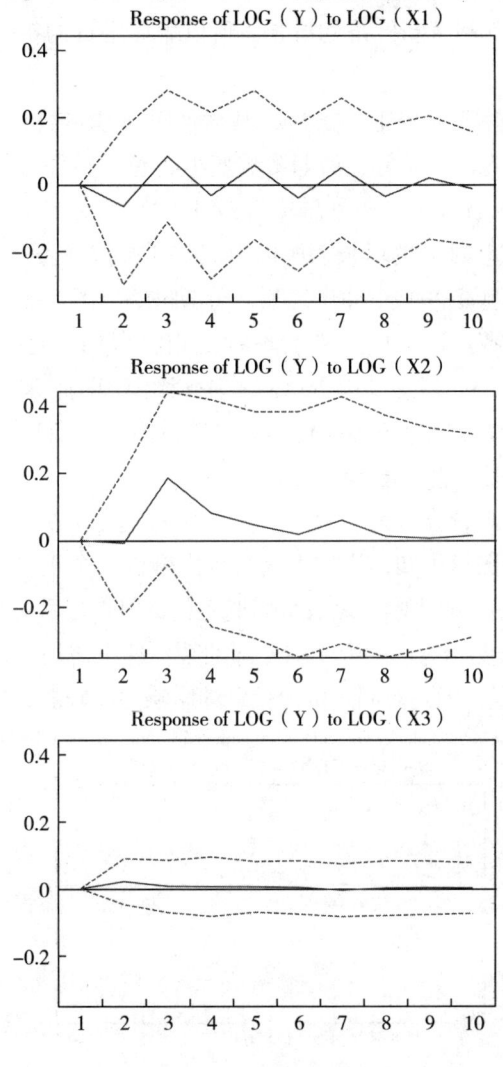

图 5-6 脉冲响应

1. 山东省 GDP 与表内融资、表外融资、直接融资的脉冲响应分析

从图 5-6 的脉冲图形可知,当在本期给表内融资一个正冲击后,前两期对 GDP 都有负向影响,第三期呈现正相关关系,第四期呈现微弱的负向影响,第五期呈现正相关,之后呈现明显的周期性变化,最终趋于 0。这表明当表内融资受到外部的某一冲击之后,会对 GDP 产生周期性的影响,而且持续时间较长。在表内融资对 GDP 产生明显的正效应之后又对 GDP 带来反向冲击,表明表内融资对 GDP 的促进效果是短暂的,不具备长期促进效应。这可能是因为表内融资主

体是人民币贷款,银行贷款利息受经济状况影响波动较大,在经济收缩期,企业贷款成本负担较大,不利于新经济的成长,所以表内融资的扩大并不会长久地促进 GDP 的增长。

当在本期给表外融资一个正冲击后,其对 GDP 的影响从长期来看呈正相关关系,但是在前期影响较为显著,后期影响变小,趋于平稳的状态,最后影响趋近于 0。所以对于山东省来说,表外融资对 GDP 的影响是较为明显的,表外融资的适度扩大会有效促进 GDP 的增长,所以山东省要调控好表外融资的比例。

当在本期给直接融资一个正冲击之后,短期内对 GDP 产生了微弱的正向影响,随后逐渐趋近于零。这与山东省的现状是相符合的,直接融资发展较为缓慢,对 GDP 的影响较小,但是不能否认直接融资给 GDP 带来了正向影响,而且直接融资有利于企业降低融资成本,促进新经济的成长,所以山东省应当对直接融资予以重视,适当促进直接融资的发展。

2. 山东省固定资产投资与表内融资、表外融资、直接融资的脉冲响应分析

从图 5-7 的脉冲图形可知,当在本期给表内融资一个正冲击后,前两期对固定资产投资都有明显的正向影响,之后呈周期变化,但是之后对其影响始终都很微弱,几乎趋于 0。这表明当表内融资受到外部的某一冲击之后,短期内对固定资产投资呈现正向促进效应,但是对固定资产投资的影响力度较弱,持续时间也较短。

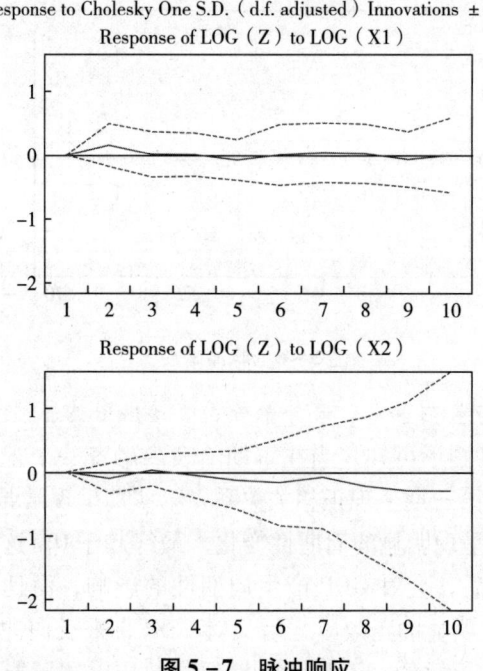

图 5-7 脉冲响应

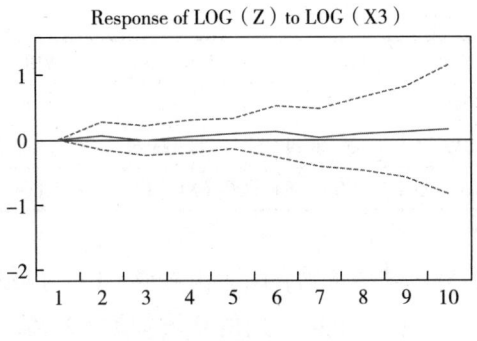

图 5-7 脉冲响应(续)

当在本期给表外融资一个正冲击后,其对固定资产投资的影响从长期来看呈负相关关系,在前期影响较小,后期影响变大。对于山东省来说,表外融资对固定资产投资的影响是较为明显的,表外融资的扩大会降低固定资产投资的增长,而且这种负面影响会随着时间不断加深,所以山东省要调控好表外融资的比例。

当在本期给直接融资一个正冲击之后,长期来看其对固定资产投资的影响是正向的,只是影响力度很弱,这与山东省的现状是相符合的,直接融资发展较为缓慢,对固定资产投资的影响较小,但是不能否认直接融资给固定资产投资带来了正向影响,所以山东省应当对直接融资予以重视,促进直接融资的发展。

(六)方差分解

1. 山东省 GDP 与表内融资、表外融资、直接融资的方差分解分析

为了进一步分析表内融资、表外融资和直接融资对山东省 GDP 的贡献度,本章接下来进行方差分解分析,结果如表 5-8 所示:

表 5-8 方差分解

Period	S. E.	LOG (Y)	LOG (X1)	LOG (X2)	LOG (X3)
1	0.275301	100.0000	0.000000	0.000000	0.000000
2	0.293734	94.30540	5.069868	0.084462	0.540268
3	0.358112	63.76531	8.968003	26.86237	0.404312
4	0.368631	60.19409	9.307137	30.08919	0.409581
5	0.380087	58.88585	10.99978	29.70699	0.407381
6	0.383393	58.24074	11.94585	29.40401	0.409401
7	0.391236	55.95250	13.07396	30.56785	0.405689
8	0.393456	55.47429	13.80636	30.31642	0.402934

续表

Period	S. E.	LOG (Y)	LOG (X1)	LOG (X2)	LOG (X3)
9	0.394045	55.34103	14.00411	30.24810	0.406753
10	0.394812	55.28029	14.06029	30.25215	0.407264
Cholesky Ordering: LOG (Y) LOG (X1) LOG (X2) LOG (X3)					

从表5-8的方差分解结果可知,除去山东省GDP自身对自身的影响外,对GDP影响最大的是表外融资,由第一期的0增加到30.25215%;其次是表内融资这一因素,由第一期的0增加到第十期14.06029%;影响最小的是直接融资,在第十期的影响程度仅为0.407264%,符合山东省的实际情况,说明山东省的直接融资处于弱势地位,未来直接融资的发展有待重视和提高。

2. 山东省固定资产投资与表内融资、表外融资、直接融资的方差分解分析

为了进一步分析表内融资、表外融资和直接融资对山东省固定资产投资的贡献度,本章接下来进行方差分解分析,结果如表5-9所示:

表5-9 方差分解

Period	S. E.	LOG (Z)	LOG (X1)	LOG (X2)	LOG (X3)
1	0.393729	100.0000	0.000000	0.000000	0.000000
2	0.441412	80.44014	12.70909	4.980506	1.870268
3	0.448172	80.36210	12.42675	5.289724	1.921429
4	0.454115	78.56261	12.13047	6.385307	2.921609
5	0.597696	79.44625	8.562127	8.127813	3.863810
6	0.632964	71.58278	7.645613	13.68469	7.086912
7	0.662745	72.17102	7.317313	13.84872	6.662938
8	0.754450	68.83544	5.745920	18.94263	6.476013
9	0.950461	69.16084	4.099999	21.15539	5.583769
10	1.030354	63.35089	3.489267	26.21765	6.942195
Cholesky Ordering: LOG (Z) LOG (X1) LOG (X2) LOG (X3)					

从表5-9和图5-8可知,除去山东省固定资产投资自身对自身的影响外,长期内对固定资产投资影响最大的是表外融资,由第一期的0增加到第十期的26.21765%,其次是直接融资这一因素,由第一期的0增加到第十期的6.942195%;短期内对固定资产投资影响最大的是表内融资,最高达到12.70909%。说明表内融资对固定资产投资影响是短暂的,随着时间的推移,影

响越来越小；表外融资对固定资产投资影响较大，但根据脉冲显示是负面影响，而直接融资对固定资产投资的影响越来越大。因此山东省应当适当发展直接融资，从而促进经济增长。

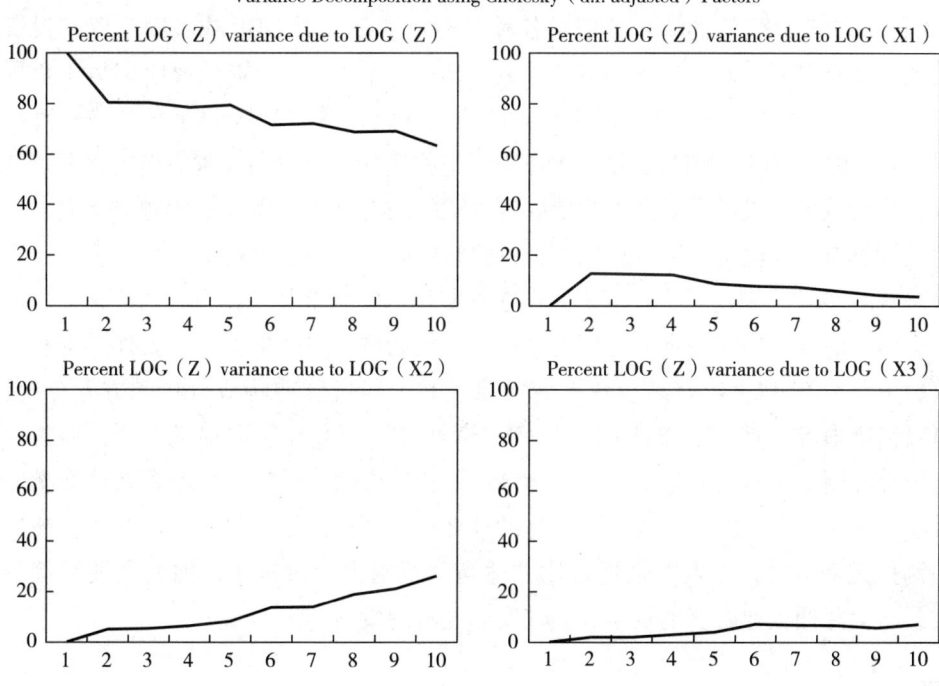

图 5-8 方差分解

（七）结论

经过 ADF 单位根检验，发现在 1% 的临界值下各变量之间是稳定的，可以进行协整检验，后根据最优滞后阶数进行协整检验，结果显示各变量之间是协整的，变量间具有长期稳定的均衡关系。格兰杰因果检验显示表内融资、表外融资、直接融资这三者综合作用与 GDP 和固定资产投资完成额有着明显的因果关系。脉冲响应和方差分解明显显示了表外融资和直接融资对 GDP 的正向促进作用，同时显示出表内融资虽然对 GDP 影响程度最大，但是其最大的占比对 GDP 的影响效果却不是最优的；此外，表外融资对固定资产投资的影响是负面的，且影响力度最大，直接融资在短时间内对固定资产投资是有正向影响的，而直接融资对其影响是长期正相关的。综合来看，只有直接融资对实体经济的影响是长期正向的，所以山东省应该根据研究结果合理地对山东省的融资结构进行调整，着力发展直接融资,发挥直接融资对实体经济的促进作用。

三、小结

经过实证分析,可以总结出山东省社会融资规模整体上各种融资渠道共同作用能够促进实体经济的增长,但是各种融资渠道分别对GDP或者固定资产投资的效应却有很大不同,如表内融资,对GDP和固定资产投资的效应都呈正负周期变化;表外融资对GDP的增长呈正效应,而对固定资产投资呈负效应;直接融资对GDP、固定资产投资都是呈正向促进作用的。所以山东省应当优化融资结构,尽量减少以人民币贷款为主要融资方式的表内融资,增加直接融资比例,尽力发挥其对实体经济的促进效应。经过协整检验,发现表内融资、表外融资、直接融资和GDP、固定资产投资之间存在长期稳定的协整关系,说明社会融资规模对实体经济的发展有一定的支持促进作用。根据格兰杰因果检验,表外融资和直接融资与GDP和固定资产投资有着因果关系。经过脉冲响应分析和方差分解,可以清晰地看出直接融资对GDP和固定资产投资都存在正向促进效应,而表内融资存在周期性影响效果,这与实际情况是相符合的。虽然表内融资在社会融资规模中占比最大,但不代表这是最优的社会融资结构。结果显示,山东省应该适当调控融资结构,将表内融资占比在适当的范围内尽量减小,加大发展直接融资,从而降低企业融资的资本,促进实体经济的发展。

第四节 对策建议

为了更好地发挥山东省金融对实体经济的促进作用,提出如下对策建议:

一、鼓励山东省金融产品、服务及制度创新

我国金融业的快速发展,促使各种融资渠道层出不穷,社会融资规模统计口径需要进一步完善,近年来我国已经形成了多元化的融资市场,一些老旧的较为传统的金融产品已经不符合当代社会的要求,山东省作为一个人口及经济大省,金融产品、服务和制度创新刻不容缓,以适应多元化的融资需求。

首先,金融产品的设计要摆脱传统的供给决定需求模式,要以客户的需求为导向,把客户的喜好放在首位,根据他们的偏好以及融资状况制定出新颖的符合

时代潮流的金融产品，为山东省经济发展添加新活力。一方面，要合理利用金融资源，满足经济发展对金融产品的需求；另一方面，金融产品要满足金融投资者对投资产品的多样化需要，减少投资风险。

其次，要做好金融服务的创新，包括服务形式的创新、服务途径的创新等。要改变以往的形象服务，打造高效能服务方式，不再拘泥于大堂服务，走出办公厅去切实了解人们的需求。同时，积极发挥互联网金融的作用，将金融和互联网相结合，及时了解企业的融资状况，创建符合个人和企业的金融扶持项目，将一些优质但融资困难的企业的融资成本尽可能地降低，从而促进金融对实体经济的支持力度，促进经济的发展。

最后，积极完善金融市场制度创新。通过制定一系列金融制度，对一些省内国家重点扶持项目、科技型创新项目、专业项目等提供金融资金支持。同时通过多样化的融资渠道保障优质企业、优质项目的顺利运行，切实解决中小企业融资难的问题。

二、强化山东省社会融资规模监管

1986年我国赋予中国人民银行对多个金融行业的业务活动进行统一管理的权利；20世纪90年代，金融监管体系趋于精准化、系统化，由统一走向分业；2004年形成了中国人民银行、银监会、证监会、保监会"一行三会"为主导的监管格局，以此各司其职又互相合作；最终在2018年3月，进一步完善为金稳委、中国人民银行、银保监会和证监会"一委一行两会"为主导的综合监管模式。虽然金融监管体制越来越完善，但是监管机构之间信息往来滞后的问题一直存在，随着社会融资规模的统计口径越来越多样，涉及的各个统计部门也越来越多，如中国人民银行、证监会、银保监会、中央国债登记结算有限公司等，虽然它们都承担着不同领域之间的数据统计检测，但是在某些方面不免重合，而且信息传达不及时。所以山东省各个部门之间要强化信息沟通交流机制，加强部门之间的协同合作。合理利用计算机网络系统，达到各个部门之间的信息共商、共建、共享；有关部门利用现有的法律条款或者根据现实情况不断更新的法律章程对不合法的融资行为和信息数据造假行为予以制裁，同时，加强山东省与国家相关部门的联系，建立全国与山东省各区域之间的信息交流机制。山东省各部门要根据中国人民银行的相关部署，共同构建社会融资规模的监控与管理体系，保证良好的金融市场环境，促进国家相关政策的有效实施，加强金融体系对实体经济的支持作用。

三、持续推进山东省供给侧结构性改革

现阶段山东正处于新旧动能转换期,应持续推进供给侧结构性改革,推动实体经济的发展。鼓励中小企业进行科技创新,但进行科技创新对资金的要求较高,政府应当给予政策支持,减少税费,降低不必要的费用征收。着力降低中小企业的所得税征收,以降低实体经济的发展成本。此外,山东省还应积极促进融资方式创新,发展股权融资、优化债务融资工具等,增加融资渠道,降低企业融资难度。山东省作为老工业基地,制造业为山东省实体经济做出了很大贡献,而金融业的发展加快了制造业的转型。近年来,金融新兴产品不断问世,制造业的转型对融资方式以及融资效率提出了更大的挑战,而银行信贷仍然是山东省内企业的主要融资方式。因此,针对山东省企业融资的特点应该不断完善融资信贷服务,同时在政策上对优秀制造业进行一定的倾斜,利用政策引导和鼓励制造企业向高科技、新兴产业领域倾斜。例如,降低贷款利率、延长贷款期限、允许应收账款或信用证担保等。同时,制造业企业的固定资产比例较高,需要较多的信贷资金融通,因此负债率较高而且需要负担的银行利息较多,所以积极引导先进制造业通过资本市场获得融资,可以通过积极推动企业上市、发行债券的形式,以此为企业融资注入能量。

四、促进山东省融资结构不断改善

近年来,山东省的主要融资方式仍然是人民币贷款,而直接融资发展较为缓慢,为了适应新形势下经济发展的要求,应当适当改变融资规模结构,适当加大不同融资渠道的融资力度,实现直接融资、间接融资之间的比例协调。例如,适当地增加非银行表内业务的融资力度;适当放宽债券市场、信托市场的准入条件,扩大企业发行债券的规模;发挥股票融资对企业的资金支持,支持企业上市融资;积极开发资产证券化品种、风险较低的固定收益类证券产品;引导企业和个人在金融市场进行多方投资。多样化的融资渠道和融资方式可以满足企业多样化的融资需求。在经济快速发展成为新常态的背景下,利用大数据、互联网金融等新业态,调整企业融资渠道,丰富融资方式有助于经济结构的调整,也会带动整个经济的高速可持续发展。

五、推动山东省投融资环境持续优化

为了山东省实体经济的发展,优化山东省的投融资环境,首先需要完善社会

信用评价体系。鼓励多部门数据共享，利用大数据优势不断完善中国人民银行和信用评价机构对企业的信用评价功能和相关信息，不断完善诚信监管，使守信企业得到益处，失信企业受到惩罚，鼓励企业重视自身信用。而金融监管部门在提高监管力度的同时，对于审批、核准、备案等办事流程应进一步简化，提高办事效率，真正从企业角度出发不断提高监控能力和处置案件的能力，利用高新科技技术提高监管稽查的信息化水平，争取早发现、早制止相关的违法犯罪行为，从而不断提高金融监管部门的可信度。同时，山东省应该制定相关优惠政策进行招商引资，对来山东省投资的优质外资企业给予适当的奖励和补助。针对通过造谣和传播虚假信息的行为，进行严肃查处，避免投资者上当，并尽可能消除影响，维护山东的新引力。通过不断改善山东省的信用环境和融资环境，坚持有法可依、有法必依、违法必究的原则，为山东省创造一个公开、公平、公正的法治氛围和高效、务实的投资环境。

六、坚持山东省金融服务实体经济

近年来，我国社会融资规模不断扩张，对金融的稳定性提出了更高的要求。金融业在发展过程依旧存在较多问题，如一些不知名的缺乏监管的居民理财产品层出不穷、民间高利率借贷居高不下、金融产权和衍生品交易所多如牛毛等。金融业脱离了实体经济，不断自我膨胀，资金大量用于自身的盈利循环，从而实体经济得不到足够资金支持，出现空心化趋势。金融资本、虚拟经济的泡沫化会使中小企业"融资难、融资贵"的问题进一步加剧。实体经济和实体产业中的资金不断流向虚拟经济，将影响实体经济的发展潜力，最终导致国民经济萎缩。因此，金融业的资金来自于实体经济，反过来金融业必须以服务和支持实体经济发展作为根本目标，实现金融业和实体经济的互利共生，相辅相成。只有这样，实体经济的结构性改革才能获得必要的资金支持，才能不用担心泡沫破裂对中国金融产生大面积的影响，防止金融危机的发生。最终实现金融业与实体经济的协同发展。

本章小结

实证研究表明，在经济增长方面，社会融资规模与实体经济存在长期稳定的动态关系，且表内融资近年来一直处于占比最高的状态，但是其状态并不能有效促进实体经济的增长。而直接融资和表外融资虽占比相对较小，但是直接融资的发展会有效促进实体经济的增长，所以山东省应该适当调节融资结构，加大直接融资的比例，为山东省实体经济起到有效支撑作用。对此，山东省应当鼓励推进金融产品、服务及制度创新，从而适应多元化融资需求；强化社会融资规模监控与管理，金融助力实体经济发展；坚持供给侧结构性改革，金融助力制造业转型；改善融资结构，坚持金融服务实体经济；优化投融资环境，完善社会信用体系。最终达到金融促进社会融资规模扩大，从而促进实体经济发展的目的。但是在研究过程中，也遇到了一些不足之处。首先，由于官方公布的季度数据有限，所以在实证环节变量选取组数不够庞大，希望有关部门能够创新统计方法，努力提高统计的能力，积极做好数据统筹工作并及时发布，使实证结果更具有说服力。其次，在本章的研究基础上，可以将社会融资规模划分得更加详细，研究每条融资渠道对实体经济的影响，从而更好地反映社会融资规模对实体经济的支持力度。

第六章　金融发展对中小企业创业的影响研究

　　一个地区的金融发展对于中小企业的创业和发展具有重要的意义，本章重点讨论金融发展与中小企业创业之间的关系。为了更好地描述这种相关关系，本章选取金融发展程度较低的辽宁省作为研究案例展开相关研究。

　　对于辽宁省金融业来说，普遍存在盈利能力下降，同时地区金融服务程度较低，地区间发展差异较大，这些金融业自身的缺陷正在深刻影响着中小企业创业的活跃程度。虽然辽宁省大力加强本省金融业发展，深入贯彻习近平总书记提出的关于东北老工业基地振兴发展的"四个着力"和"三个推进"，但是我们可以发现，全省的政策重点和工作重点还是集中于落后产业的企业转型升级和宏观层面的供给侧结构性改革。伴随着产业转型的阵痛以及寻求焕发活力的市场，中小企业在这个目标中有着不可或缺的作用，根据辽宁省金融运行报告，中小企业占全部企业的98%以上，提供了70%的就业岗位，对经济增长的影响占60%以上，所以说中小企业对于辽宁省市场经济的发展是十分重要的。同时中小企业发展的关键阶段主要在创业融资方面，根据《中国中小企业蓝皮书——促进中小企业自主创新的政策和机制》显示，尽管政府和社会对银行信贷投以足够的重视，但80%的中小企业被认为短期信贷资金只能满足部分需要，而只有40%左右的中小企业可以获得部分中长期贷款，而能获得长期贷款的中小企业更是少之又少，这说明中小企业面临资金短缺问题比较严重，其融资现状亟待改善。

　　本章通过比较辽宁省各城市金融发展程度的同时，与中小企业的创业结合起来，找到牵制中小企业创业的核心，并提出优化金融环境和促进金融发展支持中小企业创业的政策建议。

第一节 相关概念与文献综述

一、相关概念

（一）创业

1. 创业的定义

创业指的是创业者通过对资源的优化整合创造经济价值的过程，创业资源既包括创业者自己拥有的资金，也包括各种渠道融通来的资金。

R. Cantillon 首次提及创业家的概念，并认为其是承担了创业风险并合法拥有其收益的人。Hubert 和 Link 则研究企业家的个人特征，认为企业家是融通生产要素并组织生产然后合法占有生产价值的人。对于理论层面的要素、生产、收益等方面，经济学家达到了相对的一致，但就具体的创业行为层面而言，不同的经济学家有着不同的看法。Gartner 是以是否创建了新的企业组织来定义创业，而 Sharma 和 Chrisman 则是以是否创造了新价值来定义创业，认为只有创造了新价值才称为创业。创业机会协会（AEO）则从创业环境的视角出发，重点论述了支持创业和完善创业的活动，如对创业团队进行金融支持，对创业团队开展创业教育，帮助创业团队创造竞争优势等。创业机会协会将金融支持列入创业环境，已经认识到了金融体系对于创业具有重要影响。

国内学者秦正云根据国外经济学家对于创业的看法总结了一个较为完整的创业的定义，即创业是企业家在一定风险和不确定性条件下在市场环境中如何识别、利用机会，进而动员资源、创建新组织或开展新业务，并合法享有创造价值的活动。

2. 创业的分类

国内外学术界对创业的分类研究较多，代表性分类方法是根据创业者对于创业机会的把握程度，将创业划分为生存型创业和机会型创业两种。

生存型创业的创业目的是为了生存，难民效应是其主要驱动力。生存型创业主要针对经济发展衰退时期，伴随着失业率的猛增。在该时期由于全民财富的缩水，创业者对于创业的资金准备不足，并且难以承担创业失败带来的后果。以下是该时期不适合机会型创业的论点：Johanson、Hurst 和 Lusardi 认为，在经济衰退时期，由于信贷风险提升，不良贷款率高，银行会对信贷采取缩减规模和严格审核，创业者难以得到创业的资本，从而抑制了创业行为。Audretsch 认为，高失业率使得市场竞争遗留下了一批相对较弱的群体，该群体自身能力有限，难以进行大型创业或承担后果。但对于生存型来说，Frank Knight 认为该时期就业机会和薪资较低，人们与其忍受不稳定且极低的工作收益，不如进行简单的创业获得收益更高。同时，政府为了刺激经济，也会进行如税收减免或给予补贴等方式来鼓励创业，所以该时期人们更倾向于生存型创业。

机会型创业的主要驱动力是企业家效应，在经济繁荣的时候，企业家拥有更雄厚的资金与承担风险的能力，他们会发现、创造、捕捉商机，寻找到一些具有高投资回报的项目，该种创业才是促进经济增长的主要动力。

根据 GEM 中国报告显示，我国的创业环境良好，机会型创业指数和生存型创业指数分别居于全球的第七位和第五位，2002 年生存型比机会型为 60∶40，到 2007 年已经转变为 39.6∶60.4，实现了巨大的转变，也说明创业给我国经济发展带来了巨大的推动作用。

3. 创业衡量的指标

关于创业指标的衡量，国际上有许多不同的衡量方法，常用的衡量指标有全员创业指数（GEM）、新创企业创业指数（TEA）、中国创业活动指数（CPEA）、全球发展与创业指数（GEDI）、中国私营企业创业指数（CEPA）等。

中国私营企业创业指数（CPEA）是我国常用的衡量创业活跃度的指标，其计量考虑了国情、制度、创业等情况。公式为：

CPEA 指数 = 区域 3 年内新创私营企业个数/区域 18～64 岁人口数量

（二）金融发展

1. 金融发展理论

金融发展理论一般包括三种，即金融发展论、金融结构论、金融深化论。我国学者白钦先（2005）的研究认为在金融发展的过程中，金融机构的金融资产总额不断上升，金融结构横向和纵向都扩大发展，金融发挥的功能越来越多，其效率也越来越高。经济主体进行金融创新的主要目的是追逐潜在的收益，因此不断在制度领域和技术领域进行创新，从而导致金融相关比率不断提高。

2. 金融发展衡量指标

金融发展的衡量指标在量的方面一般用金融资产与实物资产的比例（金融相关比率）来表示，并且金融发展的一般规律是金融相关比率趋于提高。该指标是由美国经济学家戈德史密斯提出，其具体为一段时间内一个国家全部金融活动总量比国民财富,可以对一国或一地区金融上层结构的相对规模以及金融化程度进行衡量。

我们选取衡量金融发展程度的指标为金融相关率(FIR),其定义为:

金融发展相关率(FIR) = 某地区一年内存贷款总额/GDP

二、文献综述

(一) 国外相关研究

国外学者对于金融发展对企业创业的影响从两个方面展开研究:

第一,金融发展对企业创业的影响。Erkan Poyraz、Yusuf Tepeli (2016) 认为,风险资本投资是一种现代融资模式,该模式在发达国家得到了长期的使用,作者对土耳其风险资本融资进行了调查,认为风险资本的存在极大地提升了创业的积极性。Luca Grilli (2019) 也针对银行贷款和风险资本投资等组成的金融方式为创新性企业提供融资进行了分析,基于 2000 余个意大利企业的实证分析证明,脆弱的金融生态系统中企业获得创业融资的可能性相对较低,这也就证明了金融发展对企业创业十分重要。Richard P. Gregory (2019) 通过对 1993~2013 年的数据集进行分析,提出了资本管制程度不同的时期,创业的活跃程度是不一样的,进而证明了金融自由化对于企业创业的影响。

第二,关于政府在企业创业方面的作用。Ruta Aidis、Saul Estrin、Tomasz Mickiewicz (2010) 主要研究了金融对转型期企业的影响,指出政府的金融制度与金融政策对企业的转型、再创业有着十分重要的作用。Zyanko V. (2013) 研究创业发展的先决条件时,将金融发展对企业创业的影响进行了实证分析,通过对欧洲一些创业活动减少的国家的实证分析,确定政府对企业创业的金融、财政支持是合理的、必须的。

总体来看,国外研究表明,金融发展对于中小企业创业具有积极作用,但完全市场机制下的金融支持相对不足,因此中小企业创业活动离不开政府在金融和财政方面的支持。

(二) 国内相关研究

在国内学者的相关研究中,他们的主要观点如下:刘定平 (2004)、李晓红 (2018) 分析了中小企业对于地区经济的贡献与影响,他们分析了中小企业在数量、经济增长占比、提供就业数量、纳税比例等方面的作用,继而总结了中小企业的作用,并分析了辽宁省目前的情况,从而得出了辽宁的经济振兴与中小企业密不可分。邓欣 (2005)、姚秋 (2009) 的理论研究认为中小企业普遍面临融资困难的问题，存在资金支持匮乏、金融支持结构失衡、金融支持缺乏体系化方案等问题，并且该问题主要集中于企业成立和创业初期。李伟（2004）、胡珊珊（2013）对于金融支持中小企业创业发展有着深入研究，通过实证分析验证了这种正相关关系，认为金融制度创新和金融市场化有着重要作用，同时中小企业的创业发展与地区金融业的发展有着重要关系。杜欣（2007）、梁斯（2013）对区域金融的发展表明了金融发展差异带来的影响，金融发展与市场竞争、居民金融意识、要素流动等互相影响，且政策导向作为最重要的外生因素，必然带来不同的发展状况，辽宁省与其他省份金融业相比具有脆弱性，从贷存比、盈利能力、不良贷款等方面就可以看出，具有特殊性。白晶洁、张崞（2018）通过对辽宁44个县市区的数据实证验证了金融发展和中小企业发展的关系，同时刘宽（2016）也进行了金融发展水平对创业活跃度影响实证分析，通过数据呈现的形式将金融发展与企业创业结合起来，从更直观的层面展现了其关系。尹鹏（2013）、陈刚（2015）、彭恂、张质彬（2019）针对该问题的解决对策进行了分析，结合汪菲（2012）、郑义（2015）关于金融发展的一些建议，认为金融业首先要解决自身存在的问题，做好金融深化与广化，提升盈利能力和服务能力，还有金融业与企业创业的联系，以发展普惠金融和提升融资结构为主。综上所述，国内学者从不同角度证明了金融发展对中小企业具有重要的影响。

第二节　金融发展与中小企业创业关系概述

一、辽宁省金融发展与中小企业创业现状分析

本章以辽宁省为例展开研究，因此首先对辽宁省的发展现状和中小企业创业现状进行论述。

（一）辽宁省经济特殊性

辽宁省经济最大的特殊性在于其产业结构落后于全国整体水平，该特殊性一部分来自历史原因，另一部分来自政策原因。

从历史上来看，在抗日战争时期东北地区的工业产值曾经是亚洲第一、世界第四，抗日战争时期日本掠夺了东北大量的资源，同时解放战争时期苏联还回东北地区控制权时带走了大量的机器设备，使当时东北的工业基地只剩下大型厂

房,机器设备全都被带走。即使是这样中华人民共和国成立时东北的经济总量和工业产值都是全国第一,而我们整个国家在那个时期需要东北将其人力、物力输送到全国来启动整个国家的发展。

从政策上看,由于辽宁省拥有良好的工业基础,所以国家将其大型工业、国防军工企业都放在了这里,这些企业十分重要,占据了大量人力、物力使辽宁省必须保持较高的工业比重;同时这些企业都是央企,他们的税收是直接交给国家的,而地方国企占比却相对较少,即产值很高但税收没有明显的增加,使一些公共支出事项必如建桥、修路甚至需要自行筹款。

表6-1和表6-2为辽宁省历年三大产业比重和2017年全国三大产业所占比重。

表6-1 辽宁省历年三大产业占GDP比重 单位:%

年份	第一产业	第二产业	第三产业
2010	8.2	54.6	37.2
2011	7.9	55.3	36.8
2012	7.8	53.9	38.3
2013	7.2	52.1	40.7
2014	7.0	51.0	42.0
2015	7.2	46.2	46.6
2016	8.4	39.3	52.3
2017	8.1	39.3	52.6

表6-2 2017年中国三大产业占GDP比重及增速 单位:%

产业分类	产业比重	产业增速
第一产业	4.8	3.9
第二产业	38.9	6.1
第三产业	56.3	8.0

可以看出近些年来辽宁省的产业结构是在不断改善的,第二产业占比降低,第三产业占比不断上升,政府和社会为了产业转型做出了巨大的努力。因为从全国的趋势来看,第二产业占比下降一般是放缓其增速,同时使第三产业保持高增

速,这样在经济同步发展的过程中第三产业的比重得以上升。但是辽宁省的产业转型迫在眉睫,采取了直接降低第二产业比重的方法,在这个过程中一定伴随着失业率上升、经济增速放缓等一系列问题。2014年第二产业占比为51.0%,到了2015年该比例变为46.2%,第二产业比重下降了近5%,到了2016年该比例变为39.3%,直接下降了近7%,并且这些比例绝大部分融入第三产业中去了。

辽宁省私营企业从业人数占到了全省就业人数的20%,稍高于一些内陆的农业省份,但是比沿海经济较发达的省份低,说明除了第一产业牵扯劳动力问题,第二产业转型尚未全部完成,许多人员依旧在央企、地方国企里受困于体制。

同时影响该数据的还有一个重要因素——人口因素,其有人口负增长、人口老龄化的问题,由于东北气候、经济环境的影响,许多人选择到外地求学或工作,近年来辽宁省人口自然增长率为负数,而60岁以上人口超过了20%属于严重老龄化的特征。人口结构和人口流失也影响了辽宁省经济的发展,人口流失使创业环境变差,缺乏活跃的市场氛围,受制于创业人员的技能与素质,还会影响创业的质量。人口老龄化问题加重了家庭和社会的负担,使个人创业的风险提高,同时大量的养老金问题给财政税收增加负担。

(二)辽宁省金融发展现状及代表城市选择

辽宁省GDP排名全国第14位,2018年达到2.5万亿元,近几年经济增长率为4%~6%,落后于全国大多数省市。同时辽宁省第三产业占比52%左右,低于全国平均的56%,第一产业占比8%高于全国的4%。这些数据都说明辽宁省经济发展缓慢,虽然经济体量不小,但是发展前景堪忧。

在过去的15年里,辽宁省金融业发展稳健,各项贷款种类有了明显增幅,积极响应东北老工业基地转型,大力扶植中小企业、优化经济结构、加大政策优惠,规划了沈阳经济区,为中小企业带来了新的发展空间。表6-3是辽宁省2005~2018年金融发展规模,包含了GDP总额、存贷款数额以及金融相关率等指标,表明了辽宁省金融业发展的基本概况。

表6-3 辽宁省2005~2018年金融发展规模　　单位:亿元,%

年份	GDP总额	存款余额	贷款余额	存贷款余额	金融相关率
2005	8123.1	11967.0	7958.1	19925.1	2.45
2006	9388.9	16596.8	9117.2	25714	2.74
2008	13745.3	18223.2	11794.6	30017.8	2.18

续表

年份	GDP总额	存款余额	贷款余额	存贷款余额	金融相关率
2009	15288.7	22758.6	15549.6	38308.2	2.51
2010	18528.6	27372.5	18689.8	46062.3	2.49
2011	22301.5	30832.4	22831.7	53664.1	2.41
2012	24882.6	35303.5	26306.5	61610.0	2.48
2013	27246.2	39418.0	29722.0	69140.0	2.54
2014	28612.3	42053.1	33023.5	75076.6	2.62
2015	28555.6	47758.2	36282.8	84041.0	2.94
2016	21896.2	51692.5	38685.6	90378.1	4.13
2017	23409.2	54249.0	41278.7	95527.7	4.08
2018	25315.4	59016.0	44985.0	104001.0	4.10

资料来源：《辽宁省统计年鉴》。

从表6-3中数据可以看出，2005~2013年辽宁省经济增长情况还算乐观，金融相关率保持在2.40左右，各项数据指标发展正常。但从2013年以后GDP增速迅速放缓，甚至出现了负增长，与此同时金融相关率上涨较快，达到了4.0的水平，存贷款额居高不下，贷款质量每况愈下。出现这样的情况主要是辽宁省官方承认2009~2013年数据作假，并且2016年采用新的统计规则，使GDP减少了7000亿元，相当于一个大连的GDP。现在的数据是否真实可靠我们无从得知，但是2016年之后的两年数据统计较为平稳，因此可以认为数据有效。

本章在对辽宁省内情况进行分析时，考虑到辽宁省全省的经济体量主要由几个重点城市组成，个别小城市的经济体量太小，所以应针对全省14个城市进行筛选，选取具有代表性的城市进行分析。

我们可以将辽宁省看作四部分，其经济体量顺序为"躯干＞左手＞右手＞帽子"，"躯干"城市为沈阳、大连、鞍山，三者是辽宁省经济的核心；"左手"城市为营口、盘锦、锦州，三者靠渤海，拥有港口与海上贸易的优势；"右手"城市为丹东、本溪、抚顺，这三个城市背靠吉林省，在工业基础方面具有一定的优势；"帽子"城市为其余城市，这些城市人口老龄化严重，城市缺乏经济活力。

当我们选取城市时，我们选取的标准是金融发展可能对中小企业创业有良好效果的城市，对于"躯干"来说它们本就是发展不错的城市，而对于"左手"来说它们才是更值得注意的城市，因为它们的金融业发展有一定规模但不够完善，城市沿海有一定的创业活跃程度。"右手"城市有一定的工业基础，企业转型期也可能给市场创业活动带来机会。最后"帽子"城市由于金融发展与企业创业都十分欠缺,所以不作为我们讨论的对象。所以本章选择观察的城市GDP由高到低为:大连、沈阳、鞍山、营口、盘锦、锦州、抚顺、丹东、本溪。

(三)辽宁省内各城市金融、创业环境的分析

当我们对城市之间的金融、创业环境进行分析时,除选取基本的数据外,根据前文提到的数据指标,我们选取金融相关率(FIR)和中国私营企业创业指数(CPEA)作为主要研究数据,其相关数据如下:

从表6-4和图6-2中可以看出,除大连的创业活跃指数稍有下降外,2017年比2016年全省平均CPEA大幅上涨,特别是沈阳、营口等地增长幅度较大、数值也较大,连同2016~2017年辽宁省GDP增速加快,可以看出辽宁省正在摆脱经济下滑的泥沼。

表6-4 辽宁省部分城市相关数据

城市	GDP（亿元）(2017)	人口（万人）(2017)	三大产业比例（2017年）(%)			金融相关率FIR		创业指数CPEA	
			第一产业	第二产业	第三产业	2016年	2017年	2016年	2017年
大连	6989.8	594.9	5.8	40.5	53.7	3.89	3.73	65.9	46.2
沈阳	5784.7	736.5	4.3	37.9	57.8	4.91	5.0	40.8	87.0
鞍山	1613.1	344.0	5.7	39.8	54.5	3.74	3.62	21.8	28.4
营口	1270.5	231.8	7.5	43.8	48.7	3.87	3.62	24.6	44.1
盘锦	1087.2	129.6	8.2	48.5	43.3	2.48	2.38	13.9	22.0
锦州	1077.5	296.3	15.9	35.3	48.8	3.89	4.57	4.0	34.7
抚顺	949.9	213.8	5.6	53.3	41.1	2.75	2.77	3.6	30.0
丹东	787.0	236.8	16.0	30.7	53.3	3.97	4.42	4.2	26.1
本溪	777.1	150.2	6.1	44.1	49.8	3.08	3.43	5.3	21.8

资料来源:《辽宁省统计年鉴》。

GDP和人口的数量大小可以看出一个城市的经济体量,像沈阳和大连的经济体量较大,所以其各方面发展得都不错,包括产业结构优化、CPEA保持合理区间等。而GDP和人口相比得出的人均GDP则代表着一个城市的发展现状与趋势,鞍山虽然为GDP第三的城市,但是其人均GDP较低,从多方数据来看鞍山的人口老龄化严重,退休工人数量较大,所以人口较多GDP总值却不高,同时人口结构老化对创业的影响很大,所以即便鞍山GDP排名第三,但是CPEA指数却相

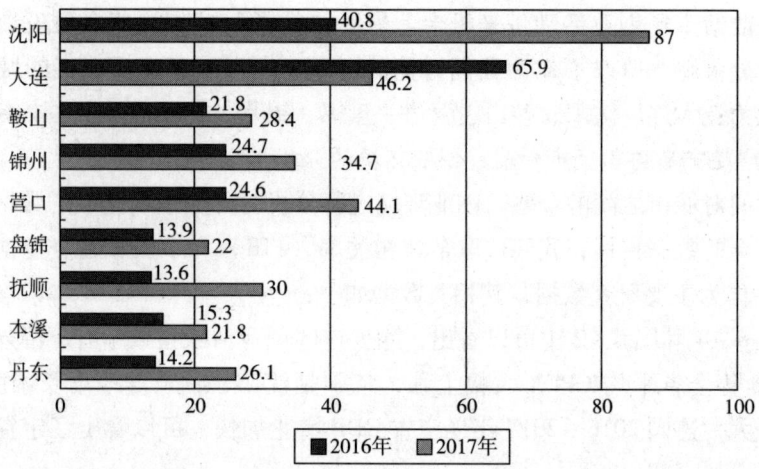

图 6-1 2016 年与 2017 年辽宁省主要城市 CPEA

对落后。反观营口的情况就恰恰相反，人均 GDP 较高，其 CPEA 指数相当可观，今后可能成为发展前景较好的城市。通过对比分析各项数据，我们还可以发现盘锦和锦州的 GDP 几乎相同，但它们的 CPEA 指数却差距很大，这可能由于盘锦的产业结构失衡，也可能是从 FIR 来推断其金融发展程度较差。

如果说 CPEA 代表了中小企业创业的一个趋势，那么这些私营企业的现状是否与其相吻合呢？表 6-5 为各城市私营企业从业人数以及其占总人数的百分比。

表 6-5 辽宁省部分城市私营企业从业情况

城市 指标	总人口数（万人）	私营企业人数（万人）	私营企业人数占总人口数百分比（%）
大连	594.9	146.5	24
沈阳	736.5	96.3	13
鞍山	344.0	21.6	6
营口	231.8	24.1	10
盘锦	129.6	7.74	6
锦州	296.3	29.0	10
抚顺	213.8	12.1	5
丹东	236.8	14.4	6
本溪	150.2	12.7	8

资料来源：《辽宁省统计年鉴》。

对比数据，我们发现私营企业从业人数占比较高的城市 CPEA 指数也较高，像营口和锦州占比 10% 左右所以其 2017 年 CPEA 较高，而鞍山、盘锦以及"右手"城市都在 6% 左右，在 2017 年大多数城市 CPEA 大幅上涨的同时，其上涨幅度较小。

（四）辽宁省内金融发展与企业创业关系总结

辽宁省经济体量较小加之经济发展缓慢，尽管除去一部分经济发展较差的城市以后，其他城市的金融发展程度依然规模较小，创业环境也一般，所以本章从现状分析入手，分别讨论金融发展与创业环境两者各自的特点，以便找到相应的原因与对策。

从省内各城市的数据来看，金融业的发展确实能够提高企业创业的活跃程度，但是这一切都建立在城市经济运行良好的基础之上。沈阳和大连经济运行情况较好，其金融发展和企业创业都相对较好，处于一种平稳的上升态势。营口和锦州产业结构得到优化，私营企业占比提高，CPEA 有明显的增幅，说明具有很好的发展趋势。另外五个城市两者的相同点是私营企业占比较低，鞍山、丹东人均 GDP 较低，人口老龄化严重导致创业环境较差；而盘锦、抚顺虽然人均 GDP 较高，但是产业结构偏向于第二产业，市场缺乏活力导致创业环境较差。

辽宁省的情况与四川省有一点类似，都是主要城市发展较好，而其他城市发展缓慢。四川省存在一种"输血"式的发展，成都与排名第二的城市绵阳 GDP 差距过大，并且排名靠前的城市主要是拥有良好的自然资源和工业基础，而其他城市作为农业城市难以快速发展。辽宁省有一定的工业基础，这就是其所拥有的优势。从第一产业为主进行发展需要的是工业化，这需要大量的人力、物力的累积；而从第二产业为主进行发展需要的是产业结构转型，需要的是引导和创新。所以说辽宁省虽然与一些内陆省份的 GDP 相差不大，但是工业基础上确实有一定的优势。

如果要发展金融业和改善企业创业的环境，笔者认为应该有针对性地进行发展。受制于人口以及气候等因素，结合前文的数据，本章认为像营口和锦州是最适合优先发展的城市。这两个城市 CPEA 指数较高，金融发展程度较好，产业结构良好，人口数量适中，临近渤海有一定的交通和气候便利，完全具有发展成为大城市的条件，发展的重点应该在此。

二、对比省份金融发展与中小企业创业现状分析

（一）对比省份选取

辽宁省 GDP 排在全国的第 14 位，2018 年 GDP 为 2.53 万亿元，GDP 增速为

5.7%低于全国的平均水平6.6%,第三产业占比52.6%低于全国的平均水平(56.3%),部分城市如锦州、丹东第一产业占比达到15%,而部分城市如盘锦、抚顺、本溪工业占比超过43%,辽宁省整体上经济发展不平衡。2017年辽宁省税收占GDP比重为7.7%,低于全国的平均水平(17.5%),表6-6为2018年全国部分省市GDP与增长速度情况。

表6-6 2018年全国部分省市GDP排行与增长速度 单位:万亿元,%

排名	2018年省份GDP排行		
	省份	GDP	增速
1	广东	9.73	6.8
2	江苏	9.2	6.7
3	山东	7.65	6.4
4	浙江	5.62	7.1
5	河南	4.8	7.6
6	四川	4.07	8
7	湖北	3.94	7.8
8	湖南	3.64	7.8
9	河北	3.60	6.6
10	福建	3.58	8.3
11	上海	3.27	6.6
12	北京	3.03	6.6
13	安徽	3.0	8.0
14	辽宁	2.53	5.7
15	陕西	2.44	8.3
16	江西	2.20	8.7
17	重庆	2.03	6.0
18	广西	2.035	6.8
19	天津	1.88	3.6
20	云南	1.79	8.9
21	内蒙古	1.73	5.3
22	山西	1.68	6.7
23	贵州	1.48	9.1
24	吉林	0.92	4.5
25	甘肃	0.82	6.3
26	海南	0.48	5.8
27	宁夏	0.37	7.6

根据表6-6所示,与辽宁省经济体量相仿的省份有陕西、江西、安徽、福建,再加上前文中提到的经济布局相类似的四川,还有创业环境优越的浙江,用这7个省份作为以省为层次的对比分析对象。

(二)省份金融、创业环境比较

为了对辽宁省的情况有一个更深入的分析,下面将全国部分省份的金融业发展数据进行汇总,并对其进行比较。通过比较我们发现这样的规律,对于金融发展较为普通的省份,金融相关率维持在2~3,同时贷款余额占存贷款总额的比重稍稍超过40%;对于金融业发展较强的省份这两种数据会上升(如广东、浙江),但辽宁虽然数据相似,却肯定不在金融业发展较强这一行列,也就是说其金融业发展存在一定程度上的扭曲,导致两种数据居高不下而并非经济运行顺畅带来的发展增速。

表6-7 2017年辽宁省与其他省份的金融相关率、贷款余额占GDP比重一览

指标 省份	GDP总额 (亿元)	金融相关比率 (FIR)	创业指数 (CPEA)	贷款额占 存贷款总额 比重(%)	私营企业 从业人数占总 人口数比重(%)
辽宁	23409	4.08	44.6	43.2	20.3
陕西	21898	2.94	32.1	41.3	13.2
安徽	27018	2.96	35.8	43.1	18.7
江西	20006	2.92	21.4	43.3	10.7
福建	32182	3.58	42.6	48.6	24.8
四川	36980	3.37	22.3	39.4	7.1
浙江	51768	3.81	46.2	45.6	45.8

根据定义,金融相关率FIR是存贷款总额与GDP的比值,是形容金融业的一个标准,辽宁省金融相关率很高但整体经济环境一般。从存贷款方面来说,存款与贷款差距较大,导致资金的融通效果较差,同时结合产业结构,有一部分的贷款属于国企的贷款活动,对市场的经济活动影响较小。相似比例的省份还有陕西省、安徽省、江西省、四川省,说明能否合理运用银行贷款,缩减存贷款之间的差距对于创业环境是十分重要的。

CPEA是创业活跃指数,它的高低在一定程度上可以很明显地反映一个地区的创业活跃程度。从数据中,我们预期辽宁省的创业活跃程度应该与其GDP相似的省份相差不大,但辽宁省的CPEA却是这几个省份中最高的,这里我们可以

加入一个推测，在 CPEA 反映现阶段创业环境的前提下，辽宁省可能处于中小企业创业的初期，伴随着企业转型和私营企业数量规模较小，所以发展初期的创业活跃程度比较高；同样的浙江省作为创业大省，虽然 CPEA 比较高但没有特别高，可能是由于拥有一定的创业基础和体量较大的私营企业数量，尽管增长率下降但总量上升较多。

影响经济发展和创业环境的因素是多样的，特别是各省之间的情况要比辽宁省各市之间的情况要复杂很多。从目前的数据上来看，金融相关率作为研究金融发展程度较为重要的一个指标，如果金融相关率较低那么其金融规模以及金融效率会较差，在存贷款方面用于企业创业的资金也会欠缺。如果贷款占存贷款总额的比重较大的话，说明这种利用资金的效率比较高，对比数据发现，这种比率跟该地区的 CPEA 呈正相关关系。我们还发现一个地区 CPEA 的高低跟私营企业从业人数有一定的关系，而这又是由产业结构所决定的。

产业结构在创业环境中有着重要的影响，随着现代科技的发展，即使第一产业占比较大，其所占的就业人口也不会太高，因此需将注意力放在第二、第三产业占比上。由此得到的结论是第二产业占比较大的省份，在金融业方面需要承担起促进企业转型升级、增加相关政策性扶持的作用，这样才能更有利于产业结构的调整从而有利于创业；第三产业占比较大的省份，金融业更多的是应该加强金融自由化、放宽金融管制，这样可以更好地焕发创业活力。

第三节 金融发展与中小企业创业关系实证检验

一、实证方法

我国关于金融发展与中小企业创业关系的实证检验并不多，在这些研究中，一部分学者采用的是建立面板数据模型，另一部分学者采用的是最小二乘法估计或因子分析的方法，还有一部分学者采用的实证研究方法是建造多元线性回归模型。本章使用面板数据模型，主要针对涉及的辽宁省 9 个城市在五年间金融和创业情况的差异进行分析。面板数据模型能够包含反映金融发展、创业活跃度等更多指标，使本章的研究具有稳健性和参考性。本章将使用 EVIEWS8.0 建立面板数据模型，用以检验金融发展对创业的影响。

二、模型设计、指标选取与数据来源

(一) 基础模型

依据上文提出的研究思路,本节运用辽宁省内9个城市2015~2018年的面板数据对金融发展程度和企业创业关系进行实证检验。具体模型设定如下:

$$Z_{it} = \alpha + \beta_1 \times FIR_{it} + \beta_2 \times GDP_{it} + \beta_3 \times EF_{it} + \beta_4 \times GE_{it} + \beta_5 \times Z_{it}(-1) + \xi_{it}$$

其中,Z以中国私营企业创业指数(CPEA)衡量,代表创业活跃程度指数。模型中的i、t分别表示城市和年份。自变量是金融相关率FIR,用于衡量某地区金融发展程度,其他控制变量分别是地区生产总值(GDP)、地区就业人数(Employment Figure)、出口总额(Gross Export),β是待估计的变量系数,另外还设置了创业活动指数的随机滞后项,作用是剔除前期数据对本期数据造成的影响。ξ是干扰项,表示本次模型未包括对创业产生影响的其他因素以及模型估计误差。

(二) 变量选取

(1) 被解释变量。本章借鉴大多数学者采用的中国私营企业创业指数CPEA来衡量辽宁省内9个城市的中小企业创业活跃度。前文已经对该指标进行了描述,由于数据的可获得性,本章中使用该城市1年内私营企业新增数与该地区总计的就业人数之比作为衡量该城市的创业指数。辽宁省内各城市企业新增数量根据辽宁省统计局的历年《辽宁统计年鉴》整理得到,人口数也根据《辽宁统计年鉴》采用每年更新的年底全行业就业人口量表示。

(2) 自变量。衡量金融发展的指标有许多,前文也介绍了相关的各种指标。根据《辽宁统计年鉴》和《辽宁省金融运行报告》,由于辽宁省内金融资产总额与金融机构存贷款余额大致相当,因此使用金融机构存贷款额与地区生产总值之比来定义金融相关率,即FIR。

(三) 数据统计性描述

表6-8 变量统计性描述

	Mean	Median	Maximum	Minimum	Std. Dev.	Observations
CPEA_SY	38.3475	43.7	56.6	9.39	20.2566	4
CPEA_DL	21.81	19.725	39.4	8.39	15.24467	4
CPEA_AS	10.095	7.595	28.7	-3.51	15.49893	4
CPEA_YK	8.2375	6.225	22.8	-2.3	10.60895	4
CPEA_JZ	19.3925	17.35	35.8	7.07	12.43434	4
CPEA_PJ	11.43	11.25	23.6	-0.38	9.806372	4

续表

	Mean	Median	Maximum	Minimum	Std. Dev.	Observations
CPEA_FS	15.91	15.035	25.7	7.87	8.240053	4
CPEA_BX	11.7025	7.365	28.7	3.38	11.78611	4
CPEA_DD	18.2775	17.05	35.2	3.81	14.1197	4
FIR_SY	2.7425	2.845	3.2	2.08	0.473735	4
FIR_DL	2.6675	2.86	3.01	1.94	0.490739	4
FIR_AS	1.805	1.755	2.21	1.5	0.339657	4
FIR_YK	2.1025	2.01	2.63	1.76	0.383612	4
FIR_JZ	2.0525	1.975	2.54	1.72	0.359015	4
FIR_PJ	1.575	1.52	1.83	1.43	0.19	4
FIR_FS	1.54	1.49	1.84	1.34	0.227303	4
FIR_BX	1.64	1.595	1.88	1.49	0.184572	4
FIR_DD	2.2325	2.145	2.75	1.89	0.40186	4

三、实证过程与结果

首先我们采用进行单位根检验，使用了 LLC、ADF、PP 等检验方法，由于仅使用 2015~2018 年数据使得自由度较小，导致 Pesaran and Shin W-stat 法无法应用。而通过 ADF、PP 检验显著性大于 0.05，拒绝原假设，不存在单位根，时间序列比较稳定。

依据面板数据一般可以建立三种形式的模型，分别是固定效应模型、随机效应模型和混合模型。根据文献中的经典做法以及软件内的筛选，本章使用固定效应模型（见表 6-9）。

表 6-9 固定效应模型

Variable	Coefficient	Std. Error	t-Statistic	Prob.
C	65.61049	51.25683	1.280034	0.02133
FIR	9.627949	7.514955	1.281172	0.02129
GDP	-0.029209	0.017649	-1.654965	0.01115
EF	0.142159	0.075426	1.884747	0.00722
GE	-0.331097	0.14018	-1.799259	0.0451
Fixed Effects (Cross)				
_SY--C	113.8338			

续表

Variable	Coefficient	Std. Error	t – Statistic	Prob.
_DL--C	165.7322			
_AS--C	-14.56092			
_YK--C	-52.87692			
_JZ--C	-41.85261			
_PJ--C	-44.64411			
_FS--C	-40.97629			
_BX--C	-39.54169			
_DD--C	-45.11349			
Effects Specification				
Cross – section fixed (dummy variables)				
R – squared	0.853671	Mean dependent var	17.24472	
Adjusted R – squared	0.820803	S. D. dependent var	14.77351	
S. E. of regression	12.17535	Akaike info criterion	8.110901	
Sum squared resid	3409.499	Schwarz criterion	8.682727	
Log likelihood	-132.9962	Hannan – Quinn criter.	8.310484	
F – statistic	2.377622	Durbin – Watson stat	2.642064	
Prob (F – statistic)	0.035884			

从表6-9可以看出，该模型较为合理，自变量FIR以及控制变量GDP、EF、GE的显著性均控制在0.05以内。自变量金融相关率（FIR）和因变量私营企业创业指数（CPEA）之间为正相关，即金融发展程度与中小企业创业活跃度之间具有正相关性，并且创业活跃度还与地区国民生产总值和出口总额呈正相关，然而对于辽宁省来说，就业人数与创业人数的关系出现负相关关系。

第四节 研究结论与对策建议

一、研究结论

通过省内或者是省外数据的对比，现在对辽宁省金融发展现状做一个总结：第一，实证分析方面，通过建立模型验证了FIR与CPEA以及其他相关指数之间的关系,从而得出结论:金融相关率的提高确实对于一个城市或地区的创业活跃指数有着重要影响。同时作为实证分析的其他控制变量,GDP 作为衡量一个省份经济发展最直观的数据,包括 GDP 的产业比重等对创业活跃程度的影响也是很大的;出口总额其实是市场活力的象征,一个有活力的市场对于创业兴旺是必不可少的;就业人数呈现负相关关系,结合产业结构如果市场太过体制化,对于创业还是有一定限制的。

第二,在省内 9 个城市的比较中,我们针对 GDP、地理位置、创业指数可以把城市分为三部分,即前文中的"躯干""左手""右手",随着这些城市的体量的变化,金融发展程度各有差异,三大产业占比也是各有特点,但我们还是选出了最适合进行金融发展带动中小企业创业的两个城市:营口、锦州。省内城市的地区差异明显,"躯干"城市属于大城市,人口聚集适宜居住,所以创业水平保持在较高水平,"左手"沿海城市拥有港口和海上贸易,经济活跃,创业潜力较大,"右手"城市工业产业占比较大,发展平缓,创业潜力较差。

第三,在省份之间的比较中,辽宁省作为一个曾以重工业见长的大省,自 2000 年之后其发展的疲乏日益显现,其面临的必然是落后产业的艰难转型以及失业带来的痛楚。在进行各省之间的比较分析时,发现辽宁省不同于和它经济体量类似的安徽、陕西等省份,这些省份的金融相关率不高,存贷款差额比较大,对应的 CPEA 也较小,但是辽宁省所拥有的工业基础以及产业转型带来的第三产业发展使得其金融发展好于前者,CPEA 指数展现着初具活力的创业环境。除我们一直比较关注的 FIR、CPEA 外,在分析时我们发现三大产业比重即产业结构是十分重要的,其差异主要体现在第二、三产业的占比上,不同的产业占比显现出该省份各自的经济现状。与之相比辽宁省也有其明显的劣势,由于地理位置和人文关系,省内青壮年人口外流,且留不住外来大学生,导致人才紧缺。还有人口老龄化严重,60 岁以上人口超过 20%,而很大一部分退休老人曾经是高级技术工人,领取高额的退休金,使退休金的支出巨大,导致财政和金融保险业难以为继。整个地区由于气候问题导致本地居民喜欢到外地旅游消费,使省内消费内需不足。

二、对策建议

根据研究分析的结论,提出以下的对策建议:

第一,在全省层面,金融业发展既要区别于工业基础差的农业省份,也要区别于第三产业发达的省份。金融业要着重服务于产业结构转型升级,让束缚于第二产业的劳动者解放出来,投入到第三产业的建设中去,要集中资金服务于中小企业创业融资，给予政策上的支持和引导，切实加强金融服务实体经济的能力，让中小企业在创业时期能够获得充足的、优惠的相关贷款；在度过转型期之后，再不断扩大金融自由度，拓宽金融融资渠道，提高金融运行效率，向金融较为发达的地区学习，促进金融业的建设与发展。

第二，在省内城市层面，前面分析中选取了最适合发展金融来带动企业创业的两个城市：营口、锦州。由于辽宁省金融发展不充分、不平衡，许多城市经济体量较小、经济发展缓慢，想要做到全面发展是比较困难和低效的，所以营口、锦州这两个城市如果能够优先发展其金融业，结合其本身良好的企业创业环境，并与"躯干"城市形成良好的照应，从而带动其他城市乃至全省经济的发展是比较可取的。

第三，辽宁省金融业自身存在的问题包括如下方面：非银行金融机构不发达；贷存比不断上升；银行盈利能力降低；不良贷款上升等问题。金融业要想服务中小企业创业，服务全省经济发展，首先要改变自身缺陷，机构数量上的问题存在客观困难，但是金融体系完善程度上的问题可以通过坚决地改革取得一些成效。例如，不良贷款问题可以通过加强贷款审核力度和加快经济转型来得到有效解决，银行盈利能力低下问题通过改革银行服务范围与服务方式，开源节流，将盈利低下的业务整合或者放开市场准入让市场上的企业来做这些业务，都是有利于提高银行盈利能力和自身实力的。

第四，在中小企业创业方面，应提升创业的氛围、优化创业的环境，要提高民众的创业积极性与创业实力，对于辽宁省来说，创业所需要的人才和经济环境都是较差的，如果要从根本上解决创业问题，遏制这种创业难→经济环境差→投资减少→人才流失→创业难的恶性循环，不仅金融业的发展必不可少，社会发展的各个方面同样必不可少，通过政策支持的方式使得更多的人愿意进行创业，并且制定相应的人才发展政策，留住人才，进而吸收人才。

只有金融业环境和创业环境两者自身条件良好，政府才可以将其串联或引导结合在一起，推动全省经济的发展。

本章小结

本章通过对辽宁省省内城市相互比较、各省直接相互比较对辽宁省金融业与创业环境有了新的认识，辽宁省的情况与其他省市相比具有一定的特殊性，却又是我们国家经济增长所面临的困难中比较典型的一种情况，因此有目的、有针对性地发展金融业才适合各地经济的发展。本章通过实证分析论证了金融发展程度与中小企业创业活跃度之间存在正相关性，因此支持中小企业创业和发展的关键因素之一就是支持地区金融业的发展，反过来地区金融业的发展也将带动中小企业的发展，形成地区金融业和中小企业共同发展、互利共生的局面。

第七章　中小企业信用评价实证研究

随着经济的不断发展,信用评级方法不断改进,但国内,信用评级的发展相对较慢。由于国内外经济发展水平和自身特点的不同,如果直接按照国外的评级方法对我国中小企业进行信用评级,难以得出正确的评价结果。由于中小企业自身的特点,在日常经营活动中需要更多的金融资金来支持其创业发展,而银企之间的信息不对称使中小企业可以获得的资金支持非常有限。尽管存在于日常经营中的中小企业相关信息获取难度较大,但随着大数据的出现,使相关信息的整合和利用成为可能。所以,尽快构建大数据背景下中小企业的信用评价体系对中小企业进行正确评级,缓解银企之间的信息不对称问题显得尤为重要。

第一节　大数据背景下中小企业信用评价方法研究

一、Hadoop 大数据处理方法

（一）Hadoop 的工作原理

Hadoop 是处理、存储和分析大量的非结构化数据的分布式开放源码框架,它旨在处理分布在多个层次的 PB 和 EB 数据。现在执行 Hadoop 算法的设备大部分是较为便宜的商用设备,不存在昂贵的资金成本。Hadoop 是 Apache 软件联盟的一个项目,有数以百计的技术贡献者,不断提高其核心技术,与对大量的数据仅限于一种机器的运行方式不同,Hadoop 可以同时分析被分布在多个层次的大量数据。

（二）Hadoop 的优点

Hadoop 的主要优势是允许公司以节省成本和有效的方式处理、分析大量的

非结构化和半结构化数据,而截至目前并没有其他的方法可以更好地处理这些数据。由于 Hadoop 可以处理分布在多个层次的 PB 和 EB 数据,所以企业几乎全部数据都可通过它进行处理而不需要其他的方法。此外,Hadoop 具有低廉的使用成本,企业可免费使用 Apache Hadoop 平台进行数据处理。

(三) Hadoop 的缺点

Hadoop 及其众多组件的缺点在于,技术还不成熟,尚处于发展阶段。执行 Hadoop 算法进行大量的非结构化数据的处理,与所有新的、原有的技术相同,需要大量的技术支持才能持续进行下去,目前的情况是缺少足够的技术人才,导致很多企业执行 Hadoop 算法显得不切实际。首先,因为许多 Hadoop 技术组件作为不成熟的开放源码技术,其最终可能面临不成功的结果。其次,Hadoop 是一个算法,它已经预先设置好了流程,必须按照预先设置处理数据,这就导致它不能实现数据实时更新。

相信随着 Hadoop 技术不断发展进步,它将逐渐便于操作和易于执行。由于目前 Hadoop 算法还不成熟,目前很多与 Hadoop 相关的企业包括初创企业和众多成熟企业正在不断研究使其更为方便地为企业提供服务,更好地为企业处理数据。

二、融合 SOM 与 K – means 算法的动态信用评价方法

(一) SOM 算法和 K – means 算法

1. SOM 算法

在 1981 年 SOM 算法由神经网络专家芬兰赫尔辛基大学的 Kohonen 教授首次提出的,他在生物神经系统中观察到了"侧抑制"现象,从中得到映射的启示,提出了 SOM 算法。SOM 即 Self – Organizing Map 的缩写,是自组织特征映射网络。

参照生物神经系统的构成方式,由输入层和竞争输出层共同构成了平面阵列结构的 SOM 网络。输入层和竞争输出层分别由 N 个和 M 个神经元构成,输入层的每个节点都连接着输出层的所有节点。通过反复研究学习规则的输入模式,每个输入模式的特征通过自组织后显示为输出层的聚类结果,输出层任意一个神经元都可以是聚类结果。

SOM 算法网络结构简单,便于数学计算,具有可视化的优点。相应的,它也存在缺点,当错误地选择了参数或者初始值时,可能导致网络收敛时间过长或难以收敛的情况。

2. K-means 算法

K-means 算法也叫 K-均值算法，它的原理是把含有 n 个数据的数据库划分为要求的输入的 k 个簇，算法结束后输出距离最小的 k 个聚类。其工作过程为：首先从 n 个数据中选择 k 个初始聚类中心，把剩下的数据按照距离进行归类，划分到距离最近的聚类中心；其次计算新的聚类中心；最后重复进行该步骤，直到算法收敛为止。

K-means 算法的优点是聚类效率高且聚类效果较好，其高效率的数据处理方式使之被广泛应用于大数据处理的各个方面；缺点是需要提前确定好 k 值且对异常值非常敏感。

(二) SOM-K 组合聚类算法

为了充分利用 SOM 神经网络自组织的特点和 K-means 算法高效的优势，本书选择将两者适当融合，既能克服 SOM 算法收敛时间过长的缺点，又能改善 K-means 算法由于过于依赖初始聚类中心产生的局部极小的结果，即基于 SOM-K 的组合聚类算法。其基本步骤如下：

第一，SOM 算法的执行。将需要进行聚类分析的数据输入到 SOM 网络，按照 SOM 网络的步骤进行训练，因为对聚类结果的要求不高，大致精确的结果就是可以接受的，所以训练次数不需要太多，也不需要算法完全收敛。

第二，计算初始中心向量。通过第一步的训练，SOM 网络的输出层各节点发生了变化，对特定模式产生了一定的敏感度，产生了敏感神经细胞，形成了各类输入模式的中心向量，从而得到了 K-means 算法的初始中心向量，也就是各节点对应的内星权向量。

第三，执行 K-means 算法。将第二步中得到中心向量作为 K-means 聚类算法的初始聚类中心，执行 K-means 算法。

第四，得出 SOM-K 组合聚类结果，并进行相关分析。

(三) 动态信用评价及分类

信用等级划分是企业信用风险管理中的重中之重。虽然传统的银行评级系统将企业的信用等级从高到低划分为 10 个等级，但考虑到本书研究对象中小企业的特点，将指标划分为优秀、良好、一般、较差和差五个类别。因此，在利用 SOM-K 算法进行聚类时将有 5 个聚类结果，设为 A_1、A_2、A_3、A_4 和 A_5。

而 SOM-K 聚类方法只能进行数据分类，不能进行信用等级判断。因此要对聚类结果 A_1、A_2、A_3、A_4 和 A_5 进行等级判定的话，必须确定合适的判别方法。为了对聚类结果进行等级判定，引入"信用等级判别系数"这一指标。

定义：设类别 A_i（$i=1,2,3,4,5$）内，被评价对象的"平均化"均值为 E_i，被评价对象的"平均化"方差为 $\overline{\sigma}_i$，那么信用等级判别系数则为：

$$\eta_i = f(x) = \begin{cases} \dfrac{\overline{E}(A_i)}{\sqrt{\overline{\sigma}(A_i)}}, & \overline{\sigma}(A_i) > 0 \\ B, & \overline{\sigma}(A_i) = 0 \end{cases} \quad (7-1)$$

式（7-1）中，B 是常数，而且 $B > \max\{\eta_i\}$。

显然，可以根据信用等级判别指数 η_i 数值的大小对聚类样本进行等级划分，η_i 值与样本信用等级成正比。

鉴于 Hadoop 能够低成本、高效率地处理企业的大量数据，并且 SOM-K 组合聚类算法具有自组织、算法高效以及进行动态信用评价的优点，因此本书选用以上两种信用评价方法进行大数据处理，并进行实证分析。

第二节 中小企业信用评价指标体系的构建

一、构建原则

中小企业信用评价体系的构建应该遵循如下原则：

（一）全面性原则

中小企业信用评价指标体系的内容应比较全面地包含其信用状况的各项指标，评价体系不但要研究过往的业绩，还要展望未来企业发展的趋势；不仅要考虑评级对象本身，而且还有周围环境的影响，这样才能对中小企业的诚信状况进行综合评价。

（二）科学性原则

合理的中小企业信用评价指标体系，首先要求评价指标之间互相协调，不能互相冲突；其次在科学的基础之上创建一套完善的指标体系和评价方法，必须与时俱进，最终可以客观评价中小企业信用等级。同时不仅要防止不断变化，形成任意的指标体系；还要经受时间的检验，逐步建立科学的指标体系。

（三）针对性原则

中小企业信用评价指标体系必须考虑不同企业类型及经营特点，应针对评级对象和评级目的不同合理调整，否则一成不变地套用其他指标体系很容易导致结果不真实。

（四）公正性原则

创建中小企业信用评价指标体系，首先，要契合实际情况，正确反映评价对象的信用，既不偏向评级对象也不偏向投资主体。其次，要确保评级机构和评估人员必须基于事实进行评价，不因个人好恶随意改变衡量标准，确保信用评价指标体系的公正性。

（五）可操作性原则

建立的中小企业信用评价指标体系能够实现的前提是该套体系有可操作性，选择的指标要容易实现，数据要便于收集和索引。

（六）合法性原则

中小企业信用评价指标体系必须符合国家相关法律法规，能够展现国家宏观经济政策。此外，有些指标国家规定了标准值，如某些经济效益指标、风险监管指标等，必须符合要求。

二、定性指标的选择

（一）企业基本素质

对中小企业的信贷评级，企业素质是特别关键的元素。考核企业的基本情况，需要考察要素的质量及内在的关联情况。企业只有不断增强素质，才能不断获得经济利润。考虑到中小企业的特点，选取的主要考察指标为：企业领导素质、员工素质。

（二）企业竞争能力

如果企业的产品具有强大的市场需求，那么企业便拥有较强的竞争能力，能够在未来持续发展并盈利，在市场上处于有利地位。选取的考察企业竞争能力的主要指标为：产品市场地位与份额、企业技术先进性、产品替代性和品牌信誉。

（三）企业履约情况

企业履约状况是企业履行合同的情况，从侧面体现了这个企业的还款意愿。由于我国缺乏一套完善的中小企业财务制度及规范，缺乏政府激励，造成中小企业逃债、废债的现象屡见不鲜，这也进一步恶化了中小企业的融资环境，导致商业银行等资金提供方需要承担更大的风险。因此，考察企业履约状况非常必要。选取主要的指标为：税金及时上缴率和近三年贷款本息按期偿还率。

三、定量指标的选择

（一）偿债能力

企业的偿债能力能描述企业能否用其资产偿还其债务的能力，是企业经营风险的侧面反映，是企业信用情况的主要体现。选取的主要考察指标为：流动比率、速动比率和资产负债率。

（二）营运能力

企业的营运能力是指企业运作、管理公司的能力，反映了对企业资源的运用情况。企业营运状况良好，说明资源利用效率较高，进一步体现出该企业经营管理水平高。企业生产的进、销、存等都与资金周转状况密不可分，因此可用其来对企业的营运能力进行考察评定。选取的主要考察指标为总资产周转率、应收账款周转率和存货周转率三个。

（三）盈利能力

市场经济下，企业经营的主要目标是盈利。企业盈利能力的大小不仅关系着企业是否能及时还本付息，还会影响到企业所有者权益的大小。选取的主要指标有：股东权益增长率、税前利润增长。

（四）发展能力

发展能力是判断企业是否具有不断发展潜力的指标。企业通过自身的合理经营，不断发展壮大。而企业能否不断发展壮大与多种要素密切相关，包括销售收入、资产规模等。一个企业只有具备了发展能力，才能快速度过创业期，在企业利润持续增长的情况下，快速进入上升期和成熟期。本书选取净利润增长率、主营业务利润增长率和总资产增长率三个指标作为考察企业发展能力的指标（见表7-1）。

表7-1 信用评价指标

	要素层	指标层
定性指标	企业基本素质	企业领导素质、企业员工素质
	企业竞争能力	产品市场地位与份额、企业技术先进性、产品替代性和品牌信誉
	企业履约状况	税金及时上缴率、近三年贷款本息按期偿还率
定量指标	偿债能力	流动比率、速动比率、资产负债率
	营运能力	总资产周转率、应收账款周转率、存货周转率
	盈利能力	股东权益增长率、税前利润增长
	发展能力	主营利润增长率、总资产增长率和净利润增长率

第三节 大数据背景下中小企业信用评价的实证分析

一、中小企业信用评价指标权重的确定

信用评价指标的选取对于企业信用的确定至关重要，而各项评价指标的权重不同也会影响评价结果。为了保证评价结果的准确性，必须充分考虑中小企业的特点，因此本书选用层次分析法来进行分析。层次分析法可将问题分解为不同的层次，定性与定量结合，运用"优先权重"的方法进行度量，可灵活、方便地确定信用评价中的指标权重。层次分析法具体步骤如下：

（一）将指标体系分层并建立判断矩阵

将前文构建的指标体系划分为要素层和指标层两个层级，要素层指影响企业信用高低的评价要素，指标层包括衡量评价要素的相应指标，建立判断矩阵，互相比较各层每项的相对重要程度，矩阵如式（7-2）所示：

$$A = \begin{bmatrix} 1 & a_{12} & \cdots & a_{1n} \\ a_{12} & 1 & \cdots & a_{2n} \\ \cdots & \cdots & \cdots & \cdots \\ a_{n1} & a_{n2} & \cdots & 1 \end{bmatrix} \quad (7-2)$$

其中，$a_{ij} > 0$，$a_{ii} = 1$，$a_{ij} = 1/a_{ji}$。

（二）测算重要性

判断矩阵建立之后，首先根据判断矩阵求出其最大特征根，其次确定最大特征根对应的最大特征向量，最后验证检验指标的一致性，判断该矩阵对于一致性要求的满足情况。如满足一致性检验，则单位化最大特征向量，便得出该层次内的重要性排序。

一致性检验指标：

$$CR = \frac{CI}{RI}, \quad CI = \frac{\lambda_{\max} - n}{n - 1} \quad (7-3)$$

其中，RI 为随机一致性指标，表 7-2 反映了一致性指标 RI 值与 n 的关系。

表7-2 随机一致性指标 RI 表

n	1	2	3	4	5	…
RI	0	0	0.52	0.89	1.12	

当 CR<0.1 时,说明层次内排序符合一致性要求,该判断矩阵合理可行;否则需要重新调整判断矩阵,以便层次内排序符合一致性的要求。

(三) 计算各指标最终权重

在确定判断矩阵之后,计算判断矩阵内各指标的最终权重,计算式如下:

$$W_i = T_i \cdot K_i \tag{7-4}$$

其中,K_i 是单一要素下各指标相对于要素层的权重,T_i 是各要素层相对于总目标层的权重。

同时需要判断指标总体是否具有一致性,检验指标如下:

$$CI = \sum_{i=1}^{m} a_i CI_i, RI = \sum_{i=1}^{m} a_i RI_i, CR = \frac{CI}{RI} \tag{7-5}$$

如果 CR<0.1,表明指标总体符合一致性,层次内排序结果是合理的,否则判断矩阵需要重新调整,以便层次内排序结果符合要求。

在本书中,笔者首先通过调查问卷及专家调查相结合的办法,结合收集到的资料,运用 Hadoop 与 SOM-K 组合聚类算法确定了判断矩阵,其次运用 Yaahp 软件进行上述计算之后,得出判断矩阵各指标的权重,如表7-3所示。

表7-3 评价指标、权重及隶属度向量

层	要素层	指标层	权重	隶属度向量
定性指标	企业基本素质	企业领导素质	0.0750	(0.2, 0.5, 0.3, 0, 0)
		企业员工素质	0.1007	(0.3, 0.4, 0.2, 0.1, 0)
	企业竞争能力	产品市场地位与份额	0.0099	(0.1, 0.3, 0.5, 0.1, 0)
		企业技术先进性	0.0221	(0.5, 0.3, 0.2, 0, 0)
		产品替代性	0.0465	(0, 0.2, 0.7, 0.1, 0)
		品牌信誉	0.0465	(0, 0.7, 0.3, 0, 0)
	企业履约情况	近三年贷款本息按期偿还率	0.0172	(1, 0, 0, 0, 0)
		税金及时上缴率	0.0057	(1, 0, 0, 0, 0)
定量指标	偿债能力	资产负债率	0.1189	(0, 0.704, 0.296, 0, 0)
		流动比率	0.0457	(0.64, 0.36, 0, 0, 0)
		速动比率	0.0262	(0, 0, 0.94, 0.06, 0)

续表

层	要素层	指标层	权重	隶属度向量
定量指标	盈利能力	资产报酬率	0.0382	(0.765, 0.235, 0, 0, 0)
		成本费用利润率	0.1572	(0, 0.49, 0.51, 0, 0)
	营运能力	总资产周转率	0.0180	(0, 0.725, 0.275, 0, 0)
		应收账款周转率	0.0064	(1, 0, 0, 0, 0)
		存货周转率	0.0338	(0, 0.1, 0.9, 0, 0)
	发展能力	资产增长率	0.0219	(0, 0.66, 0.34, 0, 0)
		销售增长率	0.0089	(0.8, 0.2, 0, 0, 0)
		利润增长率	0.0532	(0, 1, 0, 0, 0)

二、中小企业信用评价等级的确定

中小企业信用评价等级的确定是对中小企业信用进行综合评价的一种方法，而中小企业信用综合评价需要对中小企业的信用状况进行分析。模糊综合评价法是对中小企业进行信用评价的一种较好方法。它根据隶属度理论在模糊数学方面的应用，把定性指标转化为定量指标，能清晰准确地得到评价结果。具体分为如下六个步骤：

（一）确定评价对象的指标集

首先考虑中小企业的特点和影响中小企业信用的相关指标，从而确定影响中小企业信用评价的指标集 $U = (u_1, u_2, u_3, \cdots, u_i, \cdots)$，如表 7-3 所示。

（二）确定评价指标的评语集

由于本书研究对象为中小企业，而根据中小企业的特点，将对中小企业的评价分为优秀、良好、一般、较差和差，评价指标的评语集用 $V = (v_1, v_2, v_3, v_4, v_5)$ 表示。

（三）确定各评价指标的权重

根据上文得出的最终权重，可得到最终的权重向量 $W = (w_1, w_2, \cdots, w_i, \cdots)$，其中，$W_i$ 表示指标 U_i 对中小企业信用而言的权重。

（四）确定模糊评判矩阵 R

指标 u_i 可以划分为等级 v_i 的程度称为该指标的隶属度。模糊评判矩阵 R 可通过对每一个指标的隶属度分析得到，而定性指标与定量指标确定隶属度的方法不同。

1. 定性指标隶属度

根据定性指标的特点，其隶属度采用专家评价法来确定。定性指标隶属度计算式如下：

$$r_{ij} = n_{ij}/n, \tag{7-6}$$

其中，r_{ij} 代表指标 u_i 对等级 v_j 的隶属度，n 是所聘请的专家总数，n_{ij} 是所有聘请的专家中将指标 u_i 划定为 v_j 等级的人数。

2. 定量指标隶属度

定量指标隶属度相对容易确定，首先确定指标 u_i 五个不同等级的标准值，该标准值用 $\{x_{i1}, x_{i2}, x_{i3}, x_{i4}, x_{i5}\}$ 表示，定量指标隶属度计算公式如下：

$$r_{ij} = \frac{|x_i - x_{ij+1}|}{|x_{ij} - x_{ij+1}|}, \quad r_{ij+1} = 1 - r_{ij} \tag{7-7}$$

其中，r_{ij} 表示指标 u_i 对于等级 v_j 和 v_{j+1}（当 u_i 为逆指标时为 v_{j-1}）的隶属度，x_i 等于 u_i，代表指标 u_i 的实际值，x_{ij} 和 x_{ij+1} 分别为相应评判等级的标准值，当 $x_i < x_{ij}$ 时，则 $r_{i1} = 1$，当 $x_i > x_{i5}$ 时，$r_{i5} = 1$，则 u_i 对其余四个等级的隶属度为 0，否则，u_i 对其余三个等级的隶属度数值为 0。

（五）合成模糊综合评价结果

在确定了定性指标和定量指标的隶属度之后，则可以对模糊综合评价结果进行合成。目前有四种模糊合成算子是比较常用的，本书采用 M（·，⊕）来计算模糊综合评价结果向量，计算式如下：

$$B = W \cdot R = (w_i, w_2, \cdots) \begin{bmatrix} r_{11} & r_{12} & \cdots & r_{15} \\ r_{21} & r_{22} & \cdots & r_{25} \\ \cdots & \cdots & \cdots & \cdots \\ r_{i1} & r_{i2} & \cdots & r_{i5} \end{bmatrix} = (b_1, b_2, b_3, b_4, b_5)$$

$$(7-8)$$

其中，b_i 表示测算出来的中小企业信用分别对于五个评价等级 $\{v_1, v_2, v_3, v_4, v_5\}$ 的隶属度向量，B 代表合成的模糊综合评价向量。

（六）确定信用等级评定标准

上文已经提到中小企业信用评价等级包括优秀、良好、一般、较差和差五个，下面分别对五个评价等级进行赋值，令 $V = (v_1, v_2, \cdots, v_5)$ 五个等级分别对应分数 $L = (95, 85, 75, 65, 55)$，如表 7-4 所示。企业的最终信用评分用公式 $S = B \cdot L^T$ 计算之后，查表 7-4 确定企业的信用等级，商业银行等金融机构可据此决定是否对中小企业进行资金扶持。

表 7-4 企业信用等级

信用等级	分数	含义
AA（优秀）	90 分以上	能够按期准时偿债或提前偿债
A（良好）	81~90 分	能够及时偿债
B（一般）	71~80 分	偶有延迟偿债现象但延迟时间不长
B（较差）	60~70 分	长期拖欠本金或利息
C（差）	60 分以下	有较多到期债务未偿还

三、中小企业信用评价的结果分析

根据上文的评价指标及评价方法，笔者考察了青岛平度市某食品加工有限公司，取得了其 2018 年财务数据，进行实证分析。

通过调查相关专家，对指标体系进行分层并得出判断矩阵，得出层次内重要性排序并算出 CR = 0.01227 < 0.1，符合要求。最后，计算出各个指标的权重及隶属度向量。由企业最终信用评分公式：

$$S = B \cdot L^T = (W \cdot R) L^T = (0.353561, 0.4164274, 0.2998176, 0.020294, 0) \times (95, 85, 75, 65, 55)^T = 92.79005$$

通过计算可知该企业信用评分为 92.79005 分，对比表 7-4 相关等级标准可知该企业信用属于优秀等级，表明该企业具有提前偿债或者及时偿债等能力。此后，笔者进行了实地调研，走访该企业的合作银行可知该企业确实能够及时还本付息，说明这一评判合理，银行可以对其发放贷款。

综上所述，中小企业作为推动我国经济发展的重要力量，他们急需一套完整的、合理的信用评价体系，以解决发展中普遍存在的资金问题。在充分考虑中小企业自身特性的前提下，本章综合考虑影响中小企业信用的定性指标和定量指标，提出了中小企业信用评价体系，在对定性指标隶属度和定量指标隶属度分别考虑的基础上计算出了综合评价结果，确定了等级划分标准。该评价指标体系的建立为中小企业信用评价确定了方法和依据，有利于缓解中小企业的融资难问题。但由于定性指标的特殊性，其隶属度采用层次分析法由专家评价确定，可能有失偏颇。另外由于数据的可得性，本章分析的研究样本较少，不能够充分证明体系的合理性。虽然如此，笔者仍坚信构建中小企业信用评价体系对于中小企业的信用研究意义非凡，在理论和时间方面都有相当大的价值。

第四节 对策建议

一、加强基于 Hadoop 和 SOM – K 组合聚类算法的信用评级研究

目前 Hadoop 和 SOM – K 组合聚类算法已发展成为大数据时代最便捷的分析评价方法,能够快速、准确地处理大数据。政府应该增强基于 Hadoop 系统和 SOM – K 组合聚类算法的中小企业信用评级研究。

首先,需要加强基础技术开发,增加培养相关技术人才;其次,要加速开发基于 Hadoop 系统和 SOM – K 组合聚类算法的信用评级体系。目前,我国商业银行主要使用 5P 要素分析法、5C 要素分析法等评级方法,所以需要在这些模型中引入 Hadoop 技术和 SOM – K 组合聚类算法。

二、提高中小企业信用评级意识

我国的中小企业普遍对信用评级缺乏认识,存在许多信用缺失的现象和行为,这无疑加剧了中小企业融资困难。此外,由于政府对企业的激励弱,中小企业财务数据公开性低,造成了中小企业信用评级发展迟缓。因此,需要企业和政府共同努力,切实提高中小企业信用评级意识。

首先,政府需要加强宣传,使企业了解信用评级的积极意义;其次,国家应该提供政策支持金融机构优先对信用评级良好的中小企业发放贷款和降低利息等,激励中小企业积极提高自身的信用评级意识。这要求企业首先提高评级意识,其次政府出台相关政策激励,最后需要金融机构大力扶持,只有这样才能共同促进信用环境的不断改善,推动信用评级不断完善。

三、建立中小企业信用评级的技术体系

当前普遍存在参照大型企业的信用评级做法对中小企业进行信用评级现象,这样做肯定存在弊端。由于中小企业的特性,得不到大型企业评级所需要的相关材料;另外,影响大型企业信用评级结果的因素可能并不会影响到中小企业的评级,这显然会产生与事实不符的结果。

因此,建议政府主管部门和商业银行等金融机构共同研发出一套适合中小企

业信用评级的技术体系，必须不断进步、最终实现。

四、出台与中小企业信用体系建设相关的政策制度

目前，中小企业普遍存在的问题是由于企业规模小而导致的财务以及信息体系不规范、不健全，国家及政府应统一出台与中小企业信用体系建设相关的政策制度，做到对中小企业经营过程中的各个环节都有明确的规定，而银行等金融机构只有在审查了中小企业的完善体系及相关数据之后才有可能向其放款。规范中小企业的财务及信息体系，有利于银行等金融机构对其进行准确评级。此外，完善追债机制，杜绝中小企业主转移资产、逃债、废债的行为，严惩以逃债、废债、转移资产为目的的银行借贷行为。

五、建立政府层面的基础信息整合机制

企业基础信息是银行开展信用评级的前提条件。由于我国管理体系不健全，企业信息分散，不能统一整合，致使银行等金融机构不能有效地使用这些重要资源。

建议建立政府层面的基础信息整合机制，将中小企业的注册信息、日常经营信息及规模认定信息等从工商局、税务局等分散的地方整合后进行公开，便于银行业等金融机构对中小企业进行信用评级。同时，中小企业普遍存在缺乏有效抵质押品的问题，建议国家和政府借鉴国外相关经验，由政府成立担保公司，降低银行等金融机构的风险，使中小企业能够较为便捷地获得银行贷款，从而推动中小企业的可持续发展。

六、打造一个开放、共享的中小企业信用平台

依托互联网的发展，借助基础信息整合机制，打造一个开放、共享的中小企业信用平台，最终实现每个企业都是该平台的会员这一目标。这个平台需要能够联通企业的财务系统，这样可实现企业的经营情况及财务状况在该平台被实时监测到。

要求因发展需要向银行等金融机构申请资金的中小企业必须在该平台通过审核，由于该平台的开放和共享使企业不存在伪造财务数据等现象从而可以降低银行等金融机构的资金风险，而且银行可获取企业经营的实时信息，一旦发现企业的经营状况恶化或发生其他意外情况可及时终止合作。同时，商业合作伙伴也可以通过该平台判断合作企业的经营状况，增加贸易往来；金融机构可通过该平台

监测企业经营状况降低资金风险。

本章小结

通过对中小企业信用评价体系的研究,可以发现,大数据分析对中小企业信用评价指标体系的建立有明显高效的作用。由此可见,作为中小企业,应结合大数据分析法提升自己的信用,借此提高在经营中的竞争力和可持续发展能力。因此,国家在培育中小企业方面,不仅需要提供政策支持和帮助,也要在大数据的分析指导下促进中小企业的发展,从而提升整个行业的国际竞争力。

第八章 中小企业融资能力影响因素实证研究

第一节 融资能力影响因素分析

改革开放距今已有四十余年，我国中小企业也随之取得了巨大的发展，对我国经济做出了不容忽视的突出贡献。中小企业不仅在增加社会就业、促进 GDP 增长方面起到重要作用，也在创造税收方面做出了贡献，因此我国一直以来都很重视中小企业的成长和发展。但与此同时，我国中小企业却面临着一个无法忽视的问题，即中小企业正面临融资困境。中小企业融资难严重影响着中小企业的成长与发展，在一定程度上也会影响我国经济增长以及社会的稳定，不利于我国社会主义市场经济的建设。因此，本章首先从宏观层面和微观层面对中小企业融资能力影响因素进行了分析；其次构建了统计模型并运用描述性统计分析、相关性分析及回归性分析对中小企业融资能力影响因素进行了实证分析；最后从加强中小企业自身建设、规范中小企业融资外部环境、政府出台相关政策支持三方面入手，提出增强中小企业融资能力的对策建议。

一、宏观因素

（一）政府相关金融政策法规

2018 年，地方金融监管局等多部门联合出台深化"银税互动"促进实体经济健康发展的实施意见，从深化"银税互动"合作领域、引导银行加大银税合作信贷支持力度、强化融资担保服务等方面，对深化"银税互动"工作提出具体要求。例如2018年12月，地方金融监管局等五部门联合印发了《关于进一步推进落实无还本续贷政策的指导意见》，要求各银行业金融机构不仅要守住风险底线，而且要积极开展无还本续贷业务帮助中小企业解决流动性风险。目前全国各地中小企业可供利用的优惠政策增多，对于解决资金困难具有一定的帮助。

（二）企业融资环境

企业融资环境主要指中小企业外部的融资环境，包括金融机构的类型、金融机构的数量、评估体系的建立、担保再担保体系的建立、利率的确定方法等。中小企业融资能力与融资环境关系密切，融资环境对中小企业融资的数量和价格具有重要影响，也是经济环境的重要组成部分。在市场经济条件下，金融市场的发育程度、证券市场的类型、金融机构的市场化程度、金融服务管理机制和管理内容等都对资本流动性产生重要影响。企业融资环境良好有助于中小企业融资问题的解决；反之，不良的融资环境将会加剧中小企业的融资难问题。

（三）企业所处行业环境

企业所处的行业环境也会影响企业的融资难易。如果众多企业提供的商品或服务相似，或者产品或服务处于同一条产业链条上，则说明这些企业处于同一产业。如果所处行业对技术的要求不高，进入门槛较低，企业必然面对较大的竞争压力，出现经营风险的可能性较大，因此在融资中处于不利的局面。如果所处行业技术先进，替代品相对较少，企业面临的竞争对手相对较少，则在融资中将会处于有利地位。

（四）信用体系建设

信息不对称是困扰中小企业顺利融资的重要原因。然而我国缺乏公平公正的信用评价体系和管理体系，因此失信惩罚、守信奖励的机制也没有建立，导致部分中小企业的诚信意识较差，信用期较短，使金融机构向中小企业贷款面临较高的风险，从而影响了中小企业的顺利融资。总之，良好的信用体系使得投资者有信心投资中小企业，不良信用体系会导致中小企业错过融资。

（五）市场竞争环境

市场竞争环境会影响企业制定产品的价格，进而影响企业的利润。产品的价格是由成本费用和合理的利润为基础，受供求状况的影响而决定的。面对激烈的市场竞争，企业的定价会受到影响，随之而来的是利润的减少，在融资过程中就会处于不利局面。如果企业所处市场环境较好，企业规模和企业利润将会不断提高，融资环境也会相应变得宽松，在合适融资规模和融资方式的支撑下，企业将会可持续发展，企业整体价值也将不断提高。

二、微观因素

(一) 企业规模

企业规模指对企业生产、经营等范围的划分。企业规模与企业管理能力成正比。也就是说,企业规模越大管理能力越强,财务管理也更完善。很多中小企业规模相对较小,管理能力相对较弱,而银行更认可规模更大、财务制度更完善的企业。所以规模越大的企业,资金周转越容易,更容易获得融资。企业规模通常以从业人员数、销售额、资产对数这三个指标作为衡量标准。本书以总资产对数作为衡量企业规模的指标展开分析。

(二) 企业成长能力

企业成长能力指企业未来发展趋势与发展速度,随着企业盈利能力提高带来的企业利润增加,企业所有者权益也随之增加,企业将有能力不断扩大生存规模和经营领域,那么企业的成长能力也将得到提高。企业成长能力具体是企业通过自身资本积累或者通过其他融资方式获取资金扩大经营的能力。如果一个企业成长能力较强,随之该企业的产品销售额也会增加,企业也会获得丰厚的利润。有利润做依托不但可以提高企业内部融资的能力,也能提高企业外部融资的能力。本书以总资产增长率作为衡量企业成长能力的指标展开分析。

(三) 企业经营年限

企业从成立到现在所经营的年限。企业经营时间越长,企业的融资渠道就会越广,积累的信用和关系网的资本就会越雄厚。中小企业的生长环境较为残酷,市场竞争激烈,经营年限短的企业往往无法形成规模经济与实力强的对手相抗衡,以致经营不善甚至会导致企业破产。而经营年限长的企业更容易形成规模经济,有较强的信用获得融资。本书以企业经营年限作为具体分析指标展开相关研究。

(四) 企业营运能力

企业经营运作公司的方法和思路不同,具体表现为企业筹集资金的方式不同以及赚取利润的能力不同,最终显示出来的企业营运能力也不同。反过来企业营运能力也会影响企业的融资能力、偿债能力和盈利能力等多个方面。如果企业营运能力较强,则有利于优化资产结构、改善财务状况以及加速资金周转;有利于金融机构判断企业的经营状况和财务状况,为企业与金融机构建立长期稳定的发展关系奠定基础。能反映企业营运能力的相关指标包括:应收账款周转率、企业资产周转率、企业利润率、自有资金留存率、流动资产周转率,等等。本书以总资产周转率作为衡量企业运营能力的指标展开分析。

（五）资产抵押能力

企业资产抵押能力是将企业所有的全部动产、不动产合为一体，作为一个集合物向银行等金融机构抵押获得贷款的能力。在企业向银行和其他金融机构进行贷款的时候需要企业提供一定价值的抵押物品。中小企业向银行提供的抵押物品价值与中小企业的资产抵押能力成正比，也与可获得的信贷资金成正比。但中小企业目前因为抵押物品价值较低而无法从银行获得足够的贷款，导致中小企业出现融资困难。本书以资产抵押价值作为企业抵押能力的指标展开分析。

（六）盈利能力

企业获得利润的能力即企业的盈利能力，表现为一定时期内企业收益数目的多少及水平的高低。企业盈利能力越强，企业所获得的资金就越多。在中小企业融资方式的选择上，一般是以内源融资为第一选择，当中小企业自身资金充足时，内源融资有充足的资金作保障，会减少中小企业对外源融资的需求。企业的盈利能力最终体现为公司所有者权益的投资报酬率，而所有者权益的投资报酬率是通过净资产收益率反映的，因此本书以净资产收益率作为衡量企业盈利能力的指标展开分析。

（七）内部积累水平

企业内部积累和留存资金的能力决定了企业的内部积累水平。企业内部积累是企业最为稳妥也最有保障的资金来源。企业留存的资金越多则企业可用来内源融资的资金就越多。按照优序融资理论，企业一般会优先选择内源融资，因为内源融资成本低，而且可以向外部传递有利信息。只有内源融资无法满足需求的时候，才会考虑外源融资，因为外源融资成本较高，而且会向外部传递不利信息，影响企业的发展。中小企业与金融机构之间存在信息不对称问题，因此更倾向于选择内源融资。本书以未分配利润占比衡量企业内部积累水平的指标展开分析。

（八）风险控制能力

风险控制能力是指企业通过采取各种措施和方法，努力控制和减少风险的发生，以维护公司正常生产经营的能力。风险控制能力在一定程度上体现了企业的管理能力。经营风险与融资风险呈正相关，与融资能力负相关。随着经营风险的增加，融资风险也随之增加，而融资能力则会减弱。当企业风险控制能力高时，相应的，企业的经营管理水平相对较高，企业的内源融资充足，减少了企业对外源融资的依赖性。本书以流动比率作为分析企业风险控制能力的指标展开分析。

第二节 融资能力影响因素实证分析

在对企业融资能力影响因素进行分析的基础上,本节通过构建融资能力实证模型,并进行定量分析和研究,来探讨中小企业的融资能力问题。

一、实证模型构建

（一）相关指标

1. 被解释变量

本章研究的是我国中小企业的融资能力,因此选取样本企业的融资状况作为被解释变量,并将上述中小企业融资能力微观因素进行提炼,作为解释变量,通过对融资额以及融资方式的调查整理,获得有关融资可得性的数据,将该数据量化,作为被解释变量,与解释变量进行进一步分析。

2. 解释变量

结合微观因素的分析,本章从企业规模、企业成长能力、企业运营年限、企业营运能力、资产抵押能力、盈利能力、内部积累水平和风险控制能力八个方面进行考虑（见表8-1）。

表8-1 相关指标一览

指标类型	变量代码	变量名称
企业融资能力	Y	
企业规模	X_1	总资产对数
企业成长能力	X_2	总资产增长率
企业运营年限	X_3	企业成立年限
企业营运能力	X_4	总资产周转率
资产抵押能力	X_5	资产抵押价值
盈利能力	X_6	净资产收益率
内部积累能力	X_7	未分配利润占比
风险控制能力	X_8	流动比率

(二) 样本的选取和数据的来源

本书在 Wind 数据库中选取了 50 家上市中小企业在 2016~2018 年的财务数据,最终得到 150 项样本数据,50 家样本企业。因为实证研究中需要连续 3 年的大量财务数据,而上市的中小企业数据是公开的,并且数据是真实可靠的,而非上市的中小企业的财务数据不宜获得,并且数据的可信度不高,所以本书选取上市中小企业作为数据的来源。

(三) 模型的构建

参考 Titman 和 Wessels (1998) 建立的评价模型,该模型选取了企业发展规模、企业盈利能力、企业资产结构、所处行业类型、企业成长能力、企业收入的稳定性、企业产品独特性和非债务税盾八个指标建立了多元线性回归模型。本书在实证分析过程中,也采用多元线性回归模型,具体模型如下:

$$Y = \alpha + \beta_1 X_1 + \beta_2 X_2 + \beta_3 X_3 + \beta_4 X_4 + \beta_5 X_5 + \beta_6 X_6 + \beta_7 X_7 + \beta_8 X_8 + \varepsilon \quad (8-1)$$

其中,被解释变量 Y 代表企业融资能力,$X_1 \sim X_8$ 分别代表总资产对数、总资产增长率、企业成立年限、总资产周转率、资产抵押价值、净资产收益率、未分配利润占比、流动比率这八个解释变量,α 是常数项,β_i 是上述八个解释变量各自的回归系数,ε 代表随机误差项。

二、实证分析

(一) 描述性统计

将选出的 50 家样本企业及相关样本数据用 Excel 进行第一步处理,把 2016 年、2017 年、2018 年的数据单独做成表格,再运用专业的 SPSS22.0 软件,将相关数据代入后,进行描述性统计分析,获得如表 8-2 至表 8-4 所示的分析结果。

表 8-2 2016 年样本描述性统计分析

变量	样本量	最小值	最大值	平均值	标准差	中位数
总资产对数	50	20.32	23.7	21.938	0.81	21.85
总资产增长率	50	-0.725	2.139	0.148	0.495	0.028
企业成立年限	50	7	29	15.24	5.615	15
总资产周转率	50	0.066	1.56	0.578	0.33	0.475
资产抵押价值	50	0.033	0.732	0.415	0.158	0.414
净资产收益率	50	-0.788	0.204	0.019	0.193	0.05
未分配利率占比	50	-1.823	0.578	0.106	0.326	0.143
流动比率	50	0.17	6.04	1.967	1.224	0.61

表 8-3 2017 年样本描述性统计分析

变量	样本量	最小值	最大值	平均值	标准差	中位数
总资产对数	50	20.37	23.85	22.1	0.884	22.125
总资产增长率	50	-0.352	4.149	0.297	0.829	0.588
企业成立年限	50	8	30	16.24	5.615	16
总资产周转率	50	0.048	1.402	0.565	0.309	0.516
资产抵押价值	50	0.005	0.751	0.396	0.183	0.393
净资产收益率	50	-0.359	0.624	0.06	0.134	0.059
未分配利率占比	50	-1.1781	0.574	0.107	0.321	0.14
流动比率	50	0.54	40.84	3.008	5.751	1.825

表 8-4 2018 年样本描述性统计分析

变量	样本量	最小值	最大值	平均值	标准差	中位数
总资产对数	50	20.34	24	22.22	0.926	22.22
总资产增长率	50	-0.211	5.97	0.215	0.845	0.078
企业成立年限	50	9	31	17.24	5.615	17
总资产周转率	50	0.011	2.443	0.615	0.427	0.505
资产抵押价值	50	0.004	0.74	0.382	0.184	0.387
净资产收益率	50	-0.441	0.235	0.04	0.128	0.047
未分配利率占比	50	-1.778	0.583	0.106	0.328	0.155
流动比率	50	0.47	17.21	2.487	2.809	1.71

通过对样本描述统计分析可以看出：

第一，连续 3 年的总资产对数均值分别为 21.938、22.1、22.22，企业规模不断增长。最大值和最小值差别不大，表明企业资产规模的差距很小。企业成立年限最大值和最小值相差不大，平均年限为 15.24，表明这些中小企业的建立时间不长。

第二，总资产增长率的最大值和最小值差距较大。主要选取样本为上市公司，部分样本企业发展势头良好，成长能力都较强，资本增加比率相对较高，而部分企业发展缓慢，导致样本企业总资产率的差距较大。这说明有些企业发展迅速，有些企业发展较慢，企业的整体总资产增长不稳定。

第三，总资产周转率在最小值和最大值之间存在较大差异，表明企业的总资产周转能力差距较大。部分样本企业经营状况良好，无论是流动资产还是资金的周转能力较强，从而形成了较高的总资产周转率。而部分样本企业资产管理能力和管理方法存在问题，导致企业周转效率低下，从而影响了周转能力，导致样本企业总资产周转率差距加大。

第四，2017年和2018年企业资产抵押价值极小值仅为0.005和0.004。这说明部分样本企业可以用来充当抵押物的资产极少，那么获得抵押贷款的可能性将大大降低。同时部分样本企业具有较高的资产抵押价值，获得抵押贷款的可能性相对较高。从三年的数据来看，样本企业资产抵押价值的平均值和中位数逐年降低，说明企业的资产抵押能力逐年下降。

第五，样本企业的净资产收益率差距较大。三年中样本企业净资产收益率极小值都为负数，说明部分样本企业盈利能力较弱；而三年中样本企业净资产收益率均值分别为0.019、0.06、0.04，说明总体盈利能力不高。但部分样本企业收益水平较高，如2017年净资产收益率最大值达到了0.624，而从中位数来看，多数样本企业收益水平较低。

第六，未分配利润占比的最大值和最小值有很大差距，三年中极小值都是负数，说明一些企业为非配利润减少，内部积累水平较低。未分配利润均值较低，也说明中小企业内部积累能力不足。

第七，样本企业流动比率差距明显。2016年样本企业流动比率差距最小，但总体流动比率都不高，2017年样本企业流动比率差距最大，且最近三年样本企业流动比率的平均值不高，说明大部分样本企业偿还短期债务的能力不高，风险控制能力较弱，这不利于企业顺利融资的进行。

（二）相关性分析

在进行回归分析之前，需要对变量的相关性进行分析，如果变量之间存在相关性，则需要重新调整和处理。运用SPSS22.0软件，对数据进行变量间的Pearson相关性检验（见表8-5）。

表8-5 Pearson相关性检验

	平均值	标准差	X_1	X_2	X_3	X_4	X_5	X_6	X_7	X_8
X_1	22.086	0.876	1							
X_2	0.22	0.739	0.250**	1						
X_3	16.24	5.637	-0.038	0.046	1					
X_4	0.586	0.357	0.245**	-0.047	-0.02	1				
X_5	0.398	0.175	0.128	-0.247**	-0.015	0.139	1			
X_6	0.04	0.155	0.279**	0.135	-0.01	0.411**	-0.134	1		
X_7	0.106	0.323	0.401**	0.072	-0.183*	0.09	-0.093	0.318**	1	
X_8	2.487	3.761	-0.245**	-0.074	0.103	-0.146	-0.352**	0.088	0.138	1

注：*$p<0.05$　**$p<0.01$。

通过对表8-5的观察，可以发现各指标之间的相关系数较小，说明本书选取的各指标之间不存在多重共线性，各项指标设计合理，可以进行回归分析。

(三) 回归性分析

将样本数据代入SPSS22.0软件，对变量进行多元线性回归性分析，基本步骤如下：

第一，对模型中的八个被解释变量进行多重共线性检验，结果如表8-6所示。

表8-6 方差膨胀因子分析

	X_1	X_2	X_3	X_4	X_5	X_6	X_7	X_8
VIF	1.532	1.211	1.066	1.32	1.307	1.431	1.416	1.331

解释变量中总资产对数的方差膨胀因子最大，尽管达到了1.532，但远小于临界值10，其余解释变量的方差膨胀因子更小，说明不存在多重共线性问题。

第二，对数据进行模型拟合度检验，结果如表8-7所示。

表8-7 模型拟合度检验

模型	R	R^2	调整R^2	标准估计的误差
	0.694	0.481	0.451	0.16733

判定系数R^2测度了回归直线对观测数据的拟合程度。R^2的取值范围为[0, 1]，越接近1说明拟合度高，接近0说明拟合度低。该模型R^2为0.481，说明该模型拟合程度适中。标准估计的误差为0.16733，说明回归直线对各观察测点的代表性较强，回归方程较准确。

第三，对数据进行显著性检验，即F检验，结果如表8-8所示。

表8-8 方差分析ANOVA

模型	平方和	df	均方	F	Sig
回归	3.695	8	0.462	16.323	0.000
残差	3.986	141	0.028		
总计	7.681	149			

F检验的数值为16.323, Sig值为0.000, 通过显著性检验。

第四, 对因变量的残差进行检验。

将数据代入SPSS22.0进行残差检验, 结果如图8-1和图8-2所示。从图8-1可以看出被解释变量的残差符合正态分布, 从图8-2可以看出残差的方差齐性符合检验。

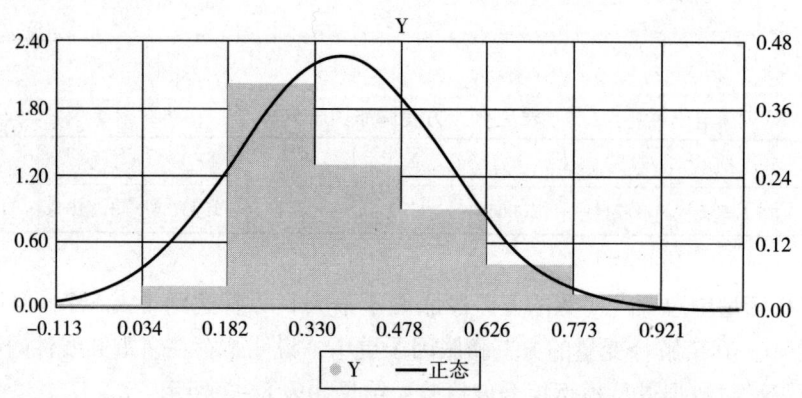

图8-1 残差正态分布

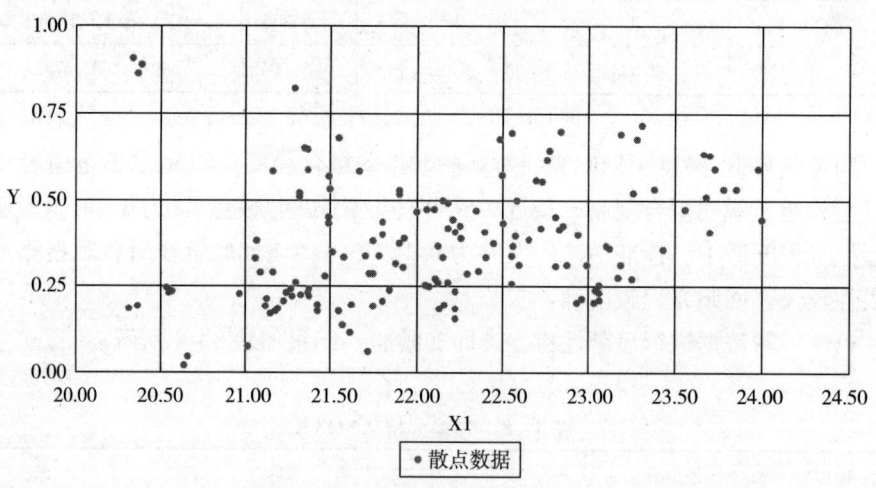

图8-2 方差齐次检验

第五, 进行线性回归分析, 结果如表8-9所示。

第八章 中小企业融资能力影响因素实证研究

表8-9 线性回归分析

	非标准化系数		标准化系数	t	Sig	VIF	R^2	调整 R^2	F
	B	标准误差	Beta						
常数	-1.128	0.328	—	-3.444	0.001**	—	0.481	0.451	16.323 (0.000**)
X_1	0.07	0.015	0.35	4.659	0.000**	1.532			
X_2	0.007	0.016	0.028	0.415	0.678	1.211			
X_3	0.004	0.002	0.131	2.084	0.039*	1.066			
X_4	0.014	0.034	0.028	0.406	0.685	1.32			
X_5	-0.045	0.07	-0.143	-2.067	0.415	1.307			
X_6	0.534	0.083	-0.468	-6.444	0.000**	1.431			
X_7	-0.084	0.039	-0.153	-2.123	0.036*	1.416			
X_8	-0.017	0.003	-0.366	-5.225	0.000**	1.331			

注：被解释变量：Y；D-W值：0.987；*$p<0.05$，**$p<0.01$。

进行线性回归分析，得到表8-9，从而可得如下回归方程：

$$Y = -1.128 + 0.07X_1 + 0.004X_3 + 0.534X_6 - 0.084X_7 - 0.017X_8 + \varepsilon \quad (8-2)$$

三、实证结论

通过实证分析发现，模型共有五项指标通过了显著性检验。其中三项指标和企业融资能力呈正相关，两项指标和企业融资能力呈负相关。另外三项指标资产总额增长率、总资产周转率、企业成立年限与企业融资能力的关系不明显。根据实证分析研究结论如下：

结论1：公司规模与融资能力呈正相关。

总资产对数与融资能力的相关系数为0.07，说明总资产与企业融资能力呈现正相关关系，说明企业资产规模越大，融资能力越强。因此中小企业规模普遍较小的情况下，融资能力普遍会较弱。因为资产规模较大的企业，生产经营能力相对较强，在融资中也处于相对优势地位，而且更愿意传递自身的正向信息，从而更容易获得银行的青睐。

结论2：总资产增长率对企业融资能力影响不显著。

总资产增长率代表企业的成长能力，从表8-9可知总资产增长率没有通过模型的显著性检验，因此不能确定企业成长能力与融资能力的关系。一方面总资产增长率衡量的是企业资产的增长情况，只是企业发展的一个影响因素，无法全面代表企业的成长能力，企业成长能力还要考虑企业资产扩张的速度和质量；另一方面总资产增长率越高，可能带来企业盈利能力提高，也可能带来企业风险的增大，因此对融资能力的影响不显著。

结论3：企业运营年限对融资能力影响显著。

企业运营年限对融资能力有显著影响，并且呈正相关关系。成立年限较长的企业风险承受力强，所以更受银行偏爱。很多中小企业外源融资能力不足，是因为很多中小企业成立年限较短，无法形成规模经济与实力强的对手相抗衡，企业经营不稳定，不容易获得银行等金融机构的信任从而获得融资。

结论4：企业营运能力对融资能力影响不显著。

企业营运能力是通过总资产周转率指标来反映的，在表8－9中总资产周转率没有通过显著性检验，说明企业营运能力对企业融资能力的影响不显著。通常认为如果企业总资产周转率越强，企业对资金的运用能力越强，企业资金的利用效率将越高，企业盈利能力也会越强，那么企业偿债能力也就越强，从而增强了企业的融资能力。但实证结果显示总资产周转率未能通过显著性检验，一方面可能源于样本企业总资产周转率会受到行业的影响，因此最大值和最小值差距很大；另一方面描述性统计显示该项指标的平均值和中位数较小，说明企业总资产周转率受经济环境的影响较大，因此造成了企业总资产周转率未能通过显著性检验。

结论5：资产抵押能力对融资能力影响不显著。

企业资产抵押能力是通过资产抵押价值指标来体现的，资产抵押价值指标在回归分析中未通过显著性检验。从理论上分析，资产抵押价值越大，企业的资产抵押能力将会越强，金融机构回收信贷资金的可能性越高，应该有利于企业的融资能力。但实证结果无法显示资产抵押价值与融资能力的关系，从描述性统计显示中看到，样本企业资产抵押价值的均值和中位数不高，中小企业本身规模较小。这说明中小企业可用于抵押的物品相对较少，呈现出的资产抵押能力较弱，金融机构对其信贷资金的发放非常慎重，对抵押物的要求苛刻，审贷和放贷都非常审慎，因此资产抵押价值对中小企业融资能力的影响并不显著。

结论6：盈利能力与融资能力呈正相关。

代表盈利能力的净资产收益率与融资能力的系数为0.534，与融资能力呈现显著的正相关。净资产收益率越高的企业，盈利能力相对较强，从而具有较高的还本付息能力，因此深受银行的偏爱。同时，这类企业愿意通过外源融资向外部传递企业净资产收益率高的信号，更多的外源性融资也带来了更多的资金，企业具备了扩大生产规模实现跨越式发展的机会，从而带来企业的良性循环发展。

结论7：内部积累水平与融资能力呈负相关。

代表企业内部积累水平的未分配利润占比与融资能力的相关系数为 -0.084，呈负相关关系。这说明企业未分配利润越多，企业内部积累水平越高，则内源融资可以满足很大一部分的企业融资需求，因此内部积累水平越高的企业对外源性融资的依赖越少。所以内部积累水平与融资能力呈现负相关关系。

结论8：风险控制能力与融资能力呈负相关。

代表风险控制能力的流动比率与融资能力的相关系数为 -0.017，呈负相关关系，这说明风险控制能力越强的企业，融资能力较小。从理论上分析，一方面可能由于风险控制能力强的企业，流动比率较高，对资金的调控能力和内部管理水平较强，因此需要的外部融资较少；另一方面可能因为风险控制能力越高的企业，是由于偏好低风险所致，因此不愿意借贷资金形成还贷压力和金融风险。

第三节 对策建议

一、加强中小企业自身建设

（一）中小企业应建立现代企业制度

在我国有很多采用家族管理制度的中小企业，要想提高中小企业的融资能力，首先要建立现代企业制度和管理规范，使中小企业生产经营更加的规范化。在现代企业制度的管理下，企业进一步发展为权责清晰的企业，容易提高中小企业的对外形象，使中小企业更容易获得外源融资。

（二）中小企业应加强自身管理

中小企业通常处于资金短缺的状态，资本充足率不高，企业的资金链比较脆弱，对任何风险抵御能力较弱，也就影响了企业的盈利能力和发展能力。所以我国中小企业应该建立完善的管理制度和严格的财务制度。严格规范企业的资产负债表，严格记录每一笔资金的流入、流出，建立严格的企业财务核算制度，使企业管理有据可依。另外在企业的严格管理下，企业应该对自身所需资金有更充分的了解。

（三）中小企业应树立信用意识

银行信贷融资过程中非常注重企业的信用，中小企业融资能力提高的关键是树立信用意识，提升信用等级，向社会、公众和银行展示新面貌、新风气。

在中小企业内部，第一，要建立规范的企业管理体制和财务管理制度，方便向外界提供确实可查的真实企业数据。第二，要完善企业的股东大会，建立经理人管理的现代企业治理结构，形成一个相互约束的股权结构。第三，在进行企业内部治理时，让公司的每个人都承担起建设公司的责任。在融资过程中，中小企业应建立起有效的信用风险控制和管理体制，避免出现商业违约行为，保证市场秩序的稳定。

二、规范中小企业融资外部环境

（一）发展金融借贷形式

发展民间借贷也是解决中小企业融资难的方式之一。要发展民间借贷，首先要加强对民间金融机构的司法监督，发布明确的法律法规规范民间金融机构的发展；其次要建立完善的监督机构，从政府、银行、工商局出发，建立财务状况、资质等级、信用额度等业务体系，分门别类地进行监督；最后要给金融机构相应的法律地位，加强对民间非法借贷的打击，推动民间借贷健康发展。

（二）加强中介服务作用

会计师、律师和资产评估公司组成社会中介服务体系。这些机构应该依靠自身的信用在银行和中小企业之间建立起桥梁，解决信息不对称的问题。更应该充分发挥中介机构的服务能力，改善中小企业融资环境和社会整体信用环境。

三、政府出台相关政策支持

（一）支持构建中小企业信用担保体系和再担保体系

结合《中小企业促进法》，中小企业的双重担保体系应由两个层次组成：担保和再担保。担保业务为发展中心，再担保是解决风险的安全保障。另外应由财政厅提供资金以保障担保体系的资金来源。担保制度的融资可以以"政府第一、社会第二、多元化、滚动发展"为原则。

（二）支持建设中小企业服务中介

我国中小企业融资服务中介是银企之间的一种交易成本分担。如果盈利能力较强，也会增加中小企业的融资成本。因此，在早期阶段，政府必须充分干预，有可能首先从各级财政拨款，形成政策服务中介。政策性融资服务中介负责根据政府的政策导向，解决我国中小企业发展中的融资困难。该中介不以营利为目的，是基于业务运营的寻租行为。在此基础上，可以建立我国中小企业作为企业服务中介的一定程度的互助关系。随着业务的发展，可以完善服务体系，逐步实现一定的利润。最后，可以继续以市场为导向的业务运营，最终解决中小企业的融资问题。

本章小结

通过对中小企业融资概况的分析，基本明确了中小企业的融资环境，在分析当前中小企业融资能力影响因素的基础上，找出解决困难的几点对策。总结本章，可以发现中小企业融资难问题是由企业自身、银行等金融机构、政府政策等多方面因素造成的。中小企业应该加强自身建设，建立现代企业制度，加强企业自身管理以及树立企业信用意识。规范中小企业融资外部环境，规范金融借贷形式和相关制度，并建立完善的社会中介服务。政府应该出台相关的政策支持，构建中小企业信用担保机制，建设专门为中小企业服务的机构。

第九章　中小企业融资效率研究

金融危机之后世界经济处于缓慢复苏的态势之中,我国经济增长速度也呈现逐步放缓的迹象。中小企业是我国经济发展的重要支柱,受到了社会各界越来越多的关注和重视。代表一个国家经济活力的中小企业离不开金融的支持,中小企业只有通过资本市场获得资金融通才能进行扩大再生产,并继续发挥社会稳定的作用。如果没有金融体系的支持,中小企业难以依靠自身的积累满足发展和扩大再生产的需要,因此外部融资已经成为中小企业必不可少的融资渠道。但是,中小企业融资困难以及融资效率低下已成为一种常见的现象。为了使中小企业走出融资效率低下的困境,政府创造性地提出了专属于中小企业的新三板市场。新三板市场最初是为中关村科技园中未上市的股份有限责任公司引入了试点股份制改制而设立的,所有上市公司都是科技含量高的企业,这与原 STAQ 和 NET 系统上市公司不同,因此,生动地称为"新三板"。作为中小企业的助推器,新三板市场可以提高中小企业的整体融资能力,能够在资本、管理体制等方面为企业提供详尽的服务,使企业的发展空间进一步得到拓展。

新三板市场是中小企业融资的一个重要场所,备受国家领导人的青睐,也是国家的一个重要发展战略。新三板是中小企业首选直接融资渠道,国家也出台了相关配套政策。沈志群指出,2015 年以来新三板市场得到了空前的发展,新三板市场供给侧改革方面也发挥了很大的作用,在提高融资效率等方面将发挥更大的作用。在 2016 年的"两会"上,李克强也强调了促进资本市场健康发展。在 2017 年"两会"的政府工作报告中新三板被首次提出,并与创业板处于并列的地位。目前,新三板市场已经成为中小企业融资的首选方式之一。截至 2019 年 3 月 29 日,新三板挂牌企业数已达到 10349 家,其中创新型企业数已达到 893 家,且保持高速增长的状态。新三板市场能否解决中小企业的融资问题一直是社会各界关注的热门问题。在当前背景下,研究新三板中公司的融资效率是十分有必要的。基于以上背景，本章的研究意义主要在于两个方面：一方面，从实践层面考察中小企业融资的效率，找出融资效率低的原因，并针对这一弊端提出建设性建议，从最基础的问题上促进中小企业的发展，从而更好地起到火车头的作用；另一方面，从理论层面，研究新三板中小企业的融资效率，可以对有关中小企业融资效率的理论进行丰富，通过本章的研究对以后该领域的研究提供一定的借鉴意义。

第一节 相关概念与理论

一、相关概念

(一) 新三板的概念

新三板市场，原本是指针对将中关村科技园未上市股份制公司转入代建制股份制创业项目的目标。上市公司均为高新技术企业，与原有转让系统中的搬迁公司以及上市的原 STAQ 和 NET 系统不同，公司被明确称为"新三板"。

新三板是如今中小企业重要的融资渠道。目前，新三板不再局限于非上市的中关村科技园的股份有限公司，而是全国非上市股份的联营公司，交易对象主要面向中小企业。

尽管新三板市场最早是指中关村科技园区内的股权转让试点，目前已经逐渐发展成为全国性的股权交易平台，而且新三板挂牌企业会享有诸多优势条件，例如：第一，资金补贴；第二，挂牌企业可进行定向增发，从而为融资提供便利；第三，挂牌企业可实现场内股票高价流通，有利于增值；第四，挂牌企业可以合法转让股份，从而使股权更具有流动性；第五，挂牌的企业可以通过场内相关渠道进行转板。

(二) 融资效率的概念

企业融资的意思是企业作为市场主体获得金融机构资金融资，使企业内部各环节的资金供求达到均衡的过程。当缺乏资金时，资金将以最低的成本筹措所需资金；当资金过剩时，以最小风险和适当期限将资金投放到市场上获取收益，实现收入最大化，从而达到资金供求平衡。

效率的基本含义是指产出与投入的比例或产出与成本的比例。从主要经济活动的角度来看，效率反映在各个交易实体的表现上。资源分配效率是指资源是否集中在主体中，使效率最大化。效率主要包含个人、资源分配、整体三种。

融资效率是用来衡量公司融资是否有效的重要指标，尤其是指公司能否以最低成本获得所需资金，以及公司的盈利资金是否可以有效使用。参考国内的各种研究，看到公司融资效率可以分为三类：主要效率、交易效率和资源的有效利用。其中，第一部分是个人效率，后两部分是综合效率，企业融资中最重要的部分是融合，因此，主要效率可以分为效率整合和财务效率。

二、融资相关理论

（一）MM 理论

MM 理论和 MM 理论的后续变化是由 Modigliani 和 Miller 在资本成本商业融资和投资理论假设的基础上提出的，也被称为资本结构的不相关理论，但是这种假设在实际操作中存在很多障碍。因此，经济学家随后对该理论进行了一些修改，并增加了所得税变量。根据加入所得税后的研究，如果有公司税，公司债务的利息可以作为抵押品，降低公司加权的平均资本成本。也就是说，公司负债率越高，加权平均成本价格越低，公司回报越高。

（二）权衡理论

权衡理论是基于 MM 理论建立的，通过放宽"MM 理论"的一些假设来研究该结构对公司价值的影响，并认为最优资本结构在于一家公司权衡通过义务产生的税收和破产成本所确定的资产负债情况。如果公司有债务，当管理层的投资决定对股权价值和债务价值有不同影响时，股东与债权人之间的利益冲突很容易被打破。如果公司处于金融危机的边缘，股权与债权人之间的利益冲突更可能发生。权衡理论有以下结论：第一，资产风险较高的企业可以降低企业责任水平，其他条件不变；第二，拥有大量非无形资产的公司债务水平相对较高，相反可以相对降低；第三，企业所得税相对较高的企业可以承担比所得税率较低的企业更高的债务水平。

（三）代理成本理论

1976 年，由于所有权和管理权分离，导致主要代理关系的出现，于是学者针对代理结构与资本结构的关系展开研究，提出了代理成本理论。目前代理成本有两种类型：一种是解决所有者和经营者之间的关系，代理关系中产生的成本用作权益代理的成本，另一种是债务的代理成本。

（四）融资优序理论

1984 年，迈尔斯在信息不对称的基础上提出了融资优序理论。他认为公司会选择融资成本低的融资方式。首先,考虑融资成本的影响,公司会首先选择最低的资本融资成本的内源融资。其次,当一个公司的业务发展需要无法通过内部融资来满足时,公司会选择相对便宜的债务融资作为次优融资方式。最后,如果公司依旧无法获得足够的资金支持,则选择相对高成本的股份融资作为融资方式。

(五)控制权理论

控制权理论认为管理者选择不同的资本结构会拥有不同的权力,这是管理者、股东和债权人利益冲突的产物。因为资本结构不但会影响投资者与债权人之间的收入分配,还会影响管理者的控制权。

三、文献综述

西方国家市场化程度高,所以企业的融资能力也高,学者们对企业融资的分析大多局限于理论层面,如 MM 定理、权衡定理、优序融资理论和代理成本理论等。而国内学者研究范围相对较宽,主要从如下三方面展开研究。

(一)关于融资效率概念的研究

曾康霖(1993)第一次提出了"融资效率"这一概念,认为融资效率和成本决定了融资的形式。宋文兵(1997)认为,如果一种融资方式既能用低成本为企业创造融资能力,也能把市场上的资金提供给生产力最高的使用者,那么这种方式是有效率的。卢福财(2001)将融资效率分为微观、宏观两部分,微观部分围绕风险、企业治理、企业融资成本等,宏观围绕经济发展水平、金融机构质量等展开研究。黄婉芬(2019)围绕中小企业供应链融资效率展开研究,考虑了企业信誉、融资观念、监管体系等多个方面。

(二)关于融资效率影响因素的研究

高友才(2003)通过一系列研究,指出融资机制、结构,公司的资金供求等多种因素会影响融资效率,认为融资结构不合理,融资方式选择的错误是主要因素。孟丽君(2012)认为,包括资金运营能力在内的七个方面影响企业融资能力,并以此对山东省已上市的中小企业的融资效率进行了测度。此外,方芳、曾辉(2005)比较了债权与股权两种方式的融资效率,结果显示债权融资的效率比股权融资高。初静倩(2019)从农业上市公司融资效率影响因素展开研究,选取了净资产收益率、主营业务理论等九个指标进行了实证分析。

(三)关于融资效率测度方法的研究

王平(2006)用 FAHP 法研究了民营企业融资效率。朱冰心(2005)用模糊综合分析法融合线性回归法选取了深交所11所上市中小企业进行融资分析得出了同样的结论。肖科、夏婷（2016）通过模糊综合评判方法得出企业自我积累融资效率最高，银行借贷融资效率最低。李冬梅（2015）运用熵值法对融资效率进行了分析，并用数据包络分析法对黑龙江省的上市公司的融资效率进行了评价，得出宏观经济环境、资本结构等是影响我国上市公司融资效率的主要因素。曾刚、耿成轩（2019）运用Super-SBM和Logit模型对战略性新兴产业的融资效率进行了实证研究，提出在内外部环境不变的情况下，企业的股东权益比率越小，公司融资效率越高；资产负债率较高会导致融资效率降低。

综上所述，国内外学者围绕融资效率问题进行了大量研究，但还没有学者运用DEA分析方法测度新三板中小企业融资效率。本章通过测度新三板中小企业融资效率，分析中小企业融资困境，为促进中小企业新三板融资提供必要的理论依据。

第二节 新三板挂牌企业融资概况

一、新三板挂牌企业发展现状

（一）新三板挂牌企业数量分析

如图9-1所示，新三板市场成立以来，其挂牌企业总数持续上升，尤其以2014~2016年增长速度最快。从2016年开始，增长速度变慢，2017~2018年增长水平为负。截至2017年，新三板中小市场的井喷式发展状态说明了其受欢迎程度，表现出我国的资本市场正在逐步发展完善。但是2018年挂牌企业数量开始减少，说明新三板市场仍然存在着不利于其发展的缺陷，从而使它在近两年来的受欢迎程度开始下降。

（二）新三板挂牌企业行业分析

现今新三板市场在整个资本市场中的作用是十分重要的，其挂牌企业几乎涉及了各行各业。

如表9-1所示，到2018年底，新三板挂牌企业共10691家，其中5276家企业属于制造业，占挂牌企业总数的49.35%；其次是信息传输、软件与信息技术服务业，为2084家，占比19.49%，其他行业占比较少。这说明新三板市场非常符合我国产业结构的以制造业为主，发展高新技术企业的战略，值得推广和学习。

第九章 中小企业融资效率研究

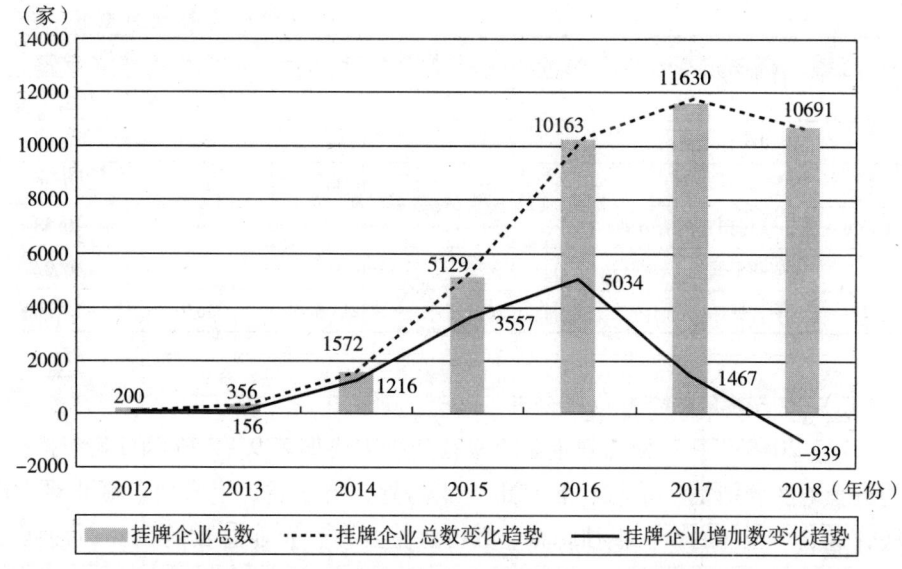

图 9-1 2012~2018 年新三板市场挂牌企业数量变化趋势

资料来源：全国中小企业股份转让系统。

表 9-1 2017~2018 年新三板市场挂牌企业行业分布状况

行业分类	2018 年末		2017 年末	
	公司数量（家）	占比（%）	公司数量（家）	占比（%）
制造业	5276	49.35	5804	49.91
信息传输、软件和信息技术服务业	2084	19.49	2284	19.64
租赁和商务服务业	558	5.22	607	5.22
科学研究和技术服务业	506	4.73	509	4.38
批发和零售业	492	4.60	531	4.57
建筑业	356	3.33	379	3.26
文化、体育和娱乐业	240	2.24	261	2.24
农、林、牧、渔业	226	2.11	223	1.92
交通运输、仓储和邮政业	192	1.80	197	1.69
水利、环境和公共设施管理业	186	1.74	198	1.70
金融业	131	1.23	144	1.24
电力、热力、燃气及水生产和供应业	122	1.14	130	1.12
房地产业	88	0.82	97	0.83
教育	81	0.76	88	0.76

· 139 ·

续表

行业分类	2018 年末		2017 年末	
	公司数量（家）	占比（%）	公司数量（家）	占比（%）
卫生和社会工作	47	0.44	55	0.47
采矿业	39	0.36	42	0.36
居民服务、修理和其他服务业	34	0.32	44	0.38
住宿和餐饮业	33	0.31	37	0.32
合计	10691	100.00	11630	100.00

（三）新三板挂牌企业地区分析

2017~2018 年新三板挂牌企业的地区分布主要如表 9-2 所示，其中排行最高的五个地区分别是广东省、北京市、江苏省、浙江省、上海市。截止到 2018 年底，这五个地区的新三板挂牌企业数占比达到挂牌企业总数的 50%，而西北、西南和大多数内陆地区的企业占比较少。这完全符合我国实行改革开放政策以后，东南沿海地区的经济发展水平处于领先地位的状态。

表 9-2　2017~2018 年新三板市场挂牌企业地域分布状况

省份	2018 年末		2017 年末	
	公司数量（家）	占比（%）	公司数量（家）	占比（%）
广东	1637	15.31	1878	16.15
北京	1440	13.47	1618	13.91
江苏	1273	11.91	1390	11.95
浙江	933	8.73	1032	8.87
上海	903	8.45	989	8.50
山东	624	5.84	636	5.47
福建	373	3.49	405	3.48
河南	371	3.47	378	3.25
湖北	358	3.35	404	3.47
安徽	340	3.18	358	3.08
四川	312	2.92	332	2.85
河北	243	2.27	241	2.07
湖南	223	2.09	239	2.06
辽宁	223	2.09	234	2.01

续表

省份	2018年末		2017年末	
	公司数量（家）	占比（%）	公司数量（家）	占比（%）
天津	195	1.82	205	1.76
陕西	158	1.48	164	1.41
江西	150	1.40	161	1.38
重庆	133	1.24	142	1.22
黑龙江	94	0.88	97	0.83
云南	94	0.88	92	0.79
山西	89	0.83	83	0.71
新疆	87	0.81	98	0.84
吉林	85	0.80	88	0.76
广西	75	0.70	72	0.62
内蒙古	66	0.62	66	0.57
宁夏	59	0.55	66	0.57
贵州	54	0.51	59	0.51
海南	39	0.36	43	0.37
甘肃	35	0.33	34	0.29
西藏	19	0.18	21	0.18
青海	6	0.06	5	0.04
合计	10691	100.00	11630	100.00

二、新三板市场融资现状

（一）新三板资本流动性分析

新三板市场的成交状况和换手率是了解其流动性的重要因素。

如表9-3所示，2012~2017年新三板挂牌企业的成交数量和成交金额持续增长，然而换手率却在2015年之后开始逐年下降，说明虽然相比于新三板成立之初来讲，资本的流动性仍是略有提升的，但是近几年流动性持续降低。说明新三板市场仍然应该采取相应的措施来增加其挂牌企业的资本流动性，从而促进挂牌企业乃至整个市场的发展。

表9-3 2012~2018年新三板市场挂牌企业成交状况

年份	成交数量（亿股）	成交金额（亿元）	成交笔数（笔）	换手率（%）
2012	1.15	5.84	338	4.47
2013	2.02	8.14	989	4.47
2014	22.82	130.36	9.27万	19.67
2015	278.91	1910.62	282.13万	53.88
2016	363.63	1912.29	308.81万	20.74
2017	433.22	2271.8	282.99万	13.47
2018	236.29	888.01	150.84万	5.31

资料来源：全国中小企业股份转让系统。

（二）新三板定增情况分析

根据新三板系统数据显示，金融业、制造业、信息服务软件业的股票发行所占比例名列前茅，并且2014~2016年股票发行量迅速发展，而随后又开始下降。2013~2018年新三板挂牌企业发行股票数据如表9-4所示：

表9-4 2013~2018年新三板市场挂牌股票发行状况

年份	发行次数（次）	发行金额（亿元）	发行股数（亿股）
2013	60	10.02	2.92
2014	330	134.08	26.6
2015	2565	1216.17	230.79
2016	2940	1390.89	294.61
2017	2725	1336.25	239.26
2018	1402	604.43	123.83
合计	10022	4691.84	918.01

资料来源：全国中小企业股份转让。

如表9-5所示，在2016年之后，新三板企业的发行次数，发行总额都在逐年降低，这说明新三板的融资能力是有限的。

表9-5 2016~2018年新三板市场优先股发行状况

优先股发行			
年份	2016	2017	2018
发行次数（次）	3	10	9
融资金额（亿元）	20.2	1.8	2.59

资料来源：全国中小企业股份转让。

(三) 新三板优先股融资分析

优先股融资方式自 2015 年开始实施,为企业拓宽了融资渠道,由表 8-5 显示,只有 2016 年度,优先股融资额较高,为 20.2 亿元。2016~2018 年,优先股发行次数分别为 3 次、10 次和 9 次,后两年虽然发行次数增加,但是融资金额却远不如 2016 年,说明优先股这一融资方式仍然需要不断地调整与发展。

(四) 新三板挂牌企业市盈率分析

市盈率是具备较高参考价值的股市指针,由图 9-2 可知,新三板市场的市盈率比中小板和创业板的低,这说明融资能力方面,新三板要比中小板和创业板低。

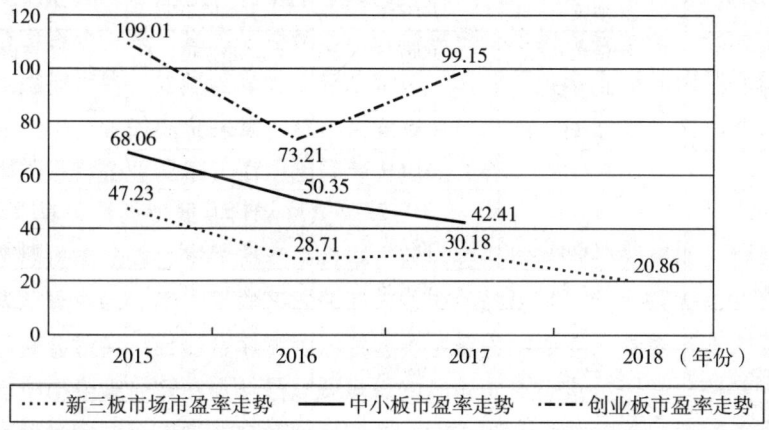

图 9-2　2015~2018 年新三板、中小板和创业板企业市盈率走势

资料来源:全国中小企业股份转让。

(五) 新三板挂牌企业转板情况分析

按照东财 Choice 官网的数据,2018 年前三季度,共有 70 家新三板公司逐渐展开上市辅导,相比于 2017 年的 337 家,数量比例迅速下降。到 2018 年三季度,有 20 家企业转板成功。其中 1 月最多,达到 5 家。详细情况如表 9-6 所示:

表 9-6　2018 年前三季度转板上市企业统计

转板前		转板后		
代码	名称	证券代码	名称	上市板块
833958	顶固集创	300749	顶固集创	创业板
830948	捷昌驱动	603583	捷昌驱动	主板
835009	金力永磁	300748	金力永磁	创业板
833708	捷佳伟创	300724	捷佳伟创	创业板

续表

转板前		转板后		
代码	名称	证券代码	名称	上市板块
430591	明德生物	002932	明德生物	中小板
833677	芯能科技	603105	芯能科技	主板
833368	江苏新能	603693	江苏新能	主板
833868	南京证券	601990	南京证券	主板
832675	福达合金	603045	福达合金	主板
835470	伯特利	603596	伯特利	主板
832154	文灿股份	603348	文灿股份	主板
832766	沃格光电	603773	沃格光电	主板
834337	宏川智慧	002930	宏川智慧	中小板
834571	润建通信	002929	润建通信	中小板
834801	淳中科技	603516	淳中科技	主板
833761	科顺防水	300737	科顺股份	创业板
832745	奥飞数据	300738	奥飞数据	创业板
831008	百华悦邦	300736	百邦科技	创业板
831263	科华控股	603161	科华控股	主板
832099	新疆火炬	603080	新疆火炬	主板

资料来源：Choice 数据库。

三、小结

综上所述，总结了新三板市场目前的发展状态以及新三板企业的融资现状，通过数据分析可以看出，新三板在资本流动性、转板机制和挂牌企业质量等方面还存在一些问题。

第三节 新三板中小企业融资效率测度

一、DEA 研究方法

（一）数据包络分析法（DEA）

数据包络分析法（DEA）是 A. Chames 和 W. W. Cooper 于 1978 年提出的效率

评价模型。其基于"相对效率评价"这一概念，适用于评价多因素的系统效率水平，不具备人为假设的设定，所以研究结果比其他模型更加客观真实，在金融等相关领域都得到普遍应用。

（二）数据包络分析法优点

首先，多产出、多投入。其次，没有人为假设的功能形式，不受人为因素的干扰，因此所得出的结论更加客观真实。最后，是一种相对的效率评价法，研究者可以将模型导出的实际值与最优值进行效率分析、比较分析和敏感分析，进一步了解有效信息，进行参考决策，从而实现最优化。

目前，测算相对效率的 DEA 模型包括 CCR 和 BBC 两种模型，根据该方法的优点和特点分析，本章决定运用 DEA 模型来进行新三板中小企业融资效率测度。

二、DEA 模型的建立

（一）CCR 模型

CCR 模型由 Charnes、Cooper 和 Rhodes 等在 Farrell 的研究基础上建立，具体如下：

$$\begin{cases} \max h_n = \dfrac{u^T y_n}{v^T x_n} = \dfrac{\sum_{r=1}^{s} u_r y_{rn}}{\sum_{i=1}^{m} v_i y_{in}} \\ s.t. \quad v^T x_n = 1, \ n = 1, 2, \cdots, n \\ u, \ v \geq 0 \end{cases} \quad (9-1)$$

其中，x 表示投入，y 表示产出，当 $v^T x_n = 1$ 时表示规模报酬不变。而后为了简化计算，该公式又分别进行了线性规划变换又引入了松弛变量 s^+ 和剩余变量 s^-，最终变成了如下约束等式：

$$\begin{cases} \min \theta \\ s.t. \ Y\lambda - s^- = y_n \\ x\lambda + s^+ = \theta x_n \\ \lambda \geq 0, \ s^+, \ s^- \geq 0 \end{cases} \quad (9-2)$$

其中，θ 不存在约束，当 $\theta = 1$，s^+，s^- 均等于 0 时，DEA 有效；当 $\theta = 1$，s^+，s^- 均不等于 0 时，DEA 弱有效；当 $\theta < 1$，s^+，s^- 均不等于 0 时，DEA 无效。

（二）BBC 模型

在 CCR 模型的基础上，Banker、Chames 和 Cooper 加入规模报酬可变的假设因素。其相关线性规划模型公式如下：

$$\begin{cases} \min_{\theta\lambda} \theta \\ \text{s. t. } Y\lambda \geq y_n \\ \theta x_n \geq x\lambda \\ N'\lambda = 1 \\ \lambda \geq 0 \end{cases} \tag{9-3}$$

该模型是综合 CCR 模型的特性,通过加入凸性约束条件 $N'\lambda = 1$,且 N' 为 $N \times 1$ 的矩阵。在 BBC 模型中,CCR 模型测算的综合技术效率包含纯技术效率以及规模效率。即

$$TEC = PTE + SE \tag{9-4}$$

其中,PTE、SE、TEC 介于 0~1,对于评价对象测算,当 PTE = 1 时,纯技术效率相对有效,反之无效;当 SE = 1 时,规模效率相对有效,反之无效;当 TEC = 1 时,综合效率相对有效,反之无效。

三、模型指标的选取

使用 DEA 模型进行效率测算,要选择投入、产出两种指标。且此模型对输入和输出指标需满足以下几点:第一,其值必须大于 0;第二,样本数量要大于其指标数量和的 3 倍;第三,指标易获得并具可控性,并且所选指标数量应适中;最后,输入值越大、输出值越小,越容易计算出更加准确的结果。本章主要研究融资效率中的资金使用率,选取的投入指标和产出指标如下:

(一)投入指标

资产总额 (x_1),企业资产负债表内的最终合计项。它指的是企业拥有或控制的全部资产。当企业进行融资活动后,其资产总额会随之发生变动。所以,资产总额可以反映企业的融资水平及规模。

资产负债率 (x_2),总负债和总资产的比值,表现了企业对资金的利用能力。表示出企业在经营中通过负债筹集了多少资金。所以,企业的融资规模可由资产负债率呈现。

主营业务成本 (x_3),指企业在经营过程中提供产品或雇佣人力时所发生的成本。企业所融资金的使用方向以及效率可由此呈现。

(二)产出指标

营业收入增长率 (y_1),企业当年营业收入的增加额与去年营业收入总额之比,是衡量企业的经营状态和成长前景的重要指标。

净资产收益率 (y_2),企业税后利润和净资产之比,体现了股权的收益水平,

用于权衡一个企业自有资本的运用效率。指标值越高,投资收益就越高,资本运用效率就越高。

总资产周转率(y_3),企业一定时期内的收入与资产之比,主要反映了企业资金利用能力和盈利能力,是企业资金运用效率的体现。总资产周转率越高,企业资金利用率越高。

表 9-7 模型指标分析

	指标名称	指标意义
投入指标	资产总额	融资规模
	资产负债率	资本结构
	主营业务成本	资本运用效率
产出指标	营业收入增长率	发展能力
	净资产收益率	盈利水平
	总资产周转率	资本经营效率

四、样本选择与处理

(一)样本选择及数据来源

1. 样本选择原则

本章样本选择有三个原则:

首先,选取在 2016 年有过融资行为的企业。新三板有众多挂牌企业,不过同样有数量很多的企业在新三板市场没有过融资行为。又由于在本书创作之时,大多企业的 2018 年年报并未披露,财务数据统计只能截止到 2017 年。因此本章选取 2016 年有过定向增发行为的企业,对比其融资前(2014 年、2015 年)后(2016 年、2017 年)资金运用效率等的变化。

其次,选取财务数据完善且已获得的企业。本章针对研究内容选取了六个指标,如上所示,由于很多企业的财务指标不完整或不易获得,因此在样本中剔除了这部分企业。

最后,样本数量应大于输入与输出指标之和的 3 倍。

2. 样本选取及来源

基于以上原则,本章选取了 164 家在 2016 年有过定向增发行为的新三板挂牌企业,数据均来自于 Wind 数据库、新三板系统网站和同花顺网站。

(二) 数据无量纲化处理

由于 DEA 模型要求所有数据须为正值，不能出现零或负值，而样本数据中营业收入增长率、净资产增长率等都可能出现负值，所以要先进行无量纲化处理保证指标均为正值。公式如下：

$$\alpha_1 = 0.1 + \frac{\alpha - \min(\alpha)}{\max(\alpha) - \min(\alpha)} \times 0.9 \qquad (9-5)$$

其中，α 表示样本原始数据，α_1 表示经过无量纲化处理后的数值，$\min(\alpha)$ 表示某一投入或产出指标的最小值，$\max(\alpha)$ 表示某一投入或产出指标的最大值。研究表明无量纲化处理不会改变数据意义，也不会对研究结果有很大影响。

五、实证结果及分析

本章采用投入导向型 DEA-BBC 模型对新三板中小企业的融资效率进行实证分析，运用 DEAP2.1 软件处理样本企业 2014~2017 年的指标信息，以此获得其融资前后的综合技术、纯技术和规模效率水平。最后整理分析得出样本企业融资前后资本利用效率的变化程度。

通过 DEA-BBC 模型得出的效率值均在 0~1，有学者将此区间分成四个梯度，如表 9-8 所示：

表 9-8 DEA 模型效率划分标准

区间分布	0 < M < 0.5	0.5 ≤ M < 0.8	0.8 ≤ M < 1	M = 1
融资效率水平	低效率	较低效率	较高效率	最优效率

融资效率 M=1，表示融资效率达到最优；M 在 0.8~1 时，融资效率处于较高水平，说明企业的融资得到了较高效率的使用；当 M 在 0.5~0.8 时，说明企业的融资效率已经处于较低状态，有多数资金没有得到完全利用；当 M 低于 0.5 时，说明企业的融资效率很差，资金完全不能被高效地利用。

(一) 2014~2017 年综合技术效率结果分析

表 9-9 中整理了样本企业 2014~2017 年的综合效率的情况。由数据可知在融资前的两年分别在 2014 年有 9 家达到综合效率有效，占企业总数的 5.49%，在 2015 年有 11 家达到综合效率有效，占企业总数的 6.71%，比 2014 年增加了 3 家。另外 2014 年有 13 家企业的综合技术效率在 0.8~1，占总企业数的 7.93%；综合效率水平在 0.5~0.8 这一区间的占绝大多数，数量为 130 家，比例达到 79.27%；还有 12 家企业的综合效率水平在 0~0.5 范围内，占比 7.32%。再看 2015 年的数据分析，在 2015 年有 22 家企业的融资效率在 0.8~1，占比为

13.41%，比 2014 年增加了 9 家企业和 5.48%；有 116 家企业的综合效率在 0.5~0.8 这一区间，占比 70.73%，比 2014 年减少 14 家；有 15 家企业的综合效率在 0~0.5，占比 9.15%，比 2014 年增加 3 家。

表 9-9 融资前后综合效率比较

	效率梯度 年份		0 < M < 0.5	0.5 ≤ M < 0.8	0.8 ≤ M < 1	M = 1 （DEA 有效）	非 DEA 有效合计	总计
融资前	2014	数量（家）	12	130	13	9	155	164
		比例（%）	7.32	79.27	7.93	5.49	94.51	100.00
	2015	数量（家）	15	116	22	11	153	164
		比例（%）	9.15	70.73	13.41	6.71	93.29	100.00
融资后	2016	数量（家）	105	39	10	10	154	164
		比例（%）	64.02	23.78	6.10	6.10	93.90	100.00
	2017	数量（家）	10	129	17	8	156	164
		比例（%）	6.10	78.66	10.37	4.88	95.12	100.00

资料来源：根据实证结果整理。

总体比较融资前的两年，2015 年比 2014 年的综合技术效率变化情况可以发现，2015 年的综合效率水平要高于 2014 年，这主要是因为样本企业中，有 116 家在 2015 年挂牌新三板企业，管理制度更加健全。

164 家企业均在 2016 年有定向增发的融资行为。在发生融资行为的 2016 年，有 10 家企业达到了综合效率有效，占比 6.01%，较 2015 年减少 1 家，总体变化不大；另外有 10 家企业的综合效率在 0.8~1，占比 6.1%，比 2015 年减少 12 家；综合效率在 0.5~0.8 这一区间的有 39 家企业，比 2015 年减少 77 家，数量大幅减少；相反，综合效率在 0~0.5 的企业数量大增，达到了 105 家，占比 64.02%。再看经过一年发展之后的数据，2017 年的经营效率比 2016 年有很大的提升，但是跟融资之前两年的数据差距不大，其中达到综合效率有效和效率在 0.8~1 的企业均有 8 家，为四年最低水平；效率在 0.5~0.8 这一区间的企业数为四年最高水平，上升幅度巨大，达到 129 家，占比 78.66%；效率值在 0~0.5 的企业为 10 家，为四年最低水平，但下降幅度不大。

图 9-3 直观地展示了样本企业融资前后综合效率变动情况，可以发现综合技术效率在 0.5~0.8 的企业数普遍是最多的，只有发生融资行为的 2016 年，效率值在 0~0.5 的企业数量异常多，而后又基本恢复正常。因此，说明了新三板挂牌企业的融资效率水平比较低。

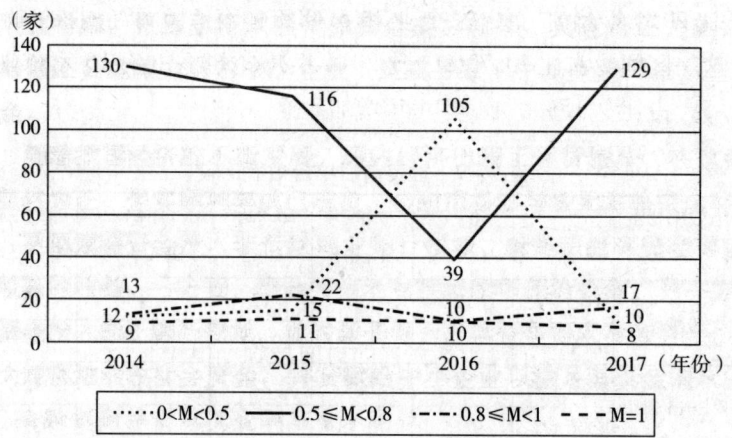

图9-3 融资前后综合效率比较

(二) 2014~2017年纯技术效率结果分析

样本企业的纯技术效率规模在融资前后变化小。如表9-10所示,融资前,在2014年,达到纯技术效率有效的企业有18家,占比10.98%;效率值在0.8~1的企业有11家,占比6.71%;效率值在0.5~0.8的企业有133家,占比81.1%;效率值在0~0.5的企业有2家,占比1.22%。在经过发展之后的2015年,达到纯技术效率有效的企业数为22家,比去年增加了4家,占比13.41%;效率值在0.8~1的企业有17家,比14年增加了6家,占比10.37%;效率值在0.5~0.8的企业数比去年略有下降,为121家,减少了8家,占比73.78;效率值在0~0.5的企业数为4家,占比2.44%,比2014年增加了两家。由此可以看出,2015年的纯技术效率稍微高于2014年。

表9-10 融资前后纯技术效率比较

	效率梯度 年份		0< M<0.5	0.5≤ M<0.8	0.8≤ M<1	M=1 (DEA有效)	非DEA 有效合计	总计
融资前	2014	数量(家)	2	133	11	18	146	164
		比例(%)	1.22	81.10	6.71	10.98	89.02	100.00
	2015	数量(家)	4	121	17	22	142	164
		比例(%)	2.44	73.78	10.37	13.41	86.59	100.00
融资后	2016	数量(家)	3	115	30	16	148	164
		比例(%)	1.83	70.12	18.29	9.76	90.24	100.00
	2017	数量(家)	3	118	23	20	144	164
		比例(%)	1.83	71.95	14.02	12.20	87.80	100.00

资料来源:根据实证结果整理。

再看融资之后的两年。2016 年，达到纯技术效率有效的企业有 16 家，比 15 年减少了 8 家，占比 9.76%；效率值在 0.8~1 的企业数量相比融资前有小幅上升，达到 30 家，占比 18.29；效率值在 0.5~0.8 的企业数量略有下降，为 115 家，占比 70.12%；效率值在 0~0.5 的企业数量为 3，占比 1.83%。2017 年，达到纯技术效率有效的企业数量增加到 20 家，占比 12.20%；效率值在 0.8~1 的企业数量为 23 家，占比 14.02%，比 2017 年略有下降，但相比于融资前来说是略有提高的；效率值在 0.5~0.8 的企业有 118 家，占比 71.95%，略高于 2016 年的数值，但低于融资前的数值；效率值在 0~0.5 的企业同样有 3 家，占比 1.83%，该区间 4 年来的数据变化不大。

图 9-4 分析了企业在融资前后各两年时间的纯技术效率变化趋势。

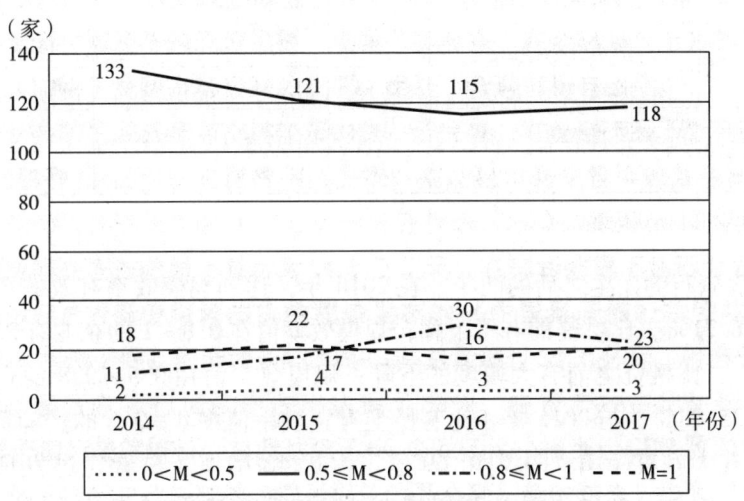

图 9-4 融资前后纯技术效率比较

由图 9-4 可知，样本企业的纯技术效率在融资前后变化不大，而前文中得出样本企业的综合效率在融资前后发生了很大的变动，由此可以得出，样本纯技术效率的整体水平尚可，多数企业的综合效率大幅度变动是由规模效率造成的。

（三）2014~2017 年规模效率分析

由表 9-11 可知，样本企业在融资前后的规模效率变化大。在 2014 年，达到规模效率有效的企业有 13 家，占样本总数的 7.93%；规模效率值在 0.8~1 的企业最多，有 143 家，占总体的 87.2%；规模效率值在 0.5~0.8 的企业数为 7 家，占总体的 2.44%；效率值在 0~0.5 的企业有 1 家，占比 0.61%。在 2015 年，有

9.76%的企业规模效率有效,比14家增加了3家;规模效率在0.8~1的企业占比为142家,占比86.59%;规模效率在0.5~0.8的企业有4家,占比2.44%;效率值在0~0.5的企业有2家,占比1.22%。2015年样本企业的规模效率水平高于2014年。

表9-11 融资前后规模效率比较

	效率梯度 年份		0 < M < 0.5	0.5 ≤ M < 0.8	0.8 ≤ M < 1	M = 1 (DEA 有效)	非 DEA 有效合计	总计
融资前	2014	数量(家)	1	7	143	13	151	164
		比例(%)	0.61	4.27	87.20	7.93	92.07	100.00
	2015	数量(家)	2	4	142	16	148	164
		比例(%)	1.22	2.44	86.59	9.76	90.24	100.00
融资后	2016	数量(家)	69	59	25	11	153	164
		比例(%)	42.07	35.98	15.24	6.71	93.29	100.00
	2017	数量(家)	0	15	132	17	147	164
		比例(%)	0.00	9.15	80.49	10.37	89.63	100.00

资料来源:根据实证结果整理。

再看融资行为发生之后的两年,在2016年,达到规模效率有效的企业有11家,占比6.71%,比融资前有所下降;规模效率值在0.8~1的企业有25家,占比15.24%,比融资之前有大幅度的下降;规模效率值在0.5~0.8的企业有59家,占比35.98%,与2015年相比有所上升;效率值在0~0.5的企业数同样也比融资前有大幅度上升,达到了69家,占比42.07%。再看经过发展之后的2017年的数据,在2017年,达到规模有效的企业数量为17家,占比10.37%,比融资之前略有提高;规模效率在0.8~1的企业数为132家,比2016年有大幅度提高,但是仍然低于融资之前的数值;规模效率在0.5~0.8的企业数为15家,占比9.15%,虽然比2016年的数量有大幅度减少,但是仍然高于融资之前的数值;效率值在0~0.5的企业数量为0,是4年之中最低的状态。

由数据可以看出,企业在融资以后,其规模效率整体并没有提高,甚至还有所下降。样本企业在融资前后的规模效率变化趋势如图9-5所示。

由图9-5可知,样本企业的规模效率除了发生融资的当年,其余时间都是效率值在0~0.8的企业数占绝大多数,说明企业的规模效率值是较高的。企业综合效率低的原因主要是企业的纯技术效率较低。也就是说,企业的管理能力、技术水平等不足,导致其融资效率低。

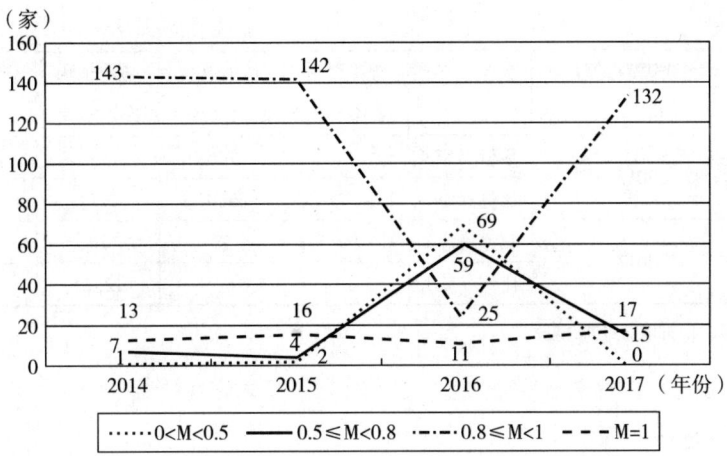

图 9-5 融资前后规模效率比较

（四）2014~2017 年规模报酬情况分析

对于规模报酬递增的企业，2014 年有 72 家，占比 43.9%；2015 年有 53 家，占比 32.32%；2016 年极速减少，只有 7 家，占比 4.27%；在 2017 年数量回升，达到 92 家，占比 56.1%，再看递减的企业数量变化趋势，2014 年规模报酬递减的企业有 79 家，占比 48.17%；2015 年有 92 家，占比 56.1%；2016 年数量迅速上升，达到 146 家，占比 89.02%；2017 年，数量下降到 52 家，占比 31.71%。

由数据研究发现，大多数企业处于规模效率增长阶段，绝大多数企业的规模限制了其经营效率的提高。出现规模报酬逐渐减少的企业，说明其资金投入使用率和管理能力比较低。2016 年，规模报酬减少的企业突然增多，表明部分企业存在着盲目融资现象。

企业融资前后的规模报酬变化情况如表 9-12 所示：

表 9-12 融资前后规模报酬情况比较

	规模报酬趋势 年份		规模报酬 递增（irs）	规模报酬 递减（drs）	规模报酬 不变（crs）	合计
融资前	2014	数量（家）	72	79	13	164
		比例（%）	43.90	48.17	7.93	100.00
	2015	数量（家）	53	92	19	164
		比例（%）	32.32	56.10	11.59	100.00

续表

规模报酬趋势\年份		规模报酬递增（irs）	规模报酬递减（drs）	规模报酬不变（crs）	合计
融资后	2016 数量（家）	7	146	11	164
	2016 比例（%）	4.27	89.02	6.71	100.00
	2017 数量（家）	92	52	20	164
	2017 比例（%）	56.10	31.71	12.20	100.00

资料来源：根据实证结果整理。

六、小结

本节首先进行 DEA 模型相关介绍，然后选择符合模型建设和问题研究的样本数据，最后得出了实证结果，并通过结果分析得到了目前新三板企业的资金使用效率较低主要是因为纯技术效率过低，说明了大多数中小企业的技术能力、经营管理能力等水平较低，融资不能得到充分的利用，并且部分企业有盲目融资的行为。为下文分析影响因素及提高效率的对策及建议提供依据。

第四节 新三板挂牌企业融资效率影响因素分析

一、宏观因素分析

宏观因素即国家经济层面的影响因素、涉及经济的发展状况、国家政策和法律制度、金融市场的发展水平。

（一）经济的发展状况

一个国家的经济发展水平决定了这个国家的市场发育状况。市场发育完善，产品和服务才能更好地流通；只有产品和服务更好流通，企业才能够获得收入，增加盈利，提高自身发展水平，进而提高企业的融资利用率。

（二）国家政策和法律制度

中国作为一个法治国家，国家的政策和制度对企业的发展至关重要。只要国家出台有利于企业发展的战略，并且企业也能够依法经营，那么就能保证企业长久稳定地发展。长久以来，国家政策都倾向于大企业的发展，为大企业谋求更多的发展机会。近些年，政府意识到了中小企业对国民经济的推动作用，开始不断地出台相关政策来促进中小企业的发展，国家相关政策和法律大大降低了中小企业的融资成本，对于提高中小企业的资金使用率具有重要意义。

（三）金融市场的发展程度

金融市场是资金流通的平台，对企业的融资效率起决定性作用，完善的金融市场体系可以简化融资手续，拓宽融资渠道，为企业提供更多的融资机会，从而促进企业的发展。

二、微观因素实证分析

（一）提出假设

本书以净资产收益率代表企业所具有的融资效率，在总结前人研究的基础上，提出如下五点假设：

假设1：企业的发展潜力与融资效率呈正相关关系。

通常投资者或者投资机构会选择那些营业收入增长率较高的企业，因为其发展潜力巨大，对于投资者来说，预期收益比较高。本书企业发展潜力指标选取营业收入增长率来表示。

假设2：企业的盈利水平与融资效率呈正相关关系。

投资人在进行投资时，往往会选择那些盈利能力较好的企业，从而使盈利能力较好的企业可以获得较低的融资成本，以取得较高的融资效率。本书通过净资产收益率来表示企业的盈利水平。

假设3：企业的资金运营能力与融资效率呈正相关关系。

很多企业资金的投入率很高，但是大部分资本都以固定资产和银行长期存款的形式存在，从而使得企业的经营水平得不到提高。因此积极提高企业资金的周转率和营运能力，增加企业的利润，才能提高企业的融资效率。本书以总资产周转率表示为企业的资金运营能力。

假设4：企业的规模与融资效率呈正相关。

在资本市场中，规模较大的企业普遍经营能力强，承受风险的能力强，不会轻易倒闭，就算意外倒闭了也有充足的抵押物可以抵扣贷款。而对于规模较小的企业，其融资渠道较为狭窄，很多金融机构为了抵御风险不愿意提供贷款，从而导致融资成本提高。以企业的资产总额来表示其规模指标。

假设5：企业的资本结构与融资效率呈负相关。

企业的负债和融资成本成反比，负债高，则企业自身风险大；而企业的资本价值与融资成本成正比,价值高,则自身风险会降低。所以合理安排企业的资本结构,有利于加强企业的经营能力。

表9-13 影响因素指标衡量与说明

变量	营业收入增长率	净资产收益率	总资产周转率	资产总额	资产负债率	综合技术效率
变量简称	G	R	T	A	L	TE
变量说明	发展潜力	盈利水平	资金运营能力	企业规模	企业融资结构	企业融资效率

(二)模型构建

本书把代表企业融资效率的影响因素的指标值定义为自变量,把 DEA 模型得出的综合技术效率值(TE)定义为因变量,构建回归模型如下:

$$TE = \beta_1 G + \beta_2 R + \beta_3 T + \beta_4 A + \beta_5 L \tag{9-6}$$

其中,β_0 为常数项,$\beta_1 \sim \beta_5$ 为系数。

样本数据来源于前文所选164家样本企业2017年度的数据,运用 SPSS22.0 软件进行数据分析。

(三)实证结果及分析

由表9-14回归分析可知:

表9-14 影响因素回归分析

模型	未标准化系数		标准化系数	t	显著性
	B	标准误差	Beta		
(常量)	0.309	0.093		3.306	0.001
营业收入增长率	0.656	0.161	0.233	4.069	0.000
净资产收益率	0.254	0.087	0.167	2.933	0.004
总资产周转率	0.054	0.011	0.292	4.985	0.000
资产总额	0.030	0.010	0.172	2.897	0.004
资产负债率	-0.254	0.028	-0.549	-9.098	0.000

注:a. 因变量:综合技术效率。
b. 数据来源:根据实证结果整理。

营业收入增长率的系数为0.233,说明在其他变量不变时,营业收入增长率每增加1,企业的融资效率增加0.233,两者呈正相关关系,且融资效率受营业收入增长率的影响会比较大,与前面假设1一致。

企业的净资产收益率的系数为0.167，说明企业的净资产收益率与融资效率呈正相关关系，符合前文假设2的描述。说明企业盈利水平越高，企业的融资效率就越高，如果其他变量保持不变，企业的净资产收益率每增长1，融资效率就增长0.167。

总资产周转率的系数为0.292，说明企业的总资产周转率与融资效率呈正相关关系，总资产周转率每提高1个百分点，融资效率就提高0.292个百分点。由此可见，总资产周转率与融资效率呈正相关关系。符合前文假设3的描述，即企业的资金运营能力与融资效率成正比。

资产总额的系数为0.172，说明企业的资产总额与融资效率呈正相关关系，企业的资产总额每提高1个百分点，其融资效率就增加0.172个百分点，与前文的假设4一致，说明企业的规模与企业的融资效率正相关。

资产负债率的系数为-0.549，说明企业的资产负债率与企业的融资效率为负相关关系，符合前文的假设5的描述。由数据可知，资产负债率每增加1个单位，其融资效率就下降0.549个单位，说明资产负债率对融资效率的影响比较大。

所以前文所述五个假设都得到了证明，企业的发展潜力、盈利水平、企业规模、资金的运营能力与融资效率呈正相关，企业的资产负债率与融资效率负相关。

三、小结

本节首先分析了整体融资效率影响因素，然后从实证层面分析了影响企业的融资效率的因素，以企业的综合技术效率为因变量分析了各部分与其的相关关系。为下文提出结论和对策提供依据。

第五节 研究结论和政策建议

本章利用DEA模型，分析了2014~2017年新三板企业的融资效率情况，又使用线性回归模型，分析影响企业融资效率的原因，得出的研究结论如下：

一、研究结论

（一）新三板企业的融资效率普遍较低

研究表明，新三板挂牌企业的融资效率普遍较低，效率达到帕累托最优的企业占比基本不超过10%，说明有大多数企业的资本不能够得到有效的利用。原因可能有如下几点：首先，很多企业存在盲目融资的现象，从样本企业的规模报酬分析数据可知，在融资行为发生后的当年，有数量众多的企业规模报酬处于递减状态，从而证明了这一原因。其次，企业的资金经营水平有限，很多企业获得融资之后不能够充分地利用，从而使得其融资效率普遍比较低。

（二）新三板企业多数处于规模报酬递增阶段

研究表明，新三板挂牌企业大多数处于规模报酬递增阶段，对资金的需求量较大。但目前企业的融资能力不强，难以支持其扩大经营规模，从而使得很多企业得不到更好的发展。其原因主要是因为新三板市场虽然给企业增加了一些融资渠道，但是与大企业相比，其融资渠道还是有限的，使很多企业融资受限。

（三）企业的纯技术效率是影响其融资效率的主要因素

由于新三板企业多数为中小企业，所以普遍存在着中小企业所具有的缺陷，从而导致其纯技术效率较低，并且严重影响了融资的综合效率。也就是说，大多数新三板企业存在经营能力差、技术水平低、财务管理能力不足等缺陷，从而使企业的融资效率较低。

二、政策建议

（一）推进新三板分层和竞价机制

目前新三板市场将企业总体分成了基础层与创新层两个模块，但还是存在企业质量良莠不齐的状态。另外由于新三板的门槛较低，从而导致两个层次的企业差距巨大。因此，国家应该出台相关政策，在现有分层机制的基础上进一步细化，再针对不同层次的企业提供不同的制度和规则。另外，应该推进新三板市场的竞价机制，增加挂牌企业的股权流动性，从而提高其融资效率。

（二）推进新三板转板机制

由于IPO的程序比较繁杂、上市费用昂贵、转板周期过长，使很多企业望而却步。转板机制的缺失，使挂牌企业丧失了许多融资机会，同时也使新三板市场的发展前景受到限制，不利于新三板市场的进一步完善和发展，所以应该完善新三板市场的转板机制，使企业有更多的资金来源，从而使新三板市场能够长久稳定发展。

（三）降低个人投资者投资门槛

新三板市场挂牌机制较为宽松，但是对个人投资者准入要求很高，从而使场内的资本流动性较低，这会影响挂牌企业的发展。所以应该采取措施降低个人投资者的准入门槛,提高流动性,促进其发展。

(四) 重视企业内源融资

通过研究,大多数中小企业的纯技术效率较低,并且严重影响了综合效率,所以中小企业应该重视并且充分利用一切可以利用的资金,加强以库存现金和应收账款为主的财务管理,提高内部财务管理水平,充分利用内源融资和内部资金积累,增加企业对资源的控制力和配置效率,不断优化企业的融资效率。

(五) 优化企业资本结构

优化企业资本结构是企业融资效率提高的重要途径。例如,调整自有资金和外源资金的比例,确实需要外源融资的时候充分考虑不同的融资渠道带来的资金成本、融资风险、融资使用限制等方面的问题,选择最优融资渠道。企业应该树立资金成本—效益观念,优化企业资本结构,通过融资模式多样化来达到资本结构的最优化,使企业综合资本成本不断降低。

(六) 完善企业内部管理制度

完善的管理制度是企业发展的基础,随着中小企业规模的不断扩大,对管理制度也提出了更高的要求。企业的管理制度应该更加符合权责分明、政企分明、科学管理的特征,这样才有利于企业的进一步发展。

综上总结了研究分析的三点结论,并且提出了有利于增强企业融资效率的相关建议,希望我国的中小企业能够稳定健康地发展。

本章小结

由于本身存在缺陷和国家政策缺失,中小企业的融资问题迟迟无法得到解决。而为中小企业拓展融资渠道而诞生的新三板系统,作为一个新兴的市场,其相关制度还不完善,使挂牌企业的融资效率仍然较低。本章针对实证研究的结果,提出了笔者的见解,期望新三板市场在未来发展中可以制度更加完善,从而为挂牌企业提供数量更多、成本更低的融资渠道,也希望我国中小企业可以不断提高自身信用和制度建设,提高自身融资效率,促进经济的发展。

第十章 中小企业融资风险评价研究

进入21世纪以来,随着改革开放的继续深入,我国经济蓬勃发展,中小企业不仅在就业和税收方面中发挥了重要作用,还因其企业的性质及其创新力量,成为国家技术发明的源头,在国民经济中发挥了越来越重要的角色。我国中小企业承担着国内65%的技术发明和80%的产品开发任务,强力地支撑了国民经济又好又快发展。因此,我们不仅要支持科技型大企业的发展,更要制定政策扶持中小企业的发展,中小企业和大企业相辅相成,才能使中国经济结构更为合理,经济发展更加稳定持续。

目前,中小企业难以获得融资的原因在于其融资风险大,很多金融机构出于风险角度的考虑不敢贷款给中小企业,所以,解决问题的关键在于如何量化融资风险。本章通过对中小企业其融资过程中风险存在原因进行系统全面的整理和筛选,运用层次分析法构建出一套科学、客观的融资风险因素指标体系,选择230个公司的数据,并运用因子分析法构建评价模型,从而对中小企业融资风险进行客观、科学的评价,在对评价结果进行分析的基础上提出相应的对策建议,从而帮助中小企业更好地解决融资问题。

第一节 相关概念与文献综述

一、融资风险的含义

企业在筹集资金的过程中由于企业自身或外部经济环境的变化引起企业收益变动而带来的风险,可分为内部风险和外部风险。

外部风险基于市场环境的变化、信息不对称等因素，由于这些因素独立于企业与投资者之外，不易于控制，因此称为外部风险。中小企业与一般企业相比有高成长、高风险、高收益的特点，他们的创新理念更具开创性和独特性，其融资也更具不确定性和不稳定性。

内部风险是由于企业的经营管理者因经营不善而导致企业的营运能力、偿债能力、盈利能力、发展能力、研发能力等指标出现问题而造成的风险。多数中小企业处于新生期、种子期，企业所有者往往缺少经营管理经验，因此更容易在融资过程中产生内部风险。

二、文献综述

（一）国外研究现状

企业的融资理论是1958年由莫迪和米勒教授所建立的，该理论基于有效市场，认为企业自身的融资模式和其自身价值没有太多的联系，即假使企业A负债率100%，企业B为0负债率，这两个企业的价值一样，随着进一步研究，于1963年提出MM定理，认为企业应该以负债利息免除税收成本，整体降低企业成本费用支出，为企业谋求更大的价值空间。企业负债程度越高，企业可以免除的税收成本越高，企业负债率呈现最高值时，企业融资成本为最小值，继而为企业创造出最大效度的价值。

Fitzpatrick（1932）在进行企业融资风险程度的评价时采取了一种单变量模型。随后多位学者将资产负债率、流动比率、净资产收益率等财务指标纳入企业的融资风险评价中。Katha（2012）等借助计算机、时间序列等技术建立了融资风险评价指标体系，该体系强调在时间序列的主线上对企业的各个财务指标的变动进行观察分析，得出一整套的融资风险大小的预估。Jensen（2016）等通过使用因子分析法和主成分分析法建立了融资风险评价模型，为量化融资风险提供了参考。

（二）国内研究现状

刘曼红在1998年《风险投资：创新与金融》中开始结合我国本土的风险投资案例进行分析。张玲在2014年分析了生命周期各阶段中小企业的融资风险特征，并从实现融资目标和控制融资风险的角度，提出了中小企业在生命周期各阶段控制融资风险的不同措施。何亚玲（2015）通过对我国中小企业融资风险的现状分析，提出使用定性与定量相结合的方法，给融资风险因素进行评分，然后在此基础之上，建立起适合我国自身的中小企业的融资风险预警系统。徐攀、于雪

(2018)分析了中小企业互助担保中存在的逆向选择和约束机制缺失问题,选择SIRS模型构建了风险传染模型,并进行动态仿真模拟,为有效降低互助担保中的传染率进行了分析。董春丽(2019)分析了互联网背景下中小企业融资过程中存在的风险问题,建议为不同发展周期的中小企业选择不同的互联网融资模式,建立了互联网背景下中小企业融资风险评价模式。

(三)文献述评

综观国内外文献,目前关于融资风险评价的研究大多局限于传统的融资决策理论,而且其研究对象多为大型企业,很少有专门针对中小型企业的理论基础研究,而对于某一个企业的融资风险进行具体实际的研究可谓少之又少。因此,针对中小企业的融资风险评价研究还有待深入,更要针对我国国情,结合我国市场经济的发展条件对融资风险评价进行研究。

因此,本章依据中小企业发展的特点现状,借鉴了国内外各学者的研究成果,以中小企业作为目标进行了融资风险评价研究,为中小企业的融资提供一个参考,以帮助其降低融资风险,实现自身更好地发展。

第二节 中小企业融资风险评价实证分析

一、中小企业融资风险存在的原因

(一)信息不对称

投资者与中小企业之间的信息不对称是造成融资风险的一个重要原因。信息不对称是指投资者和企业之间因掌握信息量的不同,从而使掌握信息少的一方在融资过程中处于劣势,而中小企业因其规模较小,以及技术的复杂性和独特性,加上中小企业带有企业创建者的个人特性,这些因素更加剧了信息不对称,使企业与投资者之间难以形成流畅的信息传递。

信息不对称会造成两种严重后果:逆向选择和道德风险。投资者通过企业的生产经营情况、企业规模、财务状况等来判断企业的预期发展情况。而对于中小企业来说,他们大部分处在初创期,其各项指标如规模、财务等方面往往不尽如人意,中小企业所拥有的优势为其技术等无形资产。而在金融市场上,企业所有者更加清楚自身企业的经营情况,有可能会运用这种优势在资金的获取及使用方面损害放款者的利益，使投资者承担过多的风险，商业银行等金融机构为了降低投资风险在决定提供资金前要耗费大量的时间、精力、物力来评估企业财务及信用状况以及科技项目的未来前景，而对科技项目前景的预测对企业来说存在劣势。在提供资金后，投资者需要加强监督力度以防止信息不对称而导致的道德风险，由此导致了融资成本的增加，最终会使金融机构不愿给中小企业提供资金。

(二) 市场的不确定性

中小企业的发展集科学研究、技术开发和新产品推广于一体，集高投入、高风险和高回报于一身，与一般企业比较中小企业要投入更多的人力、物力和财力来从事技术创新。企业在创新的过程中要面临多种不可控因素：产品是否研发成功、新产品的市场容量、消费者的消费偏好和其他充满不确定性的因素，而企业能否盈利则取决于这些因素。目前来看，中小企业大都规模较小，市场的不确定性对融资风险的影响更大。

市场的不确定性对于中小企业而言，市场需求波动和利率波动这种不确定性影响甚大。当今的科学技术高频率的革新，使市场需求也随之飞速变化，而中小企业从开始进行市场需求调查，到筹集资金、研发生产以及最后投入市场，往往需要一个较长的生产周期，那么企业实际的市场需求可能会与企业最初的判断不一致，企业难以达到预期的利润，从而产生亏损，这为中小企业融资增添了阻碍，市场的不确定性是影响融资风险的主要原因之一。

(三) 管理能力不足

现阶段中小企业的管理能力较差，具体体现在：内部治理结构混乱、管理者决策能力不够、家族式的管理方法，等等。这种种管理方面的问题，都会给企业的生产经营造成重大危害，不利于企业发展，而银行等放款机构在进行投资时，企业的管理水平是他们需要考虑的重点因素。因此，管理能力的不足会使得其融资风险增加。一些中小企业虽然已经意识到建立现代企业制度的重要性，并开始建立相关制度，但一个成熟完善的管理制度在短时间内难以建成，而且一些企业的决策者综合素质偏低，忽视自身信用的建设，也间接地增加了融资风险。

(四) 宏观经济政策的调整

国家制定了一系列优惠政策支持中小企业发展，包括创业优惠、科技创新优惠、税收优惠、专项补贴、财政拨款等。同时，国家货币政策和相关经济政策的调整会影响企业的融资。如果一个国家采取紧缩货币政策减少货币的投放量，市场可使用的资金会减少，中小企业融资难问题会更加严峻。此外，国家政策的变动有可能引发两个方面的融资风险：一方面，政策优惠常常偏向于国有大中型高新技术企业，政府政策对国有大型企业的扶持会使得资金利用效率低，挤压普通中小企业的信贷额度，降低其融资效率。另一方面，对于中小企业技术创新和专利技术价值的判断标准模糊，在实施扶持、税收优惠的时候具有很大的不确定性。政府在扶持过程中常常拨款援助，如果政策性资金没有得到较好的利用，而一些发展前景较好、技术价值较高的企业可能无法获得政策扶持和优惠，影响企业技术研发和产品生产的进程，也会对企业融资效率产生影响，从而影响企业的自身发展。

二、构建融资风险评价体系

本章根据中小企业的现状特点以及风险成因并结合相关研究成果创建中小企业融资风险指标，通过层次分析法来构建中小企业融资风险评价体系。

（一）建立风险评价体系的目的

对企业进行融资风险评价的首要步骤是构建融资风险评价体系，建立融资风险评价体系构建的目的如下：

第一，构建风险评价指标体系要综合考虑数种影响因素，对多种指标数据进行统计分析从而得出一个有一定解释性的规律，保证其客观性和代表性；同时还要避免定性分析的空洞无力，有效地将定性指标和定量指标相结合，科学、客观、系统地反映目前的融资风险状况。

第二，可以更好地对中小企业的融资风险进行评价，更有针对性地评估出公司融资风险的大小以及影响融资风险的主要因素。

第三，大部分中小企业没有相对完善的风险评价体系，在竞争激烈的市场中，企业如果不重视风险评价与分担，会使得风险由小变大，损害公司利益。建立完善的风险评价指标体系，可以为公司在以后的融资风险评估中做参考。因此，本章通过适当地选取风险评价指标来构建融资风险评价体系评估中小企业融资风险的等级水平，帮助其正确地认识到自身面临的融资风险。

（二）融资风险评价指标的选取原则

风险指标体系的建立应遵循以下三条原则：

1. 全面性

对影响中小企业融资效率的风险因素进行全面的筛选，应当从多个角度出发，尽量将影响中小企业融资风险的因素考虑完整，各种类型的风险能够全面地覆盖到。只有保持全面性，才能对其融资风险做出客观、准确的评价，为融资决策者提供更有力的支撑。

2. 系统性

导致中小企业融资风险的因素众多且复杂，所以在构建风险指标体系时要识别各因素之间的关联性和相关关系，并对各因素进行归纳整理，以建立内部层次清晰的融资风险评价体系。

3. 科学性

科学可信是构建风险指标体系应遵循的基本原则，要确保所选择的指标准确可信，推理合乎逻辑，为融资风险评价体系的建立提供科学有效的信息，以保证该评价体系能够更广泛地适用于中小企业的融资风险评价。

(三) 融资风险评价指标的选取

证券公司通过对新三板挂牌企业的研究，认为风险评价指标的选取应该着重关注如下的五个方面：

1. 盈利能力指标

企业盈利能力是通过企业资本的增值能力体现的，即企业获取利润的能力。企业资本增值能力越强，投资者或股东得到的收益就越多，因此更加乐于注入资金，企业面临的融资风险就越低，本章选用毛利率和净资产收益率来衡量该指标。

毛利率是指企业毛利占销售收入的百分比，企业的核心利润来源于毛利。不但企业经营者会追求一定的毛利率和毛利增长率，企业的所有者也非常关注毛利率这个指标。毛利率可以比较直观地展现企业的盈利能力。

净资产收益率是指公司税后利润除以净资产得到的百分比率，该指标可以综合地衡量公司盈利能力，指标越高，说明投资带来的收益越高，投资者在进行投资时首先要考虑的是收益情况，因此该指标可以直接影响投资者的决策。

2. 偿债能力指标

偿债能力是指企业偿还债务的能力，企业偿债能力强则不会面临流动资产不足以偿还到期债务而被迫中断生产经营的风险，能够较好地降低企业融资风险，增强企业信誉；反之则增加融资风险。这里笔者选用资产负债率和流动比率来体现该指标。

资产负债率是指总负债占总资产的比重，该比率越低债权人风险越小，利益保障程度越高。资产负债率反映企业借贷资金占全部资金的比重，也反映了企业资产对外债的偿还能力，这一比率越低表明企业的偿债能力越强，从债权人的角度看，资产负债率越低越好；对投资人或股东来说负债比率高可能会带来一定的好处，可以以较少的资本投入获得企业的控制权。

流动比率是指流动资产总额与流动负债总额之比,通过比较流动资产与流动负债的金额,判断企业的偿债能力。它是衡量企业流动资产中可以立即变现用于偿还流动负债的比例。

3. 营运能力指标

营运能力主要反映企业资产的利用效率,表明管理者经营管理企业的能力和运用资金的能力,主要通过资产周转速度等指标来体现,具体包括以下两个指标:

第一,应收账款周转率是指在一定时期内企业的赊销净收入与平均应收账款余额之比,该比率表明了企业回收账款的速度和能力。

第二,存货周转率是一定时期内企业主营业务成本与平均存货余额的比值。该指标既衡量了企业的销售能力和成本控制能力,又衡量了企业对存货的管理能力。因此存货周转率的控制需要考虑的因素较多,包括企业的成本控制、库存的生产量、销售量控制和资金占用等问题。

4. 发展能力指标

发展能力即成长能力,是公司的发展潜力的体现,是投资者对公司做出投资决策时需要重点考虑的能力,公司的盈利能力也能够体现其发展能力,但企业的发展情况不能单纯地通过盈利来体现,因此本章选取如下三个增长率来体现。

总资产增长率是指一定时期内企业总资产的增长额与期初资产总额的比值。如果一定时期内企业总资产增长额越大,企业总资产增长率越高,则表明企业在一定时期内具有较强的规模扩张能力,能够直观地体现公司一定时期内的发展情况。

营业收入增长率是指企业当年的营业收入增长额占去年营业额的比重,衡量了企业生产经营的效果,也从另一侧面反映了企业对未来市场的占有能力,对于预测企业未来业务增长趋势具有重要意义。

净利润增长率是指一个时期内的净利润与上一期净利润的差额和上一期净利润的比值。净利润是指企业的利润总额扣除企业所得税的余额,也称为税后利润。净利润越多,企业的盈利能力越强,净收入越多;净利润增长率越大,企业的盈利能力越强,可以较好地体现一个企业的经营效益,从而综合体现一个企业的发展能力。

5. 研发能力指标

对于中小企业来讲,其核心竞争力应是其所拥有的技术和知识产权,因此企业应当重视自身的研发能力指标,本章选取研发投入占比来体现该指标。

研发投入占比是指企业当年度用于技术研发的支出占其销售总额的比重,该指标越高,说明企业越重视技术研发,中小企业想要在竞争激烈的市场里面存活下来,就必须注重自身的研发能力,投资者在进行投资时,经常会考虑企业的研发投入占比情况。

(四)建立融资风险指标体系

在充分遵循了全面性、系统性、科学性这三个原则的基础之上,广泛地参考了各专家学者的研究成果,并立足于上文所分析的融资风险评价指标的选取,构建出目标层、一级指标、二级指标这三个层次的融资风险评价体系。指标体系如表10-1所示:

表10-1 指标体系

目标层	一级指标	二级指标	指标代码
融资风险	盈利能力指标	毛利率	X_1
		净资产收益率	X_2
	偿债能力指标	资产负债率	X_3
		流动比率	X_4
	营运能力指标	应收账款周转率	X_5
		存货周转率	X_6
	发展能力指标	总资产增长率	X_7
		营业收入增长率	X_8
		净利润增长率	X_9
	研发能力指标	研发投入占比	X_{10}

三、基于因子分析法的融资风险评价模型

为使本章结果更具代表性,本章通过数据整理,选取了230个中小企业的2018年财务数据作为原始样本。

(一)基本步骤

因子分析是将多个指标用几个潜在的指标表示出来,将原来多个指标的信息重叠部分用潜在的指标表示出来。一方面简化了观测指标,另一方面对样本进行了分类。因此,因子分析法的前提是多个原始指标之间存在较强的相关性,进行因子分析之前需要先对数据进行检验,包括计算相关系数矩阵、巴特利特球度检验和KMO检验等方法,从而确定因子分析法是否适用于当前的数据和指标。

1. 构造因子变量

首先需要构造因子变量，因此假设原有 p 个变量且每个变量的均值为 0，标准差为 1。现将每个变量用 k 个因子的线性组合来表示，即有：

$$X_1 = a_{11}F_1 + a_{12}F_2 + \cdots + a_{1m}F_m + \varepsilon_1$$
$$X_2 = a_{12}F_1 + a_{22}F_2 + \cdots + a_{2m}F_m + \varepsilon_2$$
$$\cdots\cdots$$
$$X_p = a_{p1}F_1 + a_{p2}F_2 + \cdots + a_{pm}F_m + \varepsilon_p \tag{10-1}$$

也可用矩阵的形式表示为 $X = AF + \varepsilon$，其中，X 是可实测的随机变量。F 称为因子，因为每个线性表达式都包含了相关因子，而且这些因子代表了原始数据指标的重叠部分，因此又称为公共因子。A 称为因子载荷矩阵，ε 称为特殊因子，忽略 ε，以 F 代替 X，用提取的公因子 F 来展现原始变量 X 的信息，从而达到简化问题、减少变量的目的。

2. 对因子变量进行旋转

通过构造公共因子，将原有变量重叠信息部分综合为少数几个公共因子后，公共因子的实际含义并不清晰，这对后续的分析不利。为了更加明晰公共因子的含义，增加公共因子的可解释性，可以采用因子旋转的方式，使原始数据在单个公共因子上的载荷值较大，从而提高公共因子的可解释性。

3. 计算最终得分

实际操作中，确定公共因子载荷的同时也就确定了其线性数学表达式，从而可以计算每个样本的具体得分，即每个因子变量的最终得分。于是通过对因子得分的比较和排序就可以分析和研究样本的特征。

（二）构建模型

1. KMO 检验和 Bartlett 的球形度检验

将样本数据代入 SPSS22.0 进行相关检验得到表 10-2：

表 10-2 检验结果

KMO 和 Bartlett 的检验		
KMO 值		0.618
Bartlett 球形度检验	近似卡方	62.903
	df	45
	p 值	0.04

从表 10-2 中分析可得：

结论1：从KMO值可以判断通过因子分析对样本数据进行研究。因为如果KMO值高于0.8，则说明通过因子分析可以非常好地对相关样本数据进行研究；如果KMO值处于0.7~0.8，则说明因子分析可以较好地对样本数据进行研究；如果KMO值处于0.6~0.7，则说明可以利用因子分析对样本数据进行研究；如果KMO值小于0.6，说明对样本数据进行研究不适合采用因子分析方法。

结论2：从Bartlett检验可以判断通过因子分析方法对样本数据进行研究。因为如果Bartlett检验测算的P值小于0.05，则适合进行因子分析。

从表10-2可以看出：KMO为0.618，表明可以进行因子分析，Bartlett球形度检验近似卡方值62.903，p值0.04，小于0.05，表明各指标存在共同因素，适合通过因子分析方法来测算中小企业的融资效率。

2. 提取公共因子

对样本数据进行最大方差旋转，使研究样本的某个变量在少数公共因子上产生较高的载荷，从而使公共因子的含义更加明确。表10-3展示旋转后的因子载荷系数，反映了公共因子和各变量之间的对应关系，也就是公共因子对于各变量的信息提取情况。从中可知有8个变量共同度在70%以上，有2个变量共同度在60%~70%，因此提取的公因子对10个变量具有足够的代表性和解释力。

表10-3 旋转后因子载荷系数

名称	因子载荷系数				共同度
	因子1	因子2	因子3	因子4	
X_1	-0.249	-0.106	0.818	0.158	0.768
X_2	0.53	0.518	0.192	0.437	0.778
X_3	-0.881	0.052	0.165	-0.19	0.843
X_4	0.862	-0.127	-0.151	-0.189	0.818
X_5	0.371	-0.086	-0.128	0.332	0.772
X_6	0.023	0.029	-0.018	0.902	0.816
X_7	-0.212	0.749	-0.28	0.108	0.696
X_8	0.032	0.855	-0.076	-0.232	0.793
X_9	-0.141	0.604	0.432	0.222	0.62
X_{10}	-0.07	-0.047	0.798	-0.436	0.834

表 10-4 方差解释率

因子编号	特征根			旋转前方差解释率			旋转后方差解释率		
	特征根	方差解释率%	累计%	特征根	方差解释率%	累计%	特征根	方差解释率%	累计%
1	2.504	25.039	25.039	2.504	25.039	25.039	2.072	20.715	20.715
2	2.078	20.784	45.823	2.078	20.784	45.823	1.967	19.667	40.383
3	1.422	14.219	60.042	1.422	14.219	60.042	1.681	16.814	57.197
4	1.233	12.327	72.369	1.233	12.327	72.369	1.517	15.172	72.369
5	0.881	8.813	81.183						
6	0.735	7.355	88.537						
7	0.476	4.757	93.294						
8	0.288	2.88	96.175						
9	0.209	2.089	98.264						
10	0.174	1.736	100						

从表 10-4 可知，特征根大于 1 的公共因子共有 4 个，此 4 个主成分的方差解释率分别是 25.039%、20.784%、14.219%、12.327%，累计方差解释率为 72.369%。另外，本次分析共提取出 4 个主因子，它们对应的加权后方差解释率即权重依次为：25.039/72.369 = 34.60%；20.784/72.369 = 28.72%；14.219/72.369 = 19.65%；12.327/72.369 = 17.03%。

从图 10-1 则可以更直观地显示每个因子的重要性，碎石图用于辅助判断主因子提取个数，图中值大于 1 的个数即为我们要提取的主因子个数，即提取图示曲线中相对陡峭的部分。

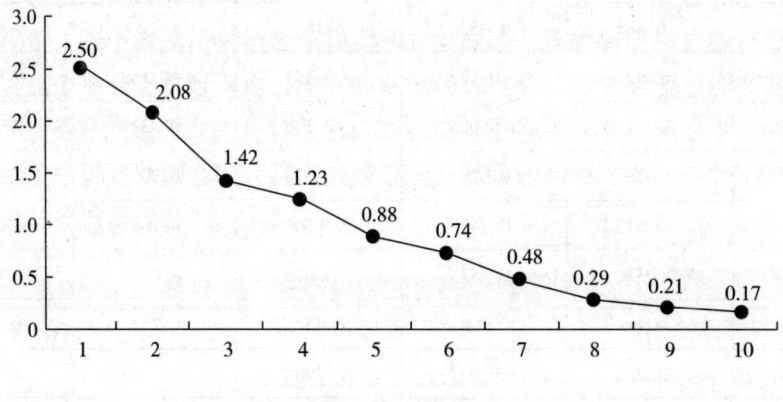

图 10-1 碎石图

3. 融资风险综合评价模型

确定4个主因子后,运用SPSS22.0软件得到成分得分系数矩阵,如表10-5所示:

表10-5 成分得分系数矩阵

名称	成分			
	成分1	成分2	成分3	成分4
X_1	0.228	0.009	0.477	0.034
X_2	-0.184	0.280	0.301	0.167
X_3	0.339	0.043	-0.167	-0.197
X_4	-0.004	-0.140	0.037	0.389
X_5	-0.186	-0.005	0.144	-0.094
X_6	-0.123	-0.166	0.333	0.499
X_7	-0.004	0.359	-0.260	-0.046
X_8	0.002	0.338	-0.246	0.340
X_9	0.106	0.323	0.202	0.105
X_{10}	0.241	-0.076	0.257	0.453

将四个主因子分别命名为 F_1、F_2、F_3、F_4,通过表10-5,得到各个公因子的表达式如下:

$$F_1 = 0.228 \times X_1 - 0.184 \times X_2 - 0.186 \times X_5 - 0.004 \times X_4 - 0.123 \times X_6 + 0.339 \times X_3 + 0.002 \times X_8 + 0.106 \times X_9 - 0.004 \times X_7 + 0.241 \times X_{10} \quad (10-2)$$

$$F_2 = 0.009 \times X_1 + 0.280 \times X_2 - 0.005 \times X_5 - 0.140 \times X_4 - 0.166 \times X_6 + 0.043 \times X_3 + 0.338 \times X_8 + 0.323 \times X_9 + 0.359 \times X_7 - 0.076 \times X_{10} \quad (10-3)$$

$$F_3 = 0.477 \times X_1 + 0.301 \times X_2 + 0.144 \times X_5 + 0.037 \times X_4 + 0.333 \times X_6 - 0.167 \times X_3 - 0.246 \times X_8 + 0.202 \times X_9 - 0.260 \times X_7 + 0.257 \times X_{10} \quad (10-4)$$

$$F_4 = 0.034 \times X_1 + 0.167 \times X_2 - 0.094 \times X_5 + 0.389 \times X_4 + 0.499 \times X_6 - 0.197 \times X_3 + 0.340 \times X_8 + 0.105 \times X_9 - 0.046 \times X_7 + 0.453 \times X_{10} \quad (10-5)$$

这四个主因子从不同方面反映了各个指标对融资风险的影响,因此将其加权后方差解释率作为权重,得到中小企业的融资风险综合因子得分表达式:

$$F = 0.3460 \times F_1 + 0.2872 \times F_2 + 0.1965 \times F_3 + 0.1703 \times F_4 \quad (10-6)$$

即F值越大,表明其融资风险越小;F值越小,表明其融资风险越大。

4. 融资风险综合因子得分

通过公式可以算出各个样本公司的融资风险因子综合评分,如表 10 – 6 所示:

表 10 – 6　融资风险综合评分

公司名称	F_1	F_2	F_3	F_4	F
1	– 1.4432	– 0.1529	1.0901	0.3787	– 0.2646
2	– 0.9104	0.6091	0.8567	– 0.3850	– 0.0373
3	– 1.1069	0.2722	1.5853	– 0.9601	– 0.1568
4	– 1.8300	0.6849	1.8418	– 1.1223	– 0.2657
5	– 1.2304	0.2255	1.6666	– 0.9546	– 0.1960
6	– 0.8336	0.0534	0.6420	– 0.3269	– 0.2026
7	– 3.8683	– 0.2415	3.1472	– 0.7977	– 0.9252
8	– 1.9170	0.5357	2.5918	– 2.0142	– 0.3432
9	– 1.9804	0.2766	1.9106	– 0.5803	– 0.3292
10	– 1.6875	0.8494	1.9273	– 1.1681	– 0.1601
11	– 1.5605	1.0383	3.0711	– 3.2177	– 0.1863
12	– 0.6393	2.1995	2.6173	– 0.7851	0.7911
13	– 1.0758	0.6212	1.5843	– 0.3125	0.0643
14	– 1.2246	– 0.3051	0.7708	0.6060	– 0.2567
15	– 0.8859	0.3620	1.5941	– 0.6132	0.0063
16	– 2.0398	0.0696	1.9491	– 0.1681	– 0.3314
17	– 1.5495	– 0.1696	1.2710	– 0.8654	– 0.4825
18	– 2.3977	– 0.7184	1.1852	1.4315	– 0.5593
19	– 0.3596	– 0.3797	0.5396	– 0.7365	– 0.2529
20	– 1.8220	0.1862	1.8230	– 0.3569	– 0.2795
21	– 0.2519	0.0252	0.8018	– 0.5395	– 0.0143
22	– 2.3212	– 0.6880	1.3447	1.0421	– 0.5590
23	– 2.9105	– 0.6620	1.3761	1.9300	– 0.5981

四、风险评价结果

通过表 10 – 6,可以发现大部分公司融资风险评分较低,将评分值归类划分,得到表 10 – 7。

第十章 中小企业融资风险评价研究

表 10 -7 融资风险程度划分依据

F 值	公司数	总值	平均值
F < 0	20	-6.4007	-0.32
F > 0	3	0.8617	0.287

以 0 为分界点，F 值大于 0 的公司有 3 个，F 值小于 0 的公司有 20 个，分别求出它们的平均值，将中小企业的融资风险分为三个等级：小于 -0.32 为很高；-0.32~0 为高；大于 0 为低。因此，中小企业融资风险等级程度如表 10 -8 所示：

表 10 -8 融资风险分布

F 值	融资风险	公司数（家）	占比（％）
F ≤ -0.32	很高	8	34.80
-0.32 < F ≤ 0	高	12	52.20
F > 0	低	3	13
合计		23	100

综合以上分析，在中小企业中有 34.8% 的企业有很高的融资风险；有 52.2% 的企业有较高的融资风险；仅有 13% 的企业融资风险较低。因此，从整体上看，中小企业有较高的融资风险。

第三节 对策建议

融资风险不能被彻底消除或避免，但企业可以通过在对融资风险进行识别、分析和评价的基础上，采取相应的措施，将企业的融资风险降低或采取一定的措施将融资风险可能带来的负面影响降至最低。尽管外部经济环境会影响企业融资风险，但中小企业对于外部经济环境只能适应，无力改变，因此本章仅考虑了中小企业内部发展情况来对中小企业融资风险进行评价，并针对公司融资风险的成因以及融资风险评价的结果，分别从企业、政府和金融机构三个方面提出相应的对策建议。

一、企业层面

(一) 增强公司的研发实力

从主因子 F_4 中可以看出，研发投入占比是影响企业融资风险的一大主要原因，对于中小企业而言，技术是其核心竞争力，只有拥有过硬的技术优势，才能保证在竞争激烈的市场中不被淘汰，而对于投资机构来讲，技术的先进性、独立性和市场性可以用来判断中小企业的发展潜力和成长性；判断其投资是否可以获得巨额回报，一个企业如果拥有较高的研发实力，那么其获得技术领先优势的可能性就越大，相应的融资风险就会越小。因此，企业应该增强自身的研发实力以降低其融资风险。

(二) 加强资金的管理与使用

盈利能力指标是影响公司融资风险的重要因素，在主因子 F_3 中毛利率占据了很大的比重。对于企业而言，其筹措资金的目的在于加快公司的生产经营进程，以获得较强的盈利能力，因此借入的资金应该恰好可以满足其正常经营和发展的需求。筹集资金过多会导致资金利用率低，而资金运用效率不高表现在资金流动性差，这会导致公司盈利能力不足，增加了公司经营风险。因此，加强资金的管理与使用，对于提高企业资金的利用效率具有重要意义。同时对资金的合理使用，还需要综合平衡研发投入、品牌投入、宣传投入、售后投入的比例，提高企业的经济效益，从而通过提高资金利用效率与盈利能力来降低融资风险。

(三) 建立合理的融资决策机制

主因子 F_1 和 F_4 中资产负债率和流动比率占据了很大的比重，而这两项指标都属于企业的偿债能力指标，因此企业需提高偿债能力来降低融资风险，提高偿债能力需要从提高融资决策能力和优化公司资本结构入手。

企业做出融资决策要根据政府现有政策以及资本市场环境状况，企业在进行融资时，确保对上述因素进行细致、深入的调查；企业在进行融资决策时还应该预估所进行项目的风险与收益情况，以便及时应对所出现的风险。这就要求企业建立一个合理的融资决策机制，一方面在融资前能够较为准确地预估风险与收益的大小；另一方面则需要在融资后进行有效的管理控制。这样才能综合考虑市场风险、经营风险、融资成本等因素做出合理的融资决策，降低融资风险。

企业资本结构是否合理关系到企业的偿债能力。企业管理层必须在考虑现行资本结构的基础上做出融资决策。如果企业负债率太高，未来的偿债风险将会较大；如果企业负债率太低，说明企业发展比较保守。因为企业资本结构不合理而导致的风险大部分由股东来承担,因此资本结构不合理将会使股东撤资,从而影响企业的正常运营。综上所述,企业要从优化公司资本结构入手,建立合理的融资决策机制,提高偿债能力,降低融资风险。

二、政府层面

(一)建立中小企业信用担保体系

中小企业融资渠道较为狭窄,大多数依赖内源融资。究其原因,则是因为中小企业的抵押品不足,因此建立中小企业信用担保体系则是拓宽融资渠道、降低融资风险的好办法。建立信用担保体系是世界各国支持中小企业发展的通用办法,是重塑银企关系、提高信用观念、改善融资环境的重要手段。然而在全国范围内,信用担保体系的建设尚处于起步阶段。因此,政府应该加速建立信用担保体系,为中小企业的融资保驾护航;企业自身也应该关注这方面的信息,配合政府有关部门进行企业征信、信用担保等方面的工作。

(二)提供相关政策支持和制度保障

为了促进市场的公平性和竞争机制,政府要保持政策的公平性,综合考虑市场在资源配置中的作用,不能释放任何扭曲市场的信号。因此政府政策要引导金融机构的资金投向,鼓励金融机构的资金更多地投向绿色产业或新兴产业,而不是直接对中小企业进行财政补贴。政府政策和制度应该重在引导,引导中小企业进入新兴市场和细分市场,在使地区产业结构不断优化的同时,创造更多的就业机会,因此对于中小企业的政策支持要根据其经济领域和经营规模区别制定,如符合要求的企业可以享受税收返还或奖励等。

三、金融机构层面

金融机构在对中小企业提供资金融通的时候,应该综合评价企业的信用和融资风险,不断创新金融产品,完善金融服务体系,改进服务方式,提供政策咨询、无形资产抵押、信用证担保等方式,在降低自身经营风险的同时,考虑中小企业的融资风险问题。

本章小结

本章通过对中小企业的发展现状、融资现状的分析、融资风险原因的分析并运用因子分析法建立融资风险评价模型对中小企业的融资风险进行综合评价,并在此基础上提出相应的对策建议,为中小企业的融资提供一个参考。相信随着我国政府日渐重视信用担保体系的建设、为中小企业提供政策支持和制度保障以及企业对自身研发实力、资金使用、融资决策方面的重视,中小企业融资难的问题将会得到有效解决。

第十一章　影子银行对中小企业融资的影响

2008年，金融危机引起实体经济发生波动，世界各国经济增速有所减缓，各国失业现象普遍，企业纷纷倒闭，波及的领域十分广泛。这场风波将影子银行带入经济发展的轨道，对金融市场的发展和繁荣起到了助推器的作用，也为实体经济的发展提供动力。同时，影子银行的产生为中小企业带来了更多的融资方式，暂缓了中小企业的融资难题。

近年来，中小企业数量不断增多，呈现出强劲发展的态势，尽管从单个企业来看，中小企业显得势单力薄，但从国民经济的整体范围来说，其数量之多、对经济的渗透之深，对经济的发展发挥了不可替代的作用，对国内生产总值的贡献甚至达到60%，对税收的贡献率达50%，创造了80%的城镇就业，其作用不可小觑。然而，长期以来，中小企业的资金周转缺乏支持，致使正常的生产经营活动受阻，限制了企业的发展。中小企业融资难的问题存在以下几个方面的原因。首先，中小企业融资主要依靠商业银行，而商业银行对贷款的资信调查十分严格，贷款对象更倾向于资金实力雄厚的大型企业集团，即使中小企业可以获得银行贷款，其付出的时间成本也是十分高昂的，这种传统的间接融资渠道不能有效地解决企业的资金需求；其次，在直接融资途径中，如股权融资、债权融资等方式，对企业的准入门槛要求高，不仅有对企业资金实力方面的要求，还有对生产经营、盈利能力等方面的考核，小规模、低成本、盈利能力不强决定了大部分中小企业被直接排除在外。

影子银行是金融市场中的新生力量，具有独特的灵活性、创新性，与实体经济的发展融为一体、密不可分，凭借金融创新的能力部分缓解了中小企业的资金来源问题，为企业提供了更多融资方式的选择和更广阔的生存空间。基于此，本章在充分借鉴国内外研究的基础上，对影子银行的发展进行了论述，分析了影银行和传统商业银行之间存在的关联关系以及影子银行产生的原因，重点研究影子银行的发展对中小企业融资的影响，同时针对规范影子银行发展和中小企业融资难的问题寻找解决对策。

第一节 影子银行体系的发展

一、影子银行概述

（一）影子银行的含义

"影子银行"这一提法正式进入公众视线是在2007年华尔街的次贷危机之后，次贷危机使实体经济遭受重创，工人面临失业、企业纷纷倒闭，各国经济发展面临停滞。金融危机爆发后，"影子银行"进入了公众视野，逐渐成为金融界人士普遍关注的焦点。影子银行体系的概念最早是由美国太平洋投资管理公司董事之一 Paul McCully 提出的，它是指在金融监管体系之外的非银行金融机构，不像传统的商业银行一样接受中央银行监管，但具有商业银行的核心功能。金融理事会提出的影子银行定义为独立于金融监管体系之外，可能引发系统性金融风险和监管套利等问题的非银行信用中介机构。随着金融市场的不断发展，整个金融行业的学者并没有对影子银行的定义达成一致，但总体上来说，对影子银行核心要件的理解并无二致。

影子银行是一个重要的金融学概念，它区别于现在的传统商业银行，作为金融创新的产物，影子银行是对商业银行职能的重要补充，在支撑实体经济、增加投融资方式等方面起到了积极作用。

（二）影子银行的主要特征

影子银行具有如下四点重要特征：

第一，经营的产品种类多，复杂程度高。金融创新逐渐散播开来，随后产生的是一大批金融衍生产品，而影子银行经营的产品多是金融创新产品，包括期货、期权、远期合约等，且金融创新产品的种类和结构的复杂程度都要远远超过原生金融产品。

第二，业务经营具有高杠杆性特点，且交易不透明。影子银行的资金来源中，自有资本数量不足，筹集资金渠道较商业银行来说较为狭窄，而且影子银行不像传统商业银行一样需要留存准备金。在这种情况下，为了获得高收益，影子银行体系业务大都采取高杠杆率的经营模式，导致整个金融体系风险的扩大。随着影子银行不断提高产品的杠杆率，其带来的经营风险持续增加。此外，影子银行存在信息不透明的情况，使金融市场参与者难以察觉投资风险，金融监管机构也难以发现体系中存在的问题，给管理带来了一定的困难。

第三，游离于传统的银行体系之外，缺乏行业监管，抵御风险的能力较差。传统商业银行日常运营处于金融监管机构严格的监察之中，拥有较为完善的流动性保障和存款保险制度，因此经营风险较小。与此不同，影子银行日常业务经营比较自由，受监管程度较小，给予影子银行充分的业务经营便利，在此基础上，影子银行内部形成了经营活动不公开，隐蔽性较强的特点。较少的监管给影子银行带来了便利，但由于没有存款保险制度和流动性保障，致使影子银行面临危机时不能像传统银行一样向最后贷款人——中央银行求助，不存在最后的防线，因而影子银行的不确定性和风险都比传统商业银行大。

第四，交易模式以批发业务为主，不同于传统商业银行的零售业务。传统银行最主要的业务模式是吸收社会存款、提供贷款，是一种"零售并持有"的运作方式。影子银行的出现改变了现有的业务经营模式，其运营模式为"创新产品并批发"，在货币市场发行票据、证券化产品以及通过回购向投资者借入短期且流动性较强的资金，然后选择长期、流动性较差的金融资产购入，影子银行不断通过金融产品多样化来扩展业务范围，也为投资者提供了多样化的投资选择。与零售方式相比，影子银行的批发业务模式成本更低，规模更大，可以获得更为丰厚的利润。

（三）影子银行的内在构成

金融危机之后，影子银行获得了大发展，目前发达国家的影子银行已经比较成熟，其影子银行体系以资产证券化为基础，其构成涉及债券公司、投资银行、保险公司、金融控股公司、对冲基金及其他投资工具。但在我国影子银行尚处于发展期，我国资产证券化发展还不成熟，影子银行的业务主要来自股票、债券、信贷资产以及各类收益性金融工具，涉及的金融机构有证券投资公司、信贷担保机构、民间借贷组织、私募股权基金、贷款公司、金融租赁公司等。随着经济的不断发展，影子银行各组成部分的占比发生了些许变化。根据表11-1，理财产品（其构成为现金与存款、货币市场工具以及债券）在2014~2015年规模由11万亿元上升到了21.6万亿元，在所有影子银行构成部分中上升幅度最大。截至2015年底，理财产品对接资产占银行总资产的比例已经达到11.1%，较2014年绝对额的增长率为0.96%,这部分的增长主要来自于表外理财产品,表外理财产品,即银行经营的未列入资产负债表,但影响当期损益的理财产品。2016年和2017年,理财产品对接资产占银行总资产的比例分别达到了13.2%和12.4%。总体来说,影子银行的各组成部分都有不同程度的增长,进而影子银行总体呈现增长趋势,而且,随着影子银行在经济中的重要性不断增强,社会资金的供求结构有所改变,影子银行在全社会融资总量中的比例也逐步提高,日渐显示出对经济发展的助推作用。

表11-1 影子银行组成成分

信贷中介产品	2017年		2016年		2015年		2014年		2013年	
	规模(万亿元)	占银行总资产比例(%)	规模(万亿元)	占银行总资产比例(%)	规模(万亿元)	占银行总资产比例(%)	规模(万亿元)	占银行总资产比例(%)	规模(万亿元)	占银行总资产比例(%)
委托贷款	15.2	6.4	13.2	5.8	10.9	5.6	9.3	5.5	7.2	4.9
信托贷款	8.4	3.5	6.2	2.7	5.4	2.8	5.3	3.1	4.9	3.3
未贴现银行承兑汇票	5.5	2.3	3.9	1.7	5.9	3.0	6.8	4.0	6.9	4.6
理财产品对接资产	29.5	12.4	30.1	13.3	21.6	11.1	11.0	6.5	6.7	4.5
银行表外	16.3	6.9	17.1	7.5	12.4	6.4	6.0	3.6	3.5	2.4
证券公司	13.7	5.8	13.0	5.8	9.2	4.7	4.9	2.9	3.2	2.1
财务公司贷款	4.1	1.7	3.0	1.3	2.5	1.3	2.4	1.4	2.2	1.5
民间借贷	4.4	1.8	3.4	1.5	3.4	1.7	3.4	2.0	3.4	2.3
其他	6.1	2.5	4.6	2.0	3.8	2.0	2.8	1.6	1.8	1.2
合计	65.6	32.9	64.4	28.4	53.4	27.5	40.8	24.3	33.1	22.3

资料来源:穆迪投资服务公司历年《中国影子银行季度监测报告》。

(四)影子银行与常规银行体系的关联关系

影子银行可以简单地理解为"银行的影子",称为"银行"却不同于"银行",但与常规银行体系有密切的关联关系。影子银行是传统商业银行职能的延伸和补充,其经营的业务中除涵盖传统银行的业务外,还经营着高收益的金融衍生产品,这些产品结构设计十分复杂,杠杆率远高于传统银行的产品。现将影子银行体系与传统商业银行的主要不同之处总结如下:

第一,在资金来源方面,传统银行主要依靠吸收社会公众的存款,以存款利息的方式给予存款者收益;影子银行并不主要依靠吸收个人及机构的储蓄存款,主要的资金来源为理财所得,运用较高的杠杆率能带来可观的利润,并进一步形成影子银行持续发展的资金基础,但以高杠杆经营的方式致使影子银行的资金来源不像传统商业银行一样稳定。

第二,在经营模式方面,传统银行以零售业务为主,采取"零售并持有"的经营模式;影子银行的出现改变了传统的运作方式,其运营模式为"创新产品并批发",在货币市场发行票据、证券化产品以及通过回购向投资者借入短期且流动性较强的资金,然后在长期、流动性较差的金融市场中购入金融资产。采取批发模式降低了经营成本,可以获得较大的融资规模。

第三,在产品结构方面,传统银行产品结构相对简单,影子银行以经营金融衍生产品为主,产品结构设计复杂。

第四,在杠杆率方面,影子银行依靠高杠杆率持续获得经营所需资金,高杠杆率是因为影子银行的资金来源少,不具备传统商业银行雄厚的资金,只有借助高杠杆率提高资金收益,获取高利润,才有持续经营的基础。

第五,在信息披露及监管方面,传统银行在严格的金融监管体系之下运行,相应的要求商业银行完整、准确、及时地披露相关产品及经营信息,高风险的商业行为受到严格的监管和控制。影子银行的交易大多为场外市场交易,受监管程度低,大多依靠自律组织和机构自身规范经营,没有信息披露的硬性要求,导致信息不透明。

第六,在风险承受能力方面,传统商业银行一方面受到中央银行和其他金融监管机构的监管,另一方面有着强有力的支撑后盾,在遭遇风险时,传统银行能够快速得到来自监管机构的资金支持或其他风险化解支持;而影子银行风险化解多依靠自身机制,外部支持较少或不及时,容易遭到挤兑,从而化解风险的能力不足。

二、影子银行体系产生的原因

(一)商业银行对中小企业贷款的限制

改革开放以来,我国经济实现了跨越式的发展,中小企业得以在健康良好的环境中成长。中小企业数量的增加伴随着对融资贷款的需求日益增长,但传统的商业银行无法满足其膨胀的需求,甚至对中小企业贷款多加限制。商业银行处于监管机构监督管理的环境下,其贷款利率在固定的狭窄范围内浮动,因此,银行出于自身利益考虑,更愿意将款项借给资金实力雄厚、具有偿还力的大型企业,不愿贷款给偿还贷款能力弱的中小企业,这就导致了中小企业无法从正规渠道筹集所需资金。

另外,随着我国经济的不断发展,国内经济出现了通货膨胀,在这种情况下,名义利率虽然为正,但实际利率或已成负,金融市场参与者无意将资金存入传统的商业银行,更愿意将资金投入非传统商业银行领域,或是借给有资金需求的企业,以期获取较高的收益。一方面,资金持有者直接将款项借给企业;另一方面,资金持有者将资金投入影子银行领域,此时影子银行充当资金需求者和资金供给者的中介机构,大规模地吸收社会资金,并贷款给中小企业以满足其资金需求。

(二)金融创新推动以及金融监管不到位

20世纪80年代以来的金融自由化浪潮和信息化浪潮带动了金融领域产品的创新,资产证券化、跨期金融合约等一系列金融衍生产品层出不穷,远期合约、标准化期货合约、利率期货、股指期货、期权等金融衍生工具已经成为资产市场常见的投资品种。投资银行、基金管理机构等纷纷通过高杠杆的方式增加对金融衍生品的投资来获取高额利润,使影子银行的规模不断扩大。

我国金融市场实行的是"一委一行两会"的监管模式,"一委"即国务院金融稳定发展委员会,"一行"即中央银行,"两会"即银保监会和证监会。具体来说,中国人民银行从宏观层面上调控经济的运行,银保监会和证监会两大监管机构分别对银行业、保险业、证券业实施具体行业的监督管理。多年来,我国金融体系的监管都是由中国人民银行总控,三个分业监管机构相互协调、相互配合,共同实施对金融行业的监督管理。对于影子银行体系来说,对其不同业务实行分别审核,后续发展缺少实时监督。各个监督管理单位的独立运行,不可避免地会使影子银行处于监管的真空地带。监管的不足给予影子银行更大、更自由的发展空间,这是影子银行规模不断扩张的重要原因。

在金融结构、金融市场自由化程度、金融机构、资产证券化进程等方面,欧美等发达经济体与我国的影子银行体系都存在着很大的不同,相对于发达国家比较成熟的金融体系来说,我国影子银行还在发展过程中,在业务、监管等方面尚存在不足,还需进一步完善。金融自由化浪潮、利率市场化进程推动我国影子银行体系迅速扩大规模,高速发展伴随着的是一系列发展不成熟的问题。但在各方需求的推动下,影子银行仍然处于带着问题发展的状态,亟待解决。

三、我国影子银行现状

进入21世纪以来,在各国经济联系日益紧密以及互联网浪潮的推动下,金融市场发展一体化程度不断增强，各国金融市场相互联系、相互捆绑，牵一发而动全身。在金融体系一体化的过程中，影子银行规模持续发展壮大，渗透各方领域，对经济的重要性不言而喻。信息技术革命带来的网络工具推动了金融领域的创新，是完善金融体系的强大武器。不断的金融创新产生了新的金融产品、金融机构和金融子市场，信息化的普及更是降低了交易成本及交易时间，大大提高了成交率。同时优化了资源在全球范围内的配置，使各国影子银行的界限逐渐模糊，创新的金融产品丛生，造就了极度繁荣的金融市场体系。

随着全球金融市场一体化程度的加深，影子银行在现行金融体系中的份额不断扩大，日益成为可以与传统商业银行比肩的强大的市场主体，在交易量、资产占比和系统重要性等方面急剧提高，优势日益显现。

我国影子银行体系发展成熟程度虽不及欧美等发达国家，仍然处于发展初期，但伴随着我国经济的飞速发展，规模不断膨胀，在金融舞台上发挥着不可替代的作用，加快了我国市场经济的发展，促进了金融市场自由化。

随着社会的发展进步和市场经济的进一步完善，在金融产品不断创新的趋势下，影子银行应运而生，在国内飞速发展，在金融市场中扮演的角色日益突出。根据中国社会科学院发布的《中国金融监管报告2013》，截至2012年，我国影子银行的规模在官方数据下显示为14.6万亿元，在市场数据下显示为20.5万亿元。据国际权威投资信用评估机构穆迪发布的《中国影子银行季度监测报告》显示，2015年影子银行资产增长约30%，其总量超过53万亿元，相当于GDP的79%；影子银行在银行贷款中占比达到了58%，在资产中占比达到了28%。2016年影子银行继续增长，总量达到了64.5万亿元，相当于GDP的87%，但增速放缓。影子银行如此快速的发展可以认为是金融创新的结果，作为"银行的影子"，影子银行与常规影子银行体系间关联程度极高，具备传统商业银行的部分业务功能，同时作为不同于传统银行的非银行金融机构，在金融创新的驱动下，又具有更广泛的业务范围，集中的大量社会闲散资金对解决中小企业融资难等问题提供了一种可行的渠道。

随后几年，影子银行的规模逐渐缩小，2017年末，影子银行资产规模达到65.6万亿元，相较2016年末仅增长1.7%，影子银行资产在GDP中的比例也将为79.3%。而到2019年上半年，影子银行资产规模仅为59.6%，影子银行资产在GDP中的比例也从2018年末的68%降到了64%，是2016年底以来的最低水平。

企业对资金的需求以及投资机构逐利活动的增加，对影子银行规模的扩张起到了催化剂的作用。此外,由于影子银行游离于金融监管体系之外,业务活动较为自由宽泛,吸引了大批投资者进入,这都使影子银行的规模处在不断扩张的进程中。穆迪投资服务公司对我国影子银行的发展规模做了调查研究,它将影子银行的核心构成定义为信托贷款、委托贷款、未贴现银行承兑汇票。表11-2说明了影子银行核心构成及其他组成部分的增量数据,从2006年开始,影子银行的业务开始大幅度增长,主要表现为委托贷款、信托贷款、融资租赁、未贴现银行承兑汇票的增长幅度较大。2012年,政府对未贴现银行承兑汇票实施了更严格的监管措施后,其增长量明显放缓。从2014年开始未贴现银行承兑汇票更是出现了负增长,信托贷款也呈负增长的趋势,影子银行核心组成部分呈现放缓趋势,和影子银行总体走势一致。

表11-2 社会融资规模增量及构成　　　　单位:亿元

年份	社会融资规模增量	人民币贷款	委托贷款	信托贷款	未贴现银行承兑汇票	企业债券
2017	194445	138432	7770	22555	5364	4421
2016	178159	124372	21854	8593	-19514	30025
2015	154062	112693	15911	433	-10566	29388
2014	164133	97813	25069	5174	-1286	23817
2013	173168	88916	25466	18404	7755	18113
2012	157631	82038	12838	12845	10499	22551
2011	128286	74715	12962	2034	10271	13658
2010	140191	79451	8748	3865	23346	11063
2009	139104	95942	6780	4364	4606	12367
2008	69802	49041	4262	3144	1064	5523
2007	59663	36323	3371	1702	6701	2284
2006	42696	31523	2695	825	1500	2310

资料来源:《中国统计年鉴2018》。

第二节　影子银行对中小企业融资的作用分析

影子银行的发展丰富了我国金融体系的结构,是促进经济发展的重要补充因素。具体来看,作为社会融资的重要组成成分,影子银行补充了传统商业银行的职能，扩充了中小企业融资渠道，营造了较好的融资环境。此外，由于影子银行自身存在缺点和不足，对中小企业融资也产生了一定的负面影响。

一、影子银行对中小企业融资的积极作用

（一）释放中小企业融资需求压力

第一，影子银行带来了更多的资金，更好地满足了中小企业对资金的渴求。影子银行本质上属于金融中介机构，金融中介机构就是指进行资金融通活动，从事投资活动、融资活动以及提供金融服务的中介机构，影子银行从性质上的定义为其成为中小企业融资渠道提供了基础条件。与传统商业银行相比，影子银行不受或较少受到监管机构的监督管理，在资金融通方面方便快捷、操作灵活、贷款条件宽松，对中小企业的资信调查没有商业银行那么严格，极大地节省了中小企业融资的时间成本，弥补了传统融资方式的"贷款难"，从而更好地满足中小企业对资金的需求。

第二，缓解信息不对称问题，提供多样化的投资组合。小额贷款、民间借贷、信托业务等都可以看作影子银行的组成成分，其涉及的业务范围广泛，金融创新频繁，这使影子银行为金融市场参与者提供更为多样的投资品种和融资渠道，灵活的投资组合满足了中小企业不同的投资偏好。同时，业务范围的广泛性及不受监管性保证了影子银行始终与所处地区的中小企业保持良好的联系和频繁的接触，能够及时且全面地了解中小企业的资金需求信息以及企业自身情况，在一定程度上缓解了信息不对称的问题，有利于影子银行对资金供给与需求进行有效的调节。

第三，降低中小企业融资的时间成本。影子银行各项业务交易流程简洁快速，省去了不必要的操作环节，放款速度快，节省了中小企业的融资成本。此外，影子银行与中小企业的联系紧密，可以实时获取资金需求信息，对企业来说，可以与资金供给方根据具体情况制定借贷合同，有针对性地满足不同企业的不同融资需求，从这方面来说，又为中小企业降低了风险成本。

（二）降低宏观调控引发的流动性风险

2008年全球金融危机，对我国经济稳定性造成冲击，货币当局制定了稳健的货币政策，下调贷款利率，信贷市场发展迅速，市场流动性较为充裕，此时中小企业大多采取扩大生产的经营方针。2009年为了抑制通货膨胀、防止经济过热，货币当局转变政策方向，实施紧缩性的货币政策，限制商业银行的借贷规模，而在2008年企业扩大生产规模的背景下，资金短缺成为企业面临的主要问题。2010年以后，货币当局继续采取紧缩性的货币政策，存款准备金率一再上调，进一步缩紧银根，商业银行可用的信贷资金大大减少，导致受到宏观经济政策影响的传统商业银行不得不提高对贷款企业的门槛，再加上商业银行向来偏好大型企业，这对中小企业来说无疑是雪上加霜，走向破产似乎成为必然。

由于影子银行并不在金融监管机构的监管范围之内，且在金融创新下影子银行自身业务范围十分广泛，因此受到宏观经济政策的影响较小，仍然保持着相对独立性，可用资金额度依然可观。在金融自由化的浪潮中，影子银行促进了利率市场化的进程，减小了金融市场的流动性风险。从这方面来看，影子银行弱化金融市场的流动性风险，为广大的中小企业提供了可行的融资渠道，间接地降低了宏观经济政策对中小企业的不利影响。

二、通过影子银行融资存在的问题

（一）融资过程中存在的问题

第一，中小企业通过影子银行融资存在融资成本较高的问题。中小企业常见的融资方式是向银行贷款，很大一部分原因是传统商业银行的借贷成本较低，但以这种方式融资企业会受到信用审核体系的严格控制，获得资金要受到层层把关，使大多数中小企业都无法走出融资难的困境。影子银行体系的出现在很大程度上缓解了中小企业资金需求的燃眉之急，为广大的中小企业拓宽了融资渠道，其中的民间借贷、小额贷款、委托贷款等方式都可以为企业提供资金，其操作十分便捷灵活，成为中小企业短期融资的首选渠道，但其借款利率高于传统商业银行的放贷利率，不适合企业的长期及大数额借款。因此中小企业只能借助民间借贷解决短期资金的缺乏，不能将其作为主要的融资方式，所以民间借贷不能从根本上解决企业融资困境。在高利率的情况下，企业融资成本上升，甚至出现入不敷出的情形，日常经营活动的利润难以补偿借款利息，容易造成资金链断裂形成恶性循环。从中小企业自身行为来看，企业为了偿还高额本息，极有可能顶着高风险去投资高收益的项目，以期尽快收回本金并获得收益，这不仅会加重企业的经营风险，甚至还会因投资不慎最终走向破产，对企业的长期可持续发展无疑是雪上加霜。

第二，中小企业通过影子银行体系融资风险较大。通过上文的分析，影子银行体系经营业务的特点是高杠杆运作，存在的经营风险较大，且内部缺乏系统有效的风险以及信用控制体系，风险预警机制也不健全，这就决定了影子银行难以像商业银行一样成为中小企业稳定的资金来源渠道。

(二) 影子银行自身的问题

第一，影子银行的放贷行为难以监管，容易引发不可分散风险。影子银行在资金借贷方面一般采取以短放长的方式在资金需求方与供给方之间相互交易。而影子银行在业务经营过程中几乎不受到监管，存在监管的真空地带，虽然具有像商业银行一样的信用中介功能，却没有像商业银行一样的潜在支持力存在，缺乏相应的流动性保障和存款保险制度，一旦某个环节的资金出现问题，或者现存资金被投资者大范围地赎回，就会通过传导机制无限放大风险，从影子银行处借款的中小企业也会受到波及，影响整个金融体系的稳定运行。目前，我国针对影子银行业务规范问题出台了相关法规政策，但并未形成系统、完整的监督管理体系，一方面，监管机构缺少对影子银行的监督；另一方面，影子银行在这种缺乏监管的环境下难以获得法律的保护。影子银行在合同的签订、操作规范、后续担保等方面存在漏洞，在内部和外部监管体系都缺失的情况下，一旦中小企业在融资的某一环节中出现问题，就容易引发无法还贷的情况，蕴含的潜在违约风险较大。

第二，诱导中小企业偏离实业，不利于中小企业的长期发展。影子银行中民间借贷、委托贷款、信托贷款等方式存在利率高、资金来源有限、风险大、地域性等特征，只能缓解企业的短期资金不足，不能成为稳定的长期融资方式。新型的影子银行经营方式会产生巨大的财富效应，高杠杆的操作方式会给影子银行带来巨大的收益，这是实体经济无法比拟的。快速且高利的投资机制极有可能引诱中小企业将资金投入影子银行，以投资方的方式加入到影子银行体系中，不仅承担影子银行转嫁的风险，而且导致中小企业偏离实业，加速中小企业的空心化。

第三节 影子银行对中小企业融资的实证分析

影子银行作为民间借贷机构，经营范围较少受到政府部门监管，但充分发挥了金融中介机构的作用，为中小企业融资提供了便利，促进了实体经济的发展。本节关于影子银行对中小企业融资的实证分析，分为三个部分，基本步骤是：首先，确定实证分析的模型——SVAR 模型，并收集数据；其次，在基础统计的基础上，进行 ADF 单位根检验和残差平稳性检验；最后，进行回归方程意义分析。本节的数据主要来源于中国统计年鉴、中国人民银行官方网站。

一、模型选择及变量说明

(一) 模型选择及变量选取

第一,模型选择。本章研究的内容主要是影子银行与中小企业融资之间的关系,而影响中小企业融资的因素很多,诸如贷款利率、国民经济发展水平、货币供应量、宏观经济政策等都会对中小企业融资产生影响,因此,针对影子银行和中小企业融资的研究属于多个变量相互影响的研究。本章选取的是 SVAR 模型,SVAR 模型——结构向量自回归模型,可以捕捉模型系统内各个变量之间的即时的结构性关系,便于分析不同时期的各个变量间的相互影响。

第二,变量说明。本章选取的数据范围是 2011~2018 年,相关变量含义解释如下:

(1) 中小企业融资规模:中小企业融资方式中金融机构贷款占很大比例,在这部分的数据选取中,主要采用金融机构贷款余额环比增长率 (RLB) 作为衡量中小企业融资规模的数据基础。

(2) 影子银行规模:影子银行构成中最主要的部分是委托贷款和信托贷款,因此,本章以这两部分衡量影子银行的规模,将二者的环比增长率 (RSB) 作为基础数据。

(3) 经济发展:中小企业对国家经济发展起了很大的推动作用,因此研究中小企业对 GDP 的贡献度具有现实意义。在这部分,以中小企业对 GDP 的贡献度 (RGDP) 作为研究变量。

(4) 货币供应:我国现行的货币供应量统计机制将货币供应量分为三个层次,即 M0、M1、M2,其中,M0 是指流通中的现金量,M1 是通常所说的狭义货币供应量,是指 M0 加上活期存款,M1 是广义的货币供应量,是指 M1 加上定期存款、储蓄存款和保证金等。在这三种货币供应量的划分中,M1 最能体现我国经济中的货币供应,因此,选取 M1 的季度环比增长率 (RM1) 作为衡量标准。

(5) 借贷成本:中小企业贷款经营以短期贷款居多,作为借出方的影子银行自然也以短期借出为主。因此,企业借贷成本以短期贷款利率 (RATE) 来衡量。

(二) 描述性统计

根据上述对变量的定义以及数据的整理,可以得到表 11-3 的内容。由表 11-3 可知,2011~2018 年,各数据显示为负值较少,以正值居多,说明这段时间内各个变量整体上处于持续增长状态,其中,RGDP、RM1 以及 RATE 三项指标的偏度和峰度基本上都在0左右波动，接近于正态分布，可以看出这三个变量基本都保持稳健增长。与此不同的是，影子银行和中小企业融资规模的峰度和偏度都很大，其中RSB的峰度达到15，RLB的峰度达到8，这说明银子银行的发展规模的增长率波动较大，中小企业融资规模的增长率次之。2011年以来，全球经济增速普遍呈下滑状态，受此影响影子银行的发展出现波动，中小企业融资同样也受到波及。综上所述，影子银行与中小企业融资的发展趋势具有相似性，影子银行在一定程度上对中小企业融资产生了影响。

表11-3 描述性统计

	RLB	RSB	RGDP	RM1	RATE
平均值	0.040814	0.265834	0.325791	0.031127	5.42
最大值	0.114408	5.168864	1.105852	0.089529	6.21
最小值	0.023653	-0.905935	-0.785744	-0.034791	4.35
中位数	0.036822	-0.011327	0.480312	0.027918	5.475
标准差	0.000734	1.069961	0.584071	0.039870	0.554681
偏度	1.490351	1.567528	-0.693130	0.055413	-0.273127
峰度	3.637133	15.313291	-0.852427	-0.228479	-0.900984
观测值	31	31	31	31	31

二、时间序列的平稳性检验

第一步，单位根检验。这部分的检验采用的是ADF检验方法，标准是比较各个变量的ADF值与临界值；若ADF值大于临界值，则是非平稳的；若ADF值小于临界值，则是平稳的。结果如表11-4所示。各变量中，RSB、RGDP、RATE在1%的显著水平下是平稳序列，RLB、RM1在5%的显著水平下为平稳序列，因此，所有变量都是平稳的。

表11-4 变量的ADF检验结果

变量	(C, T, N)	差分项	P	ADF	临界值(1%)	临界值(5%)	临界值(10%)	结论
RLB	(c, 0, 3)	0	0.0254	-3.2783	-3.8917	-3.1244	-2.7423	平稳
RSB	(0, 0, 0)	0	0.0017	-4.3904	-2.5843	-1.8437	-1.5807	平稳

续表

变量	(C, T, N)	差分项	P	ADF	临界值(1%)	临界值(5%)	临界值(10%)	结论
RGDP	(0, 0, 2)	0	0.0002	-3.1341	-2.7143	-1.5942	-1.3924	平稳
RM1	(c, 0, 3)	0	0.0301	-3.3972	-3.5975	-3.2431	-2.5477	平稳
RATE	(c, 0, 2)	0	0.1436	-3.4652	-3.0044	-2.7988	-1.6904	平稳

第二步，协整检验（见表11-5）。

表11-5 协整检验

Viable	Coefficient	Std. Error	T-Statistic	Prob.
RSB	0.090436	8.382023	0.010789	0.9915
GDP	6.716546	2.333298	2.878564	0.0076
RATE	-21129.06	10656.85	-1.982674	0.0606
M1	1.621826	0.389730	4.161826	0.0003
R-squared	0.956696	Mean dependent var	1712628	
Adjusted R-squared	0.952057	S. D. dependent var	592126.8	
S. E. of regression	129651.8	Akaike info criterion	26.49956	
Sum squared resid	4.71E+11	Schwarz criterion	26.68278	
Log likelihood	-419.9930	Hannan-Quinn criter	26.56029	
Durbin-Waston stat	1.792274			

根据表11-5显示的结果，可决系数 R^2 为0.956696，说明回归直线对观测值的拟合度较好。在上述都各个变量进行的ADF检验中得知各变量均通过显著性检验，即各变量都是显著的。

模型估计结果为：

RLB = 0.90436RSB + 6.716546GDP - 21129.06RATE + 1.621826M1 + U

第三步，残差平稳性检验（见表11-6）。

根据表11-6的检验结果可知，ADF值为-4.016447，均小于1%、5%、10%临界水平下的检验值。据此可得，残差是平稳的，各变量存在协整关系。

表 11-6 残差平稳性检验

		T-statistic	Prob.*
Augmented Dickey-fuller test statistic		-4.016447	0.0843
Test critical values	1% level	-3.699871	
	5% level	-2.976263	
	10% level	-2.627420	

三、回归方程的意义分析

根据前文得出的回归方程,对回归方程进行分析。回归方程为:
$$RLB = 0.90436RSB + 6.716546GDP - 21129.06RATE + 1.621826M1 + U$$

上文对各个变量的检验结果,说明各变量均通过了显著性检验,因此各个自变量对因变量有较好的解释。

第一,自变量 RSB 的系数为 0.90436,说明在自变量 RSB 变动一个单位时,因变量变动 0.90436 个单位,也就是说影子银行的规模与中小企业融资之间存在正向增长关系。

第二,自变量 GDP 的系数为 6.716546,说明当自变量 GDP 变动一个单位时,因变量 RLB 会变动 6.716546 个单位,这与经济学知识是相对应的,当经济繁荣时,一方面说明企业发展状况良好,另一方面金融机构可以提供给中小企业的可用资金也会增多。

第三,自变量 RATE 的系数为 -21129.06,说明自变量 RATE 和因变量 RLB 之间存在反向变动关系,当中央银行提高贷款利率时,中小企业出于对借款成本的考虑,就会相应地减少向商业银行借款或通过其他途径筹集资金。

第四,自变量 M1 系数为 1.621826,当自变量 M1 变动一个单位时,因变量 RLB 会变动 1.621826 个单位,即 M1 与中小企业融资规模之间呈同向变动关系。

运用 SVAR 模型对影子银行对中小企业融资的影响进行分析,得到以下三点结论:第一,影子银行有助于缓解中小企业融资难的问题,但如果对影子银行的现行运行体系不加管理,则会给中小企业带来负面影响。第二,中小企业对影子银行也会产生一定的影响,例如当规定的贷款利率上升时,中小企业就会转向影子银行借款,如此便会扩大影子银行的规模;中小企业的融资需求扩张时,也会带动影子银行规模的扩张。第三,GDP、M1 的增长会给中小企业带来更多的资金,同时经济中流转的资金增多对扩大影子银行的业务范围也有积极的作用。

第四节 研究结论及对策建议

一、研究结论

综上所述,影子银行对中小企业发展具有积极作用,拓宽了中小企业融资渠道,降低了中小企业融资成本,缓解了中小企业融资压力,有助于降低宏观调控引发的流动性风险,在一定程度上降低了中小企业对传统融资方式,尤其是传统商业银行融资方式的依赖性。同时影子银行对中小企业融资也产生了不利影响,影子银行融资方式风险比较大,中小企业通过影子银行融资会间接承担影子银行的风险,而且贷款利息要高于传统商业银行,增加了中小企业的融资成本,影子银行的高杠杆性使其获得较高的利润吸引中小企业参与其中,容易引起中小企业偏离实业,导致实体经济空心化。正确发挥影子银行对中小企业融资的有利因素,并采取相关措施消除或减弱影子银行对中小企业的不利影响。

根据实证分析,可以得出中小企业的融资不但受到影子银行的影响,同时也受到贷款利率、经济发展水平、货币供给量的影响。总体来看,影子银行有助于缓解中小企业的融资难题,影子银行规模不断扩大,中小企业的融资渠道和融资机会也会随之增加,这都有助于扩大中小企业融资规模。

二、规范影子银行体系发展的相关建议

2008年金融风暴席卷全球以来,影子银行已经渗透到经济领域的方方面面,对于完善金融市场的功能以及推动市场经济的发展重要性不言而喻。因此,防范影子银行带来的风险,减轻影子银行对现行金融体系稳定性的负面影响尤为重要。

(一)加强自律管理,规范业务经营

外部监管对规范影子银行的运作起到了一定的作用,但风险来源于影子银行内部,因此加强影子银行的内部监督管理机制是进行外部监管的前提。

首先,影子银行需界定业务范围。当前,影子银行经营范围广泛,各项业务之间没有明确的范围和界限,经营较为混乱。风险传播迅速、蔓延广的一个重要原因是业务经营界限不清晰,各项业务混杂经营。这会导致其中某项业务发生风

险时，其他相关业务会受到波及，引起风险发散。因此，影子银行自身须根据自身类别制定具体的业务经营范围和界限，在规范经营、加强管理的同时，可以减少风险的发生和蔓延。

其次，影子银行体系内部要形成可行的运营机制，加强自律管理。规范经营运行可以在一定程度上防范风险，及时发现风险点。规范相关运作有利于影子银行发现自身存在的缺陷，及时找出可能存在风险的产品和操作步骤，提升影子银行的获利能力和抗风险的能力，同时，对整个金融运行环境来说，可以更有效地防止了风险的蔓延。

最后，成立行业协会。相较于金融监管机构来说，行业协会属于自律组织，得到的相关行业信息会更广泛、更全面、更及时，对于影子银行体系内部存在的问题能更及时地发现，监管也更加专业化，对问题的剖析更深层次化。因此，由行业自律协会制定行业规范和自律管理制度，实施专门监管，有利于影子银行朝着健康的方向发展。

（二）重点关注高风险领域，建立风险监测和预防机制

影子银行经营的产品种类多且复杂，且由于其信息不透明，存在的风险也更加隐蔽，不易察觉，这些潜在风险一旦触发，很容易引起全球金融市场动荡。因此，金融监管机构应当厘清影子银行经营业务的属性及风险，对存在及可能存在的风险进行全面评估，并实时监测。必要时可以对其经营的产品和业务进行专项评估，专项评估可以对影子银行体系内部独立运作领域和业务开展研究，还可以对国家宏观政策是否落实进行深入调查，对影子银行的运作进行"探底"，通过深入细致的研究调查为政策制定部门提供参考依据。

此外，相关监管人员应当全面了解影子银行体系的发展模式、运作方式及违规领域等，综合分析影子银行内部是否存在结构性矛盾，深入研究影子银行体系的风险传导机制，建立起相应的风险隔离机制，在影子银行面临风险时能迅速找到风险源头并阻断风险的传导，防止风险扩散，将损失降到最低程度。

（三）监管部门间实行合作监管

目前，我国对金融市场的监管方式为分业监管，即"一委一行两会"模式，但影子银行采取的是混业经营模式，涉及的领域十分广泛，监管部门难以对其全部经营监管得当，这就决定了影子银行现行的经营模式和监管模式之间必然存在矛盾，也部分地导致了对影子银行监管不到位的问题。

要全面规范影子银行的运作，各个金融监管部门之间应相互合作，建立信息资源共享机制和平台，弥补信息不对称问题，形成信息融合分析体系，加强部门

之间的沟通与协调；摒弃传统的监管方式和思维模式，创新监管新机制，跨越监管部门面临的监管界限问题，填补监管空白；制订一整套系统的监管实施方案，专项监管、系统监管、规范影子银行在金融市场上的活动；实时"监视"影子银行的运作，对于运行过程中可能出现的问题重点关注，或建立专门小组监督易发风险点，及时"扑灭"风险，尽可能降低各方受损害程度；制定相关法规，增强影子银行信息透明度和披露程度，有助于监管机构深入监察影子银行业务，提高监管效率。

（四）继续推进利率市场化改革

推进金融市场自由化是发展我国金融市场的必经之路，一方面金融市场自由化激励金融创新，另一方面金融创新会推动金融市场自由化进程。目前，我国的金融市场还存在不足之处。推进金融市场自由化发展，引入行业自由竞争机制以及优胜劣汰的基本规则，对于保持和激发金融市场活力至关重要。而推动金融市场自由化的重要一步是加快利率市场化改革。我国实行较为严格的利率监管制度，导致资金市场供求不平衡，资金需求旺盛，资金供给相对短缺，在民间借贷市场更能体现资金供求不平衡，即借款利率高。这给资金需求方，尤其是中小企业加重了负担，使中小企业仍然处于弱势地位，对实体经济造成冲击。

推进利率市场化改革最终会使利率趋于一致，无论是商业银行，还是民间借贷市场，或是其他借贷市场，其借贷利率相差无几，有利于改善目前中小企业所处的弱势地位，在一定程度上缓解了中小企业的利息负担；有利于参与资金借贷市场的供给方自由竞争，整顿金融市场秩序，避免恶性循环抬高利率，维护金融市场稳定和自由发展。

三、缓解中小企业融资困境的相关建议

中小企业作为助推经济发展的重要力量，解决其融资问题不可怠慢，要进一步规范影子银行提供给中小企业资金的方式，加快影子银行与中小企业的对接，充分发挥影子银行对中小企业的融资功能。

（一）促成中小企业信用体系规范建设，解决信息不对称问题

信息不对称问题是中小企业筹集资金的一大障碍，要改善融资困境，就必须加快推进中小企业信用体系建设。企业的信用度是促进交易和合作的先决条件，不论是生产经营方面，还是资金融通方面，企业的信用评价贯穿始终，是促成交易的重要考核标准。加强信用建设有助于提高经营效率，降低成本，如时间成本、机会成本等。

首先，对于企业来说，自身的信用体系建设要与现代化市场经济相适应，遵循市场化原则，以市场作为衡量信用的基础。第一，从生产经营抓起，完善质量考核体系也是加强企业信用建设的途径。第二，企业应建立完备的信用考核体系，包括员工考核和产品准入，提高企业的信用等级。第三，合理运用市场机制，建立和完善信用管理的内部约束机制和利益激励机制。

其次，影子银行应加强信息披露，制定信息披露体系和有效的披露途径。中小企业及时准确地了解投融资信息在很大程度上会降低其融资的时间成本和机会成本，加快企业融资进程，以防错过最佳的筹资时机。

最后，对信用评价所需的数据进行整理、分析和汇总，建立企业的信用数据库，使投资方能更准确全面地了解企业的经营状况，避免不必要的决策时间，有效地规避风险。在筹建企业的信用数据库方面，可以由政府牵头，组建企业信用评价团队；或者由市场成立自律组织，以符合市场运作为基础建立信用评价体系。

（二）加强金融创新，扩宽融资渠道

目前，中小企业融资方式单一，主要通过商业银行等金融机构提供的间接融资渠道，直接融资方式并不占优势。影子银行为中小企业提供了可供选择的融资方式，如民间借贷、委托贷款、信托贷款等，但都存在诸如贷款利率较高等缺点，仅适合短期融资。解决融资困境，有效的方法是加强影子银行的金融创新，积极探索更多样的金融产品以及金融服务，以市场需求为依托，为中小企业提供其他可行的融资渠道。除金融创新外，影子银行还应完善和发展现有的产品和服务体系，将融资、支付结算、保险机制、金融理财、风险防范等金融服务全面化、正规化。

此外，政府应鼓励金融创新，为创新行为提供更广阔的政策空间；适当放宽中小企业融资条件，鼓励符合条件的中小企业进行股权融资、债权融资等直接融资方式，进一步推进利率市场化和金融自由化进程。目前，我国的金融市场所受管制较多，金融市场尚不发达，在金融管制严格的环境下，许多投资者望而却步，考虑的风险因素纷繁复杂，给投资决策带来了很多不确定性，甚至会将投资决策转变为投机行为，给金融市场带来更大的风险性和不稳定性。所以，国家在宏观层面上应该逐步放开金融管制，推动实现利率市场化，完善资本市场，以市场的资金供需力量决定借贷利率，提高资金配置效率，减轻中小企业融资负担。

（三）规范民间借贷市场

民间借贷是影子银行的表现形式之一，在解决中小企业资金需求问题方面做出了很大的贡献,对传统商业银行的职能起到了拾遗补阙的作用。在民间借贷市场上集中了大量社会闲散资金,中小企业可以通过抵押、质押等方式在较短的时间内获得资金融通,手续简单,准入门槛低,资金可以按需提供,可以随时偿还,更好地满足中小企业短期借款的需求,同时节省了借贷的时间和费用。

但是,目前国内民间借贷市场发展不规范,缺少系统的法律法规的约束,导致部分民间借贷行为都处于非法地域,引发金融欺诈行为;民间借贷虽然比较方便灵活,但风险系数高,容易引发连锁反应,波及企业及其他金融子市场;借贷利率较高,加重企业的经营负担,易造成资金链断裂。因此,更应该规范民间借贷市场以更好地发挥对企业融资的积极作用。

首先,完善制度层面的要求,为民间借贷市场提供合法席位,同时保持一定的自由度。以中小企业活跃地区或融资需求大的地区为试点,在法律层面上承认民间借贷行为的合法地位,给民间借贷的市场参与者一颗定心丸。

其次,近年来,民间借贷市场中冲突频发,借贷双方矛盾加剧,给整个金融体系带来了很大的不稳定性。对此,相关机构部门应审慎研究解决对策,找到矛盾冲突所在,明确借贷双方的权利和义务。同时,相关机构应该在总的层面上建立民间借贷的市场准入机制和借贷资本偿还守则。

最后,应加强民间借贷市场的风险控制。由于民间借贷市场属于金融体系的一部分,具有风险传导的特点,一旦在某个借贷环节产生风险,就极有可能引发全国甚至世界范围内的金融崩溃。对于这个问题,应加强风险防范,建立风险预警机制,同时应加强与其他金融子市场的互联互通机制,信息共享,更有效地防范风险和切断风险传播。

本章小结

本章首先分析了影子银行发展现状,其次针对影子银行对中小企业融资产生的影响进行实证分析,实证分析部分采用 SVAR 模型,得出如下结论:影子银行的发展规模与中小企业融资规模呈正向增长关系。此外,本章最后针对规范影子银行发展和解决中小企业融资问题提出了相关的政策建议。

随着我国经济的不断发展,影子银行规模不断扩大,反过来影子银行在经济发展过程中发挥了不可替代的作用,广受关注。影子银行具有不受或较少受监管、高杠杆率、信息不透明以及业务批发等特点，有利于补充传统商业银行业务职能，缓解中小企业的资金需求。影子银行对金融市场的发展起到了积极作用，同时也存在一些问题。正视影子银行带来的双面影响，深入分析其利弊，充分发挥其积极作用。对于其负面影响，采取加强影子银行体系内部自律管理和监管机构共同监管的形式，规范影子银行体系的运作，充分挖掘影子银行的创新潜力，维护金融市场稳定发展。在经济全球化的宏观环境下，影子银行的产生和发展有其历史的、必然的因素，其本身也存在积极的方面。对于影子银行，我们应采取辩证的态度看待，"取其精华，去其糟粕"，深度挖掘影子银行对经济运行的积极作用，通过有效监管消除其负面影响，使影子银行的运作规范化，最大限度地将负面影响转变为正向作用。中小企业是国民经济的重要组成部分，但由于规模小、信用等级不足、还贷能力较差以及传统银行的贷款门槛等因素，在发展过程中一直受到融资问题的困扰。影子银行作为一种民间金融机构，为中小企业融资提供了更多途径，极大地改善了金融市场的融资环境和融资结构。反过来，中小企业巨大的融资需求又推动了影子银行体系的繁荣。

第十二章 基于互联网金融的中小企业融资机制研究

改革开放以来，尤其是进入到 21 世纪，经济全球化的影响日益扩大、科学技术的进步突飞猛进，而作为已有悠久发展历程、规模日趋扩大的我国中小企业，对于促进经济增长、缓解就业压力、扩大消费需求、改善民生福祉、缩小收入差距、推动科技创新等多方面都有着不可忽视的作用。但融资难的问题一直是中小企业的行进道路上一个顽固的绊脚石，造成融资困境的原因是多方面的，传统的融资渠道、方式逐步暴露出了高成本、高要求、高担保等一系列致使中小企业受限的问题，而互联网金融的出现拓宽了中小企业融资途径，如果能完善、管理好这一平台，对于广大中小企业来说是解决融资问题的一大机遇，对于推动我国金融市场发展也有重大意义。

近年来，现代互联网技术迅速发展壮大，在历程上可谓实现了飞跃，尤其是在第三方支付、网络虚拟和云计算方面取得了丰硕的成果。随着互联网技术的应用渗透和全面推广普及，人们的关注点逐步向非传统的互联网融资平台移动，掀起一阵互联网金融的热潮，在原有融资方式的基础上融入先进的电子科技，借助强大的网络平台，使信息更趋向于共享，降低融资门槛、提高融资效率。信息技术与金融领域的结合涌现出的以 P2P 网贷、众筹、电商金融、网络小额贷款等为主的新兴融资渠道给企业缓解融资困境带来了新的机遇。

本章是在互联网金融浪潮、经济快速发展、中小企业迅速崛起壮大的背景下，对中小企业面临的融资困境及互联网融资新模式进行的研究，同时介绍现有的代表性模式的融资机制，与传统方式比较得出其优势表现，分析新模式存在的问题；并结合互联网金融的特点，对互联网金融在缓解中小企业融资方面提出了切实可行的建议。

第十二章 基于互联网金融的中小企业融资机制研究

第一节 相关概念和理论综述

一、互联网金融概述

（一）互联网金融的含义

从广义的范围对互联网金融定义主要有两个层面的意思：第一层是指金融机构充分利用互联网优势，将线下进行的金融业务放到网站上，通过互联网完成交易，为交易双方提供便利；第二层含义是指在传统的业务基础上进行创新，新型金融业务类型便由此诞生，电子商务企业利用互联网的特点和大数据的优势，将各种业务交易放到网上，包括信用评价、信息获取、提供资金融通、回收本息等都在线上平台完成。本章所说的互联网金融是指狭义互联网金融。

互联网金融的发展和演变，一般可分为三个阶段：

第一阶段为20世纪90年代中后期互联网金融逐渐兴起。随着互联网的发展，各银行之间的竞争加剧，因此各银行逐渐开通了网上银行、U盾、电话银行等业务，金融机构将过去传统的柜面业务开始向线上转移，为客户提供了便利。第二阶段自21世纪初期开始，随着阿里巴巴等电商平台的加速发展，互联网金融也逐渐走入公众视野，并与传统金融机构展开竞争，随后支付宝作为第三方支付平台的出现使互联网金融加速发展。第三阶段从2013年余额宝上线开始，余额宝是互联网和传统金融的融合产物，人们渐渐开始知晓P2P信贷、众筹平台、大数据平台等新兴热词，互联网金融成为经济社会不可或缺的一部分。

（二）互联网金融的特点

1. 筹资成本大大降低

随着互联网金融在金融领域的发展壮大，互联网金融融资成本低的优势逐步显现。传统融资的过程要经历一系列复杂烦琐的审核程序，如果再牵扯到中介方的介入，耗费的时间精力更甚，大幅度地影响了融资效率。而互联网金融依托于网络的便捷、快速，能够在实际操作中发挥出高效的优势，使支出的劳务成本大大降低，在成本方面，只需少量费用对网络进行维护等，减去了可能面临的排队等候过程和路程上来回奔波，时间成本和筹资成本不断下降。

2. 运营效率稳步提高

互联网金融依托网络开展业务，多方数据和信息的汇总比对，减少了信息不对称的问题，为金融业务的开展提供了灵活便捷的服务，在一定程度上弥补了传统金融的不足。互联网金融有了大数据、云计算等信息技术的支托，使借贷双方不需要花费太多的费用就能够自主完成交易，同时还分担了风险，而且简化了烦琐的融资程序，后续工作如数据的处理分析都由专门信息系统进行，由此运营效率大大提高。

3. 管理能力较差

首先，虽然互联网金融的引入给融资渠道注入了新鲜血液，在成本、效率、数据能力上的优势显著，但与此同时，在管理上存在的许多问题以及网络不确定性因素的增多也增加了这一渠道的融资风险。其次，互联网金融近几年刚刚起步，但发展势头迅猛，而相对落后的传统金融管理理念和机制又不能快速融入新模式的管理，两者恰恰相反的特点注定无法适应于同一管理方式。在人员要求上，传统模式已形成固定成熟的一套流程，人员操作较为熟练，但互联网金融对人员的业务素质、业务能力及个人资信等要求较高，而我国懂互联网金融人才相对短缺，对互联网金融的管理、开发和利用均存在一定的问题，致使互联网金融在当下发挥融资作用时受到制约。

4. 运营风险较大

互联网金融实际运营过程存在较大的不稳定性，容易给借贷双方带来风险。互联网金融资金来源不稳定、销售渠道狭窄、风险控制能力差，在激烈的市场竞争环境中资金链条断裂、跑路现象时有发生。而且近五年来我国中小企业淘汰率稳高不下，也为互联网金融的开展带来了较大风险。另外，网络平台处在开放式的环境，一旦受到恶意攻击，系统瘫痪导致数据丢失或者信息泄露，由此产生的损失也是巨大的。

5. 市场空间较大

随着科学技术和手机等便捷通信设备的飞速发展，人们的生活方式也在发生着改变，现在出门人手只要一部手机就可以解决各种问题，人们正在逐步形成一种利用互联网平台进行消费的习惯，从购物支付慢慢延伸至生活缴费、投资理财，等等。支付宝、淘宝、网银已经实现了大面积的普及，尤其是年轻群体。因此，随着互联网应用在人们生活中的循序渗透和同各个行业领域的融合，互联网金融的潜力将被逐步放大，且人们接受新事物的意愿也不断增强，不乏市场空间，未来的发展前景不可估量。

二、文献综述

（一）国外相关研究

在多数发达国家虽然已经拥有趋于成熟的金融市场和充足的资金用于社会投资，但他们同样面临着中小企业融资困境的问题。在学术界，研究学者普遍认为格利（Gurley）和肖（Shaw）（1960）是金融界的先行者，他们最先提出了金融发展理论雏形，直接金融和间接金融这两个名词也是首次出现在他们的著作《金融理论中的货币》中，其实属于外部融资的两种形式，指出："当部门之间存在缺口的时候，投资人无法避免地要进行外部融资。"麦金农（Ronald I. Mckinnon）（1973）在《经济中的货币与资本》里表示："发展中国家市场机制作用得不到充分发挥的原因在于由不适宜的金融管制引发了金融抑制，而发展中国家的小企业要想在不完善的资本市场中革新技术、突破融资障碍，只能从内源融资上'做文章'，只有打好金融深化的基础才能实现资本的有效积累。"以上所述也就是"金融抑制理论"。Berger 和 Udell（1995）提出西方银行主要参照企业财务报表确定企业财务状况来决策是否给企业放贷，银行拒绝向中小企业借贷是由于其市场寿命不长、财务信息不健全、管理不规范等"先天性的疾病"。在互联网金融方面，作为一个近年来的新生产物，相关研究还较少。Allen N. Berge（2004）从中小企业融资渠道入手，深入探索整个融资的流程，指出要充分利用互联网的大数据特点使得供应链金融平台构建中小企业融资框架的实现成为可能。此外，较为有代表性的是发展较早的英国，于 2005 年成立的 Zone of Possible Agreement 被视为世界上首个 P2P 网络小额借贷公司。

（二）国内相关研究

在国内中小企业融资难也是个经久不衰的热点话题，在众多中小企业信用担保体系方向的研讨文献中，较有权威的是曹凤岐（2001）的《建立和健全中小企业信用担保体系》，在该文中他解释到创建和健全中小企业信用担保体系是破解我国中小企业融资障碍这个难关的关键，而当局在这一过程中发挥着主导作用，政府要想保证金融机构资金的安全，同时不压制放贷的积极性，就要创建担保机构风险补偿机制，其他方面如中小企业有关资信评级的制度也要逐步健全和完善。梁雨、张朝元（2009）对我国中小企业现阶段的各种融资渠道、方式做了比较分析，研究结论为：中小企业在直接融资状况上相较于我国的大型企业很不乐观，它们能够接触到的融资结算工具极其有限，需要进一步拓宽筹资渠道，文中仔细讲解了中小企业适用的几种筹资方式，提议应将较为冷门的质押和应收账款融资、集合债券融资、小额信贷公司在"二板市场"试点发展成为中小企业的有效筹资途径。关于互联网金融的融资模式探讨，谢平、邹传伟（2012）提出："互联网金融作为区别于借用资本市场进行的直接融资和依商业银行为媒介进行的间接融资的新模式，相较于传统金融来说，它在信息的处理、资源的配置及支付的方式方面有着显著的不同表现。"以成本低廉、信息处理能力优良、重视客户体验等鲜明特点，迅速加入传统融资模式的竞争行列，有益于我国金融体系的发展。王念、赵立昌、王海军（2014）亦言，在未来，大数据、云计算和移动支付等现代技术手段的日益完善将给予互联网金融强有力的支撑，将是一场充满机遇和挑战的变革。叶文辉、陈平（2019）利用非结构化的向量自回归模型研究了互联网金融背景下中小银行对中小企业的促进作用，明确了中小银行具有服务于中小企业的优势和能力，也对互联网金融的作用进行了充分肯定。

第二节 互联网金融融资模式分析

一、基本融资模式

（一）P2P 模式

P2P 网贷（Peer-to-Peer）是指有资金需求的一方在互联网平台上将自己的需要和自身的相关信息对外发布，如多少金额的需求、多长时间偿还、愿意支付多少利息，能够提供资金的一方通过浏览平台上的信息可选择一个自己感兴趣的、合适的贷款对象或者项目进行更深一步详细信息的了解，经过评估后决定是否资金出借，接下来就借贷的金额和利率方面做进一步的确定和协商，最终达成一致，在这个平台上执行签约，中间的审批相对灵活，但贷期短、利率高。实际上，P2P 就是扮演着一个中介的角色，提供快捷服务并收取一定的中介费。这一模式是目前中国互联网金融兴起以来发展最为繁荣的网贷方式。关于 P2P 网贷与银行贷款的比较参照表 12-1：

表 12-1 P2P 网络信贷与银行小额贷款对比

内容	P2P 网络信贷	银行小额贷款
目标客户	中小企业短期资金周转（贷款金额 5 万~10 万元，不超过 50 万元）	中小企业（贷款金额 100 万~200 万元）

续表

内容	P2P 网络信贷	银行小额贷款
主要用户来源	互联网、地方门店销售	依托地方商会、行业协会等,通过关系链,确保客户关系的稳定性。信贷员主动在场外拓展客户的模式
是否需要抵押物/质押物	不需要	通常需要
平均贷款数额	5万~10万元	1万~50万元
贷款时间	线下36个月为主,互联网3~36个月	6~60个月
贷款成本	20%~40%	8%左右

资料来源:网贷之家2018年统计报告。

(二)众筹模式

众筹(Crowd funding),通俗来理解就是大众筹资,是指资金需求方依靠大众的力量,向意向投资人发起投资邀请,投资人可以以资金进行投资,也可以以其他实物或无形资产进行投资,最终达到众筹发起人筹集资金的目的。众筹这种融资方式越来越多地借助互联网平台进行,互联网中的众筹可以理解为依托从事众筹的相关网站按照交换实物、无形资产等方式来向意向资金持有人获取资金的一种融资方式。众筹在互联网中的运营方式主要是依靠企业建立的众筹专用平台,该平台利用技术和数据优势建立融资网站,资金需求方与供给方共享网站信息,平台管理方拥有的信息优势节省了时间成本,提高了融资效率。在平台管理方面,企业对项目策划进行审核,审核结果及时公示于网站,投融资双方在平台上互相交流,并对比大数据提供的相关信息,以减少投融资双方的信息不对称问题,从而做出更科学、合理的决策。众筹融资可以充分利用社会闲散资金、融资效率高且各项成本相对较低。但国内对互联网融资仍然有限制,以众筹方式融资容易触碰非法集资的红线,而且金融相对较小,短期内对企业融资问题的解决有限。

(三)电商平台模式

电子商务平台融资是指互联网中的第三方企业为中小企业提供一个融资平台,或直接或间接地为中小企业提供资金,这些第三方企业就是平常所说的电子商务企业。从大数据和信息处理的角度来说,电商掌握着庞大的数据流,可以将汇集的数据进行充分的利用整合,应用数据分析提取出有用的信息如企业的信誉程度,开展实时监测。资金使用和回收也通过互联网进行,并逐步完善、充实平台的信息资料库,完善网络平台的运作流程和运作规范,实现资金供给与自己需求的合理搭配。电商商务融资模式可以降低企业的实际运营成本和时间成本,最快速地获取市场商机,大范围地传播产品信息,从整体上带动企业实力。目前,阿里巴巴、京东商城等已经成为受广大中小企业欢迎的电子商务平台。

图 12-1 为 2018 年互联网金融不同应用占比。

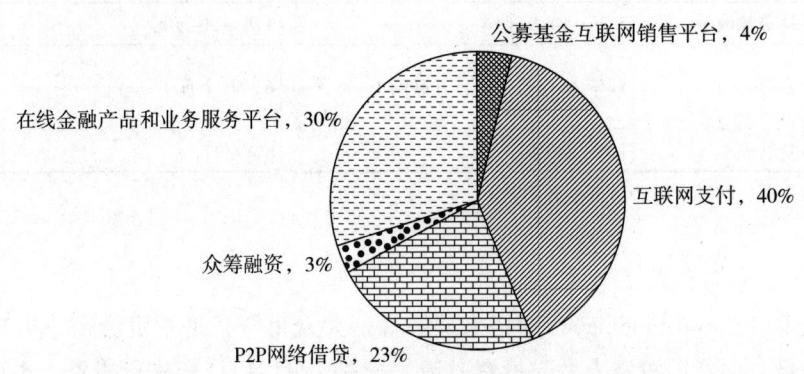

图 12-1　2018 年互联网金融不同应用项目占比

二、互联网融资的优势分析

（一）大数据优势解决信息不对称

随着网络技术的发展,互联网对于数据的收集和整理优势逐步显现,互联网金融应运而生。互联网金融的数据来自多个第三方,时间跨度长且准确性高,可以为投资者提供大量可靠的信息。而传统的金融模式难以短时间内收集和处理如此海量的数据,从中提取和筛选出有用信息的难度更大。因此,在互联网融资模式下投资者可以根据数据库里的信息作为参考进一步衡量企业的资质,然后选定有发展前途的企业进行投资。相比而言,传统金融的数据零散,获取时间也很长,受到技术水平的制约始终做不到互联网一样的系统处理。互联网金融使整个融资过程的操作倾向于简单化、快捷化,融资成本也大幅减少,融资服务的个性化凸显。

（二）成本优势

网络平台的存在让资金的供给者和需求者都能根据自身情况发布信息。通过初步的审核认证,资金供求双方均可根据信息提示选择自己的交易对象,降低交易成本。贷后成本方面,互联网金融模式能在交易进行前就获取对方的征信信息和风险评级,而实体交易中可能在达成协议后才能对客户以往的信誉进行调查比对,而且这一过程耗费的时间和精力无法计算。此外,贷后风险管理成本也非常小,移动通信网络和互联网的大数据分析也能轻松搞定贷后的监督管理,当然,网络运营管理也需要一定的开支,但比较传统金融要少得多。另外,只要是可以上网的地方,供需双方都可以利用线上平台进行沟通交流,开展互联网金融业务。一家又一家的营业网点和在柜面上给予咨询服务的人员也不再需要大面积铺设,金融机构传统的物理网点被互联网金融所替代,互联网金融的确可以做到减少人力成本、管理成本和运营成本的开支。

(三) 技术与效率优势

互联网大数据广泛收集第三方数据,并将其保存在网络存储器中以便共享,因此数据可在任何时间地点被获取和分析。云计算技术可以快速高效地分析解读数据,节约了分析时间,提高了对数据的分析效率。互联网金融广泛运用大数据和云计算技术深入挖掘数据的价值,提高了互联网金融的技术和效率。在服务效率方面,网络交易无须依赖传统金融机构营业网点,不受时间和空间的约束,不需要花费较长的排队等候时间以及漫长的从材料提交到考察审批的过程,金融业务的办理效率和服务质量均得到提高。

三、互联网融资存在的问题

(一) 风险防控能力弱

选取互联网金融进行网络融资的投资者有可能无法直接调查借款人的信用,只能通过网络数据了解借款人的信息,一旦借款人提供的虚假信息没有被比对出来,投资者难以通过虚拟的网络平台了解真实信息,将会产生信用风险。可见,互联网的信用风险识别机制有待完善,尽管有发达国家作为先行者的经验,但目前发展阶段仍旧停留在大面积接收线上或线下材料的程度,如果实地考察欠缺将不可避免地导致投资者面临风险。国内互联网金融的信用数据可能缺乏完整性和可比较性,导致互联网金融的信用评级受到挑战。另外,处于起步阶段的互联网金融行业缺乏规范的法律约束及行业规范,还未与银行征信系统实行网络互联,信息共享机制还有待进一步完善,导致互联网金融领域问题频发。

(二) 法律监管欠缺

互联网金融的法律风险往往是由以下情况导致的:相关政策法律存在不确定性,或缺乏法律依据,导致互联网金融企业没有履行合同义务,金融产品的投资者无法有效行使合同权利。第一,政策和法规高度不确定性带来的风险。法律上存在多处管理空白或漏洞，互联网金融作为新兴行业，缺乏直接作用于它的法律条款。第二，互联网金融的风险是两方面的，其中不仅包含传统金融业的道德、市场、信用的风险，而且还有网络环境不安全这一大隐患，导致风险层层累加，这一切最后都有可能成为触发法律风险的导火索。互联网金融企业大多是置身于开放式的网络通信系统中，而传统金融业的网络环境则是非公开化或半公开化的，尤其对于保密技术和服务器系统还不够纯熟的初创企业而言，开放的空间无疑给病毒和黑客的攻击创造了机会，一旦漏洞被非法利用，互联网金融使用者的信息与财产都将受到极大的损害。

（三）信息安全问题

在互联网金融展现其巨大潜力及内在价值的同时，人们绝对不能忽视大数据这一技术基础的安全问题。用户账号被盗问题比较普遍，经常有客户受骗、财产受损等事件发生。互联网金融的交易环境是开放式的，保证信息录入的完整和可靠存在一定的难度，保证存储和共享的安全性也有难度，因此大数据背景下确保信息安全显得尤为重要。电子化、网络化的加快发展使信息传播和复制的速度加快，因此要避免数据被篡改或泄露，防止信息被黑客攻击，快速弥补技术的缺陷和漏洞保护互联网数据的安全。互联网金融上的数据较敏感，在自然灾害、不可抗力的影响下也可能出现信息泄露，一旦出现信息泄露后果将是不可估量的。

第三节 对策建议

一、促进平台信息共享，完善征信体系建设

现代经济的正常运行在很大程度上是依靠经济参与各方的信用而支撑起来的，可以说，交易互信是现代金融体系正常运行的一大基石，而互联网金融又是近年来新兴的产业链，在监督管理、平台建设等方面仍然存在需要改进的地方，尤其对于跻身于互联网海洋中的大多数跨平台的电商企业来说，任何一个单独存在的电商的信用信息完全依托于互联网平台，信息的可信性值得商榷。信息泛滥、信息不对称、虚假信息问题层出不穷，交易双方的诚信问题依然是阻碍交易顺利进行的一大障碍。因此，解决互联网中的各类信息问题势在必行。一个可行的办法是建立互联网参与企业的信息共享平台，建立起系统、规范的征信体系。

建设完善的征信体系需要政府和企业的共同努力,首先,政府以法律规范的形式引导信息传播向健康的方向发展,给予体系建设以便利,鼓励和促成现代征信体系的建设。其次,企业之间可以成立行业协会,以自律组织的形式规范行业运营,自律组织专业化的操作一方面可以节省企业投入的精力,从而使企业专注于日常的生产经营活动,另一方面其专业化的操作可以给予整个行业更规范的建议,从而加快信用体系的建设。

二、规范企业在互联网金融中的行为自律

第一,资金分离。企业自有资金应与其所代理的客户资金分别管理,企业自身的每一笔资金都应该记录在账,设立专门的资金管理人员或小组,严格审查资金的来源与去向;对于客户资金,应该每一笔资金运用都通知到客户本人,企业与客户共同监督,规范资金的使用。第二,融资项目信息要公开透明。互联网融资中投资人获取信息的主要途径是网络信息,企业为了获得有效融资可能存在篡改或虚构项目的情况,互联网金融一定要多方收集信息,特别是第三方的信息,防止企业夸大项目收益对投资者形成误导。第三,企业应提高技术应用水平,避免客户信息泄露或不法分子的攻击,严防融资诈骗、交易欺诈、违规套现等违法行为。同时,建立客户身份识别系统。为避免不法人员进入企业,应利用有效手段对客户身份进行认证,保护企业机密和相关信息。

三、完善相关法律制度

20世纪末,互联网开始走进千家万户,多年来,互联网凭借其自身独特的优势取得了飞速的发展,已经成为日常生活中必不可少的一部分。在互联网融资管理方面,也有一些政策已经出台,但是仍然没有形成系统、有效的全面管理制度,因此在现有立法的基础上,必须不断完善相关规章制度。通过规章制度的补充和修订,加强信息披露的要求,降低借贷双方的信息不对称程度,保护交易双方的资金安全和信息安全。首先,将相关互联网金融服务纳入监管体系。比如通过对互联网信用中介和信息平台的调研,更好地将其与互联网金融相结合。其次,应该协调好各监管机构的工作,每个机构都有对应的职责,步骤细则化,避免重复监管,相关管理部门共享管理信息,合作监管。再次,应该在监管力度与鼓励金融创新之间把握好平衡,既不能力度过大限制了创新机会,也不能过于松散影响市场秩序。最后,监管的重点应该有所改变。传统金融的监管以流动性风险为主,互联网金融应该向保护资金和信息的安全性为主转变。

四、构建互联网金融安全体系

现今的信息技术使系统之间的连接更为简便，但PC、平板电脑、智能手机等设备的安全结构却过于简单，操作系统更是存在天生的安全漏洞。上文已提到过互联网金融面对的是网络与金融的双重性风险，为确保互联网金融业务运行环境的安全，硬件设施务必备好安全防护，提高互联网金融防黑客的能力。同时重视互联网金融的账号安全问题，如采用身份验证、手机号码验证或邮箱验证等方式进行登录，防止用户非法登录窃取他人信息、骗取他人钱财等事件的发生。互联网金融交易系统需要不断的改进和升级，对网络安全系统的重视需要逐步提高。要积极建立以客户为中心的共享数据库，与各路资源建立连接，实时监控业务流程，增强用户之间的信息互动。互联网金融机构也要制定各项安全管理制度，如人员变动做好信息、密码及权限的统计与注销工作，日常要严格执行标准化业务操作规范，安排专人负责数据备份、以防数据遗失或泄露等。同时要与国际上的网络安全规范接轨，使我国互联网金融体系的安全性更值得用户信赖。

本章小结

本章以当下发展态势较热的互联网金融为背景，探讨P2P网贷、众筹、电商金融这三种主流互联网融资模式的融资机制以及这一新平台的创新优势所在，以寻求在传统融资渠道和融资方式上的绝对性突破，运用互联网金融的自身优势帮助中小企业解决由来已久的融资难的问题。互联网平台的出现解除了中小企业借贷双方在时间和空间上受到的限制，极大地推动了中小企业融资途径的创新，同时对于大量数据的收集和处理能力也有绝对的速度优势，在未来，其发展前景非常可观。与此同时，互联网金融也有自己的弊端，主要表现在信用风险、法律风险、信息安全等方面，所以，要想充分利用这一渠道克服中小企业融资难题，仍然有许多需要改进和完善的方面，在接受新事物的同时，还要不断发现问题、改良优化。

当然，仅依靠外界渠道的创新就想缓解融资困境是远远不够的，尽管金融市场渠道不断的多元化，最重要的还是中小企业自身不管是从管理、规模还是素质、信用上的提升与规范。中小企业应该从自身找原因，落实好各项管理制度和

第十二章 基于互联网金融的中小企业融资机制研究

财务制度,增强企业行为的自律性,广泛接纳高素质优秀人才,不断提高技术水平,不断提升自身实力,挖掘发展潜力,建立良好的商业信誉。

互联网金融的确是个机遇,中小企业应顺应时代的浪潮,把握机遇,不断开拓融资渠道。我国应尽快完善互联网金融体系,提高金融服务的水平,使更多中小企业受益,为中小企业融资提供新的途径。

第十三章 大数据背景下中小企业云融资模式的构建研究

中小企业是推动我国经济发展的重要力量,既拉动内需又增加就业,既调整产业结构又维护社会稳定,为经济增长方式的转变做出了重要贡献。点多面广的中小企业是微观市场竞争的主体,中小企业健康成长对于完善市场主体结构、推动经济社会发展更有效率、更加公平方面的贡献也在逐步增大。中小企业在国民经济中发挥的作用越来越明显,尤其是在经济运行方面起到了至关重要的作用。但是,由于其自身存在的特殊性,仍然有许多方面限制了中小企业的发展,而融资难问题则是首当其冲的第一大问题。在大数据和互联网快速发展的背景下,本章借助前期研究成果和研究基础,构建了中小企业云融资模式,为中小企业融资提供了新的渠道。

第一节 研究背景与基础

一、大数据背景下互联网金融的运作

大数据是在云计算的基础上通过数据的集合对信息进行采集和整理,进而解决信息不对称的问题,对于金融方面来讲主要处理的是自己的需求者和供给者两者之间的信息不对称。大数据取代了传统方式的信息获取方式,使融资和贷款更加高效安全,其运作流程如图13-1所示。

从图13-1我们可以看出金融平台作为主体部分,由资金供给方、数据中间商和大数据三方为其提供信息和资源,金融平台集合了这些信息和资源提供给资

金需求方，需求方再进行金融平台担保放到信贷平台市场上，在此期间专业的第三方和外包数据为数据中间商和资金需求方提供支持，同时资金需求方的信息资源也是大数据的来源之一。这就是大数据背景下互联网金融的一个总体运作流程。

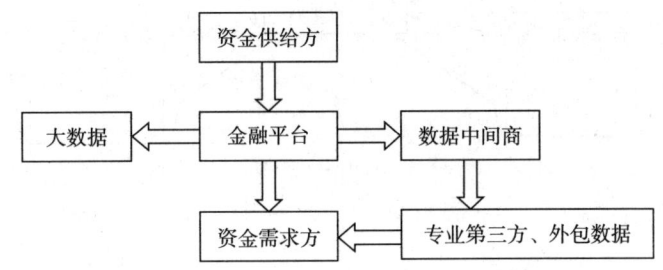

图 13-1　数据背景下互联网金融的运作流程

二、云融资模式的内涵

（一）云融资模式的含义

云融资模式目前并没有官方的定义方式，它在 2009 年被首次提出，提出者熊立认为能为企业提供融资解决方案的办法只有这种新的融资模式。通过云计算的定义以及百度百科的定义来进行相关解释，云融资模式是指针对中小企业的融资困难的问题，通过利用自身的大数据优势和云融资服务的专业分析，解决信息不对称问题，中小企业可以选择最符合条件的融资渠道和方式，从而缩短获取资金的时间、降低中小企业融资的成本、通过中小企业内在实力的真实体现，最终实现高效率融资的模式。由此看来，云融资模式与传统模式相比发生了质的改变，原先单一性质的融资模式是"一对一"进行的，而云融资模式体现的则是一种"多对多"的模式。具体模式如图 13-2 所示。

从图 13-2 中可以看到，在这个"多对多"的模式之中云融资平台处于中间位置起到了一个整合供应者和需求者两方面信息的作用，供应者向其提供资源，需求者通过其发布信息，经过这个平台实现了双方的高效匹配，达到了云融资的真正意义。

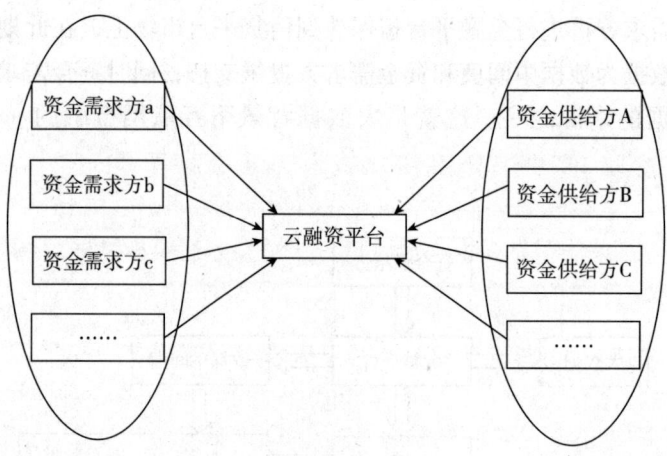

图 13-2 云融资模式"多对多"示意图

(二) 云融资模式的划分

1. 内部云融资与外部云融资

根据云资源所属位置的不同进行划分,云融资可以被划分为内部云融资和外部云融资两种方式。首先我们需要了解什么是内部融资和外部融资,简单来讲,内部融资就是把自己的盈利和折旧资金转化为新的投资,而外部融资就是借助其他经济主体,吸收他们的资金来为自己投资。

这样可以清楚地界定内部云融资和外部云融资,企业将归属权和使用权属于企业组织内部的所有云资源用于云中,其中包括固定资产以及技术等,以此来进行企业的融资。与此相对的外部云融资则是将一些所有权并不属于企业的外部云资源通过其他途径来获取对这些云资源的使用权,如借助银行、信托公司、风投公司和互联网上的平台等,从而将所有的可利用资源都用于自身的融资中。

2. 私有云融资与公有云融资

根据云资源的所有权归属可以将云融资划分为私有云融资与公有云融资。首先需要了解私有云和公有云的区别。私有云是指企业自己实用的云,只提供给自己内部人员使用,通常适用于大型企业或政府部门。公有云是来自第三方提供使用的云,通过互联网技术使平均成本相对较低。

由此来看私有云融资是通过运用企业本身的云资源和自身权利来融资,并不在乎使用权和来源是否属于企业自身。公有云融资是建立在组织基础上的融资,由于它是众多企业共同建立的,因此任何一个企业都可以在上面获得资源,实现资金支持和云资源共享。

3. 境内云融资与境外云融资

云融资按照国家云资源的不同性质，可分为境内云融资和境外云融资。两者的区别在于云融资的融资主体是否属于国内的机构和个人。

境内融资中企业可利用的中国云有许多，如一些贷款机构、向商业银行进行借款、在国内的交易所进行上市、对外发行债券等都是一些境内的可靠途径。与之相比，境外战略投资者、境外 PE 投资、外资银行等都是企业可以利用的境外云范畴。

三、云融资模式解决中小企业融资难的适用性

（一）融资主体之间的信息不对称得以缓解

云融资以互联网为基础，利用互联网的庞大资源可以很好地掌控信息、资金和知识资源，通过网络实现互动交流寻求解决方案，更有利于开发市场生产技术含量高的产品，从而解决了信息不对称的问题。云融资平台可以发挥其自身优势，将银行等金融机构的信息通过云平台的大数据库挖掘出来并加以分析，之后在市场上进行信息的共享。通过这种方式，银行等金融机构和中小企业之间的信息不对称程度大大降低。

（二）成功化解融资主体之间的风险收益不匹配

首先，资金提供主体范围扩大的同时每个主体承担的风险会有所降低。其次，金融机构由于担心风险承担不愿贷款给种子期的中小企业，因此金融机构所承担的风险和其得到的收益不匹配。而云创新的实施使全球资源整合，以此来降低风险。最后，许多中介服务机构的参与在云创新活动中必不可少，他们的参与化解了一定程度的风险。

（三）实现了低成本、高效率融资活动

接触高、成本高和效率低这些缺点在云创新的理念驱动下慢慢转变为现在的优点：接触低、成本低和效率高。云融资的范围是面向全球的，作为一个开放性的平台对金融机构、个人投资者和民间资本进行开放。信息的提供方这个融资平台提供信息，经过中介服务机构的审查和认证，信息就通过平台成为公有的云资源，这就解决了供需双方的信息不对称，化解风险的同时把竞争作为优势，可以达到降低成本、提高效率的作用。

（四）扩大了资金提供主体的范围

传统融资模式的融资渠道相对狭窄，而云融资可以面向全球范围，将资源进行有效整合，无论是个人还是组织的资源都会成为企业发展的重要因素。随着人

们理财意识的不断提高，处于云端的个人和组织为了财富的创造，也会慢慢参与进来，因此网络借贷在世界范围内进行得风起云涌。再加上主要面向中小企业的众筹和P2P网络借贷的这两种融资方式。这样一来资金提供主体由原来的政府、企业、金融机构扩大到了云端的个人，而且范围仍在不断扩大。

第二节 中小企业云融资模式的主体和要素

一、中小企业云融资模式的主体分析

（一）资金供给主体

云融资模式中资金供给主体有许多，由于资金供需双方的信息不对称导致中小企业融资困难，通过信息的整合很大程度上化解了信息的不对称，风险也随之下降。因此，云融资服务平台对进入的资金供给主体具有较高要求，只有符合标准的主体才可以进入，这些都是保证收益降低损失的重要方式。

（二）资金需求主体

中小企业作为资金的需求方，是云融资模式的发起者和受益者。他们的目的是获得融资，并且是在成本最低的情况下获得资金，因此首先需要向云融资平台公开和发布项目信息，同时按照平台要求保证信息的真实性，通过这些信息的交流，可以消除其余云融资主体之间的信息不对称。

（三）中介服务机构

中介服务机构是云融资模式中不可缺少的一部分，是信息真实性的保障。中介服务机构主要工作是进行调查、走访取证来确认中小企业发布的信息是否真实可靠。为资金提供主体是否进行投资提供证据和相关信息。因此，中介服务机构是解决信息不对称的重要环节，中介服务机构的选择对风险的化解和融资需求主体的选择起着非常重要的作用。

（四）云融资服务平台

云融资服务平台的主要作用是对利用网络连接在一起的非标准化的金融服务进行统一管理，形成一个开放的云融资服务平台，为中小企业提供所需服务。它对每种进入的资源和信息都有审核认证机制，以此来保证平台上的标准化、统一化，为信息的对称性、有效性提供保障。

二、中小企业云融资模式所需要素分析

（一）外部环境分析

外部环境虽然不是云融资活动本身的，但是对云融资的发展也起到了相应的影响，参与者都有自己的外部环境，在融资环境中进行融资活动。外部融资环境也存在一定的不确定性和复杂性，这些都是随着时间和空间的变化而变化的，以下四点是云融资的主要外部环境。

1. 宏观经济环境

企业的良性发展离不开好的宏观经济环境，只有宏观环境的助推作用强，才能更好地推进中小企业的发展，才能有利于云融资活动的进行。

2. 法律制度环境

当前我国实行法制社会，一切遵循有法可依、有法必依、执法必严，法律监管一直对资金提供起着至关重要的作用，相应的政策文件对金融机构、金融监管的影响巨大，因此法律制度环境、参与主体的云融资活动都将是利益主体。

3. 创新文化环境

当今社会鼓励创新思维的发展，尊重创新思想，而云融资作为一种创新模式，离不开创新文化氛围，因此提高社会成员的创新能力，重视创新文化环境的创造有利于推动云融资的发展。

4. 合作环境

如此多的因素构成了这样一个大环境，这就要求在这个环境中的各主体之间必须通过协作来克服云融资的复杂性和困难性，通过这些合作的网络平台和设备设施，逐渐形成一个融洽的合作氛围，只有这样的合作环境才能为云融资的各个主体提供交流机会，为云融资模式的进一步创新发展打下良好的基础。

（二）资金要素分析

拿人体做一个比喻，血液的流通是人类必不可少的，只有血液正常流通人类才可以维持正常的生命运动，如果把经营活动看作人体，那么资金就是人体内流动的血液，换句话说就是只有资金提供支持经营活动才能正常展开。企业先利用政府和资金提供主体提供的资金进行技术研发、产品创造和生产经营，然后通过技术和产品进行经营获得资金从而偿还借款和利息，继而回到自己提供主体的地位。资金的流动为中小企业和资金提供方的合作奠定了坚实的基础。

（三）信息要素分析

在互联网和信息时代，资金的流通虽然重要但是信息的位置不容替换，信息

作为生产力可以创造价值,只有建立在信息的基础上资金才会体现出它的价值。良好的信用记录和企业发展前景才会赢得资金提供者的信任,经过对信息的判断分析提供更多的融资渠道和方式,通过对各种信息的比较才会选择更合适的低成本、高效率资金。保障云融资活动的正常开展必须依靠信息的促进以及中小企业云融资主体之间的融合。

第三节 构建中小企业云融资模式

一、理论模型

通过分析云融资模式的主体和各个要素,本节构建了中小企业云融资模式的框架结构,如图13-3所示:

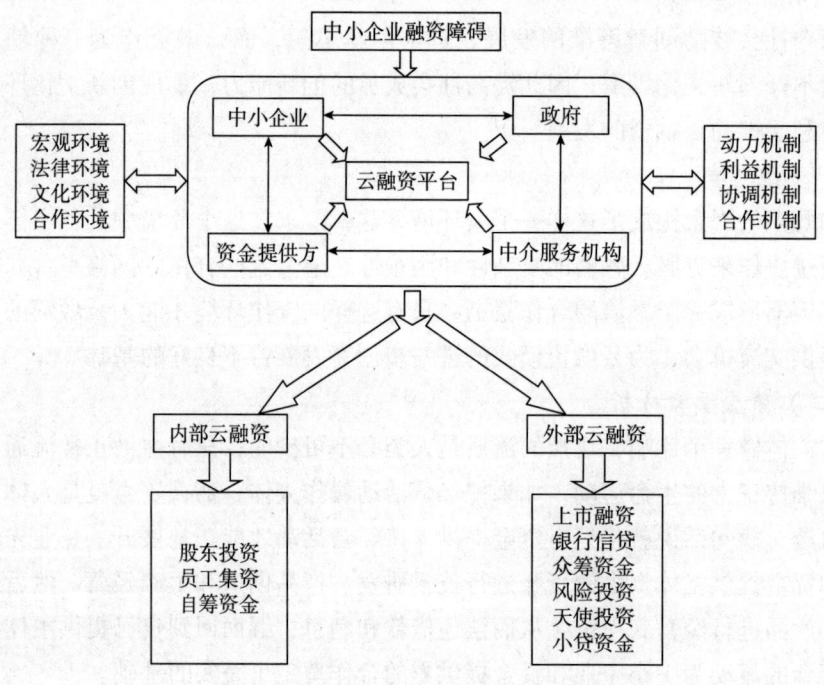

图13-3 中小企业云融资模式理论模型

图 13-3 的中心部位是云融资平台，有四个主要的主体指向云融资平台，分别是企业、政府、资金提供方和中介服务机构，这四个主体又相互联系，互相通过沟通协作促进云融资更好地进行。云融资模式的各个要素由创新资源和创新环境构成。宏观环境、法律环境、文化环境和合作环境，促进资源的流动和金融创新的交流活动。动力机制、利益机制、协调机制和合作机制这些新机制的推动保障了各主体的融资和创新动力。在融资过程中的障碍不可避免，合理运用内部云融资和外部云融资来消除障碍，通过股东投资、员工集资和自筹资金的方式可进行内部云融资，通过小贷资金、天使投资、风险投资、众筹资金、银行信贷和上市融资等方式进行外部云融资。其他参与主体得到的收益也可以与其所承担的风险构成正比关系，云技术提供的融资活动构建了一个可以使多主体共赢的生态系统，为持续健康发展的中小企业护航。

二、运作流程

云融资模式作为一种新型融资模式，对其的相关研究和应用都处于一个初期阶段，运作流程也没有得到官方的认可。但从上文可知云融资模式对于解决中小企业融资过程中的信息不对称具有重要作用，在流程上也具有一定的可操作性。

（一）收集信息并界定融资项目

云融资模式首先需要融资方收集信息，从信息中界定融资项目的相关问题，并帮助主体理解融资项目，对融资方投资该项目起到了促进作用。信息的广度和深度是应当注意的问题。

（二）云融资服务平台的选择

想要获得资金供给方的资金支持，需要借助互联网这一平台，中小企业可以通过自有平台或第三方平台进行相关信息的发布，信息经过传输从而吸引资金提供者的支持。

（三）方案会审阶段

由于中小企业自身的缺陷，信用等级一般较差，因此如果需要取得资金供给方的支持信任和投资需要第三方提供真实可靠的信息，以此来提升其信用等级，保障其信息质量，使资金提供主体更好地维护自身权益。

（四）融资需求信息发布并获得融资支持

利用互联网集合资本为中小企业提供融资项目的资金解决方案是云融资模式的本质所在，在选择好云融资服务平台后进行融资需求信息的发布和方案征集有助于得到更大范围的解决方案和支持。

（五）实施项目并取得收益

在获得相应方案和支持后，中小企业就可以运用资金投入资源，开始执行云融资项目。资金获取方也应当按照规定给资金提供方相应的利益分配，实现双方的共赢。

三、运行机制

（一）动力运行机制

组织的发展都有其自身要求，但由于组织性质的不同，其动力也会存在差异性。作为企业，营利性决定了企业的目标是追求利润的最大化。对于中小企业来说处于起步阶段时的融资压力较大，如果资金无法正常运转将会导致企业无法继续发展，因此用低成本取得高效率的资金是其良性健康发展的优势。中小企业的发展有利于当地的经济结构调整和产业升级，这便是政府参与其中的强劲动力。

（二）利益导向机制

利益导向机制作为另一种运作机制也非常重要。在任何融资活动中风险和利益都是共存的，在经济活动中风险和收益都是相互联系的两重属性。活动的主体承担风险的动力就是对未来收益的预期很高，但是如果想要实现未来的收益就必须要承担风险，因此风险与收益密不可分。并且主体的利益是联系在一起的，中小企业争取在云融资创新模式中以低成本、高效率获得资金，从而不断地向上发展，企业的良好发展可以增加当地政府的财政收入，这些财政收入投入到当地的经济发展建设中，是当地经济不断发展的动力和保障，因此资金提供者承担风险的同时也获取了与风险相匹配的收益，中介服务机构也可以获得收益维持其发展。

（三）组织协调机制

组织协调机制是融资模式的创新，云融资平台将不同的参与主体通过利益连接在一起，密切和规范了参与主体之间的关系。虽然主体之间由于对风险程度的偏好和预期收益程度的不同而存在竞争关系，但是合作关系也存在其中。

（四）合作共赢机制

合作共赢机制是云融资活动能否成功的关键因素，由于自由平等、合作共享的理念，参与主体之间经常进行信息共享、利益分配等有效合作方式。而企业具有的创新能力和市场前景都是融资能否成功的关键条件，在这些关键信息经过云融资平台后为资金提供主体带来了企业更加真实的情况，使他们一定程度上避免了风险。在企业对资金的需求较大时，躲避风险的最好方式就是金融机构和风险资本联合,提高运作效率使云融资主体有效合作,这样可以最大限度地保证自己的利益能够取得最大化。

第四节 对策建议

一、企业自身建设,提高信誉度和市场竞争能力

中小企业面临的融资难问题主要还是自身发展不充分,得不到金融机构的信任所以难以获得资金。首先,中小企业应树立良好的信用形象,提高自己的社会地位取得资金提供者的支持非常重要。其次,想要更好更快地发展必须注重经营管理水平的提高和多种融资渠道的开通。最后,对于科技的研发创新应当非常重视,不断升级改造产品有利于改善直接融资和间接融资结构不合理的现状。

二、合理利用政府的资金扶持和引导作用

政府在中小企业云融资模式中起到了扶持和引导作用,政府可以根据中小企业的实际情况,提供直接或间接的融资支持,如拨出一部分财政资金来建立担保体系来支持中小企业的发展,从发展国家政府的这种做法来看,政府支持中小企业的发展使其不断进行科技创新和产品升级,对整个国家的科技进步产生了一定的影响。因此政府对中小企业初期进行资金支持激发了企业的创新动力,同时政府财政资金的支持有助于引导社会资源也进行投入,从而对缓解中小企业的融资问题起到了一定作用,为其增加融资渠道,促进企业健康发展。

三、注重与金融机构的联系,共同建立融资平台

融资平台的建立不能只靠企业自身,只有与金融机构加强联系共同合作才能创建有利于双方的融资平台。这种平台的建立需要有专业的评估制度来评价中小企业的水平,从而降低贷款门槛使更多的潜力型企业得到资金扶持。以政府的信用作为依托,与其他商业银行进行协调,逐渐建立中小企业专有的信贷服务部门,在贷款担保、贷款期限和审批程序上争取获得一系列的优惠政策,按照国家政策研究适合中小企业发展的信贷方式,对企业提供贷款的担保从而降低融资成本,建立适合企业发展并有利于金融机构的融资平台。

四、建立多元化的融资渠道

对于我国中小企业融资渠道单一的问题,建立多元化的融资渠道显得尤为重要,具体来说单一的融资渠道限制了中小企业的融资选择性,使融资处于一种被动地位,因此成本高、获得资金困难,而多元化的融资渠道就给中小企业选择的空间。中小企业可以结合自身的资产规模、负债能力以及投资项目状况,分析自身的资金需求特点,从而选择不同的融资方式。同时对于资金提供主体来讲,多元化的融资方式有助于通过多渠道来分散融资资金,从而降低融资风险。

五、完善中小企业的信用担保机制

只有信用担保机制健全才会有助于中小企业获得更多的资金支持,才会促进更多的资金提供者为其提供资金支持。现有的方法是首先进行固定资产的抵押,然而创建初期的中小企业固定资产有限,所以可以考虑结合无形资产也进行抵押,两者结合会给投资方带来更高的回报。其次是建立中小企业专有的贷款担保机构和再担保体系,通过地方和政府来设立担保机构或担保基金,促使中小企业联合起来形成再担保体系。最后是制定信用评价体系,通过合理的模型挖掘信息,最大限度地解决信息不对称问题,提升风险管理水平,推动中小企业持续健康发展。

本章小结

中小企业融资困难的一个主要原因在于企业和金融机构之间的信息不对称,经过对传统融资方式的整理和创新思维的改善,云融资模式成为企业融资的一种新的方式。其优势在于可以化解信息的不对称,降低风险程度,以低成本获得高效率。由于主体间信息的不对称和外部环境等多方面造成的影响,中小企业本身融资渠道很少,融资困难系数高,且融资存在非常高的风险,经过分析发现,云融资模式可以很好地弥补这些劣势,可以解决中小企业的困境,同时在某种程度上达到一种共赢的结果。

第十四章 中小企业集群与银行共生模式研究

由于中小企业自身的特点和中小企业之间的信息不对称问题，导致中小企业的外源融资渠道不够畅通，银行业等金融机构的信贷资金在外源融资中占比较大，本章从共生理论视角出发，研究银行与中小企业集群之间的关系，提出了缓解中小企业集群融资的对策建议。

第一节 金融共生理论

1979年德国生物学家德贝里提出生物共生概念，这为各学科的研究开创了新的视角，也为学者们开启了新的研究领域。随着共生理论应用范围的不断拓展，20世纪学者们在经济、社会、管理以及金融领域也引入了共生理论。1998年斯蒂格利茨提出了共生也存在于金融体系中。斯蒂格利茨指出资本市场中的利率太高影响了企业的投资积极性和经济的发展，因此政府会对正规金融的信贷给予利率优惠或担保，这些对正规金融机构的间接或直接补贴带来了资本市场的垄断竞争者，最终会促使其他资本供应者无利可图因此退出市场，加剧了资本市场的资金不足问题。因此，斯蒂格利茨提出建立资金借贷者之间的互利共生模式，降低正规金融的垄断地位让资金供给者展开竞争，资金需求者对自身信用问题也更加重视，从而使资本市场的运行效率不断提高。

随着共生理论研究领域不断拓展，我国学者也开始引入共生理论分析经济金融等相关问题。袁纯清（1998）利用共生理论分析了小型经济体的运行模式，这是我国经济学领域中首次引入共生理论。萧灼基（2002）明确提出不仅生物学领域中存在共生现象,社会领域和经济领域中同样存在共生现象,经济主体之间的各种联系就是共生理论在经济领域的具体运用。

袁纯清(2002)首次在国内提出了金融共生的概念,并用金融共生理论分析了我国城市商业银行的改革问题,出版《金融共生理论与城市商业银行改革》一书。在书中,袁纯清定义了金融共生的概念,明确在一定的共生环境中,银行类金融机构与银行类金融机构之间、银行类金融机构与各类非银行金融机构之间、各类金融机构与企业之间以一定的共生模式存在并相互影响着,形成了相互依存关系,这就是金融共生。袁纯清指出金融机构和企业存在金融共生,而且两者之间存在多种金融共生模式,其中连续对称性的互惠共生模式是最优的金融共生模式,并将金融共生理论应用于城市商业银行的研究中,从此之后共生理论广泛地应用于金融研究领域。

目前,金融共生理论已经被应用于如下领域:判断各主体之间是否存在金融共生;判断各主体金融共生的模式;金融共生对经济的影响程度;各主体应该如何操作以促进金融公共生模式向着最优的共生模式转变;如何利用共生模式推动各共生主体的发展;等等。

目前,金融领域主要涉及如下四方面的共生关系:

第一,银行与银行之间的共生关系。袁纯清(2002)围绕银行类金融机构之间共生关系展开研究,并将其应用于城市商业银行改革的问题中。王宇露(2007)用金融共生理论分析了银行进化的过程,探讨了不同阶段银行与银行之间共生模式的变化,并提出了推动银行发展和优化共生模式的对策建议。银行间共生模式的分析主要针对的是银行之间的资金拆借和共同借贷问题,共生主体主要是银行类金融机构,无论是银行之间资金拆借还是共同借贷都是源于对企业的资金融通,因此银行与企业的关系才是银行与银行之间共生关系的基础。

第二,银行与非银行金融机构之间的共生关系。徐丽(2005)提出了我国银行和保险之间存在金融共生关系,谢金、龙玲(2010)对银行和保险之间的共生关系进行深入分析提出了构建银保共生体系的制度安排和政策建议。闵敏(2011)论证了银行和典当行之间存在共生关系。油永华、牟萌(2007)论证了银行、证券、保险之间存在共生关系。金峰(2014)研究了农村民间金融和正规金融之间的共生关系,发现构建这种共生关系,对于提高正规金融和民间金融的盈利能力和发展水平具有重要意义。李庆华、李峰波(2019)分析了互联网金融与商业银行之间的共生关系,指出互联网金融的收益率与商业银行利率存在正向联动关系,并从大数据共享、网络完全等方面提出了互联网金融和银行共生发展的对策建议。通过如上分析发现银行与非银行金融机构之间共生关系的建立主要是因为单一金融机构难以承受企业大额融资需求的巨大风险，需要寻找资金提供或风险分担的合作者，因此银行和非银行金融机构之间共生关系的基础依旧是银行与企业之间的共生关系。

第三，银行与企业之间的共生关系。何自力、徐学军（2006）发现广东地区银行和企业之间存在共生关系，在此基础上构建了银企共生的评价模型，通过实证研究发现不断改善融资环境，畅通银行和企业之间信息沟通的渠道，银行和企业之间的共生关系会不断改进。许宁（2010）针对吉林省的数据进行分析发现银行与企业之间存在共生关系，并且通过分析判断吉林银企之间的关系属于间歇性非对称互利模式，存在较大的改进空间。张倩倩（2012）发现美国社区银行与中小企业仅存在低度的相关性。而柳明花、杨惠昶（2014）研究发现我国小银行和小企业的共生合作更容易解决中小企业的外源融资问题，有利于实现多方共赢。综上可见，我国银行与企业之间的共生关系非常明显，银行通过为企业提供资金融通可以获取利息收益，同时带来更多的相关业务，推动了银行的发展壮大。而企业从银行获得资金融通，有利于企业生存经营的正常运行，也有利于企业的扩大再生产。如果企业没有信贷需求，银行将失去主要的利润来源；如果企业没有银行的信贷支持，企业的经营发展可能难以为继，综上银行与企业形成了相互依存的共生关系。

第四，其他非正规金融与企业之间的共生关系。非正规金融在支持企业发展方面也发挥了重要作用，郭斌、刘曼璐（2002）用数据从定量的角度论证了温州民间金融与小微企业之间存在共生关系，并探讨了其共生模式；虞群娥、李爱喜（2007）建立了杭州民间金融与中小企业之间的共生模型，并推演出了最优共生模式；李亚娟、李元华（2012）论述了民间金融和中小企业之间共生演进的过程，发现民间金融与中小企业的共生关系是源于正规金融对中小企业的惜贷行为而产生的一种理性选择。贾楠（2015）研究了互联网金融和小微企业之间的共生关系，提出互联网金融和正规金融服务互补可以更好地满足小微企业的金融需求。从研究中发现，无法从银行等正规金融机构获得信贷融资时，中小企业会寻求从非正规金融机构获得资金支持，因此中小企业与非正规金融之间共生关系是现有制度空间下各融资主体的一种理性选择。

综上所述，从中小企业融资的角度出发，中小企业不仅和银行类金融机构之间存在共生关系，中小企业与非银行金融机构、非正规金融之间也存在共生关系，而且相关研究较多，已经形成了比较完善的理论体系。本章重点探讨中小企业集群融资的优势,并研究中小企业集群和银行之间的共生关系。

第二节 中小企业集群融资概况

一、中小企业集群融资基本模式

中小企业集群是指在一个特定的时期和特定的区域内,通过某种一致性在空间上聚集在一起的大量中小企业。这些中小企业可能地理位置接近,也可能同处于一个产业链内,并且具有良好的信用,但单个实力相对较弱,为了企业的长期可持续发展而聚集形成了中小企业产业集群。

(一) 互助抵押贷款模式

互助抵押贷款主要应用于一定地域范围内互相信任的中小企业之间,中小企业各自拿出少部分不动产汇集到互助抵押贷款担保组织,担保组织将所有不动产捆绑在一起作为抵押物,为中小企业的大额信贷提供担保。中小企业由于自身可以作为抵押物的不动产较少,而且信用相对不足,依靠自身实力难以获得所需融资。但是通过和其他中小企业捆绑形成的互助抵押贷款担保组织,可以获得集群融资的便利条件。而且相对于单个中小企业融资而言,银行更喜欢发放互助抵押贷款,以集群企业的不动产作为抵押物,使银行的信贷风险大大降低。因此中小企业借助自身的少量不动产就可以获得较大的贷款额度,形成了银行和集群中小企业的互利共生关系。互助抵押贷款担保组织为了降低自身风险,会对参加组织的中小企业进行严格的筛选和监督,并制定严格的惩罚措施和规章制度,加大集群内中小企业违约的成本,降低中小企业违约的概率,保护其他中小企业的利益,同时保障互助抵押贷款担保组织的正常持续运行。

(二) 互助担保基金模式

集群内中小企业从风险共担、利益共享、共同发展的原则出发,通过缴纳一定数额的基金形成互助担保基金,担保机构在收到互助担保基金之后,将在集群内中小企业从金融机构贷款的时候,提供贷款担保。担保机构的存在降低了银行为集群内中小企业提供贷款的风险,集群中小企业将更容易获得信贷融资。集群内的中小企业不需要提供抵押物,仅缴纳较少份额的担保金就可以获得大额贷款,如果中小企业经营良好,其贷款额度可以循环使用。如果出现企业违约,中小企业也不用担心连带责任,其贷款风险的承担仅以其认缴的保证金为限,减少了企业的后顾之忧。互助基金为了保证集群内中小企业的利益和自身的正常运转,会对中小企业进行严格的资格审查和信用调查,如审查企业主的信用和从业经历,审查人民银行对企业的信用记录、海关对企业的信用分类以及企业经营记录、产品质量、财务状况、税费缴纳情况等。不但互助担保组织会监督集群内企业的运行情况和资金使用情况,也鼓励集群内中小企业互相监督,并制定严格的规章制度,一旦企业违约,将面临严厉的制裁措施。互助担保基金一般会规定一定的存续期,在存续期内成员不可以清退认缴的额度,即使进行额度转让也要得到其他成员的许可。互助担保基金为单个中小企业提供了获得大额信贷融资的可能性,有效地降低了银行风险,使中小企业集群和银行之间更容易建立互利共生的关系。

(三)网络联保贷款模式

在电子商务和大数据快速发展的背景下,电子商务网站不断拓宽业务领域,推出了网络联保贷款融资模式。作为一种新型的中小企业集群融资模式。网络联保贷款作为大数据的产物为中小企业提供了新的融资渠道。电子商务网站运用自身大数据的优势,基于全新的风险管理理念,为网站内运营的中小企业推出了无抵押担保、低息便捷的融资服务。电子商务网站利用自身信息优势,筛选出信用良好,有资金需求但实力较弱的中小企业,组成集群中小企业向银行申请贷款。网络联保贷款为中小企业提供了新的贷款渠道,并可以利用网络优势随时对集群内中小企业进行连续和全方位监督,降低了银行信贷融资的风险,使银行和中小企业集群之间共生成为可能。

(四)大企业担保模式

大企业在生产经营过程中不可避免地有许多产业链上的中小企业合作伙伴,为了产业链的稳定运行,大企业会为上下游中小企业提供贷款担保。产业链内部企业之间的联系较多,企业之间可以充分利用业缘优势获得相关信息,处于核心竞争地位的大企业为了自身业务的稳定,愿意为产业链内的中小企业提供信誉担保,支持中小企业的稳定发展,同时增强大企业对产业链内中小企业的控制力度。但如果中小企业存在违约行为,大企业不可避免地会被连带,因此大企业会甄选业务往来密切、信用较好的中小企业提供支持。

尽管如上集群融资模式存在运作方式的不同,管理方面也存在差异,但都是基于地缘或业缘的信息优势,通过集群融资增强了彼此之间的约束机制和监督机制,对于各方业务的发展具有一定的积极作用。而且集群融资有利于降低银行的贷款风险，简化中小企业的贷款手续、降低融资成本、提高融资效率，使银行和中小企业之间建立互利共生关系。

二、中小企业集群融资的优势

任何企业的发展都不是独立的，都需要和其他企业和机构建立联系。中小企业利用地域或业务上的相互联系，通过集群化的方式向金融机构融资，提高融资效率的同时降低了金融机构的风险。目前，集群化融资特征越来越明显，其融资优势主要表现在如下四方面：

（一）规模优势

政府对于产业的发展非常重视，多个中小企业聚集在一起形成产业链，更容易从政府获得政策支持。当地政府为了支持产业的发展，会给予一定的低息或贴息贷款、建立产业发展基金对集群企业进行支持，等等。而多个中小企业组成的企业互助集群可信度高，信贷金额大，可以分担信贷成本，因此集群内的多个中小企业抱团更容易获得银行的信贷支持，获得规模优势。对于金融机构来说，由于给予单个中小企业信贷融资风险太高，给集群内的多个中小企业发放贷款相对风险较低，收益较稳定，而且会带动其他金融业务的发展，从而产生乘数效应。集群内中小企业互相竞争、互相支持、增长速度相对较快，也加速了资本积累的质量和速度，对于集群中小企业的发展具有积极作用。同时集群中小企业也更容易引起银行等金融机构的关注，提高其放贷的收益和积极性。

（二）提高中小企业的整体信用

中小企业一方面组成产业集群，在产业链内形成专业化分工，另一方面又保持各自的独立性，从而形成了合作竞争并存的关系。中小企业面对来自于集群内其他中小企业的竞争，会不断地参与创新，积极拓展业务，增强自身的信誉度，通过参加行业协会和行业中介等扩大自身的知名度和业务范围。集群内中小企业竞争合作的结果就是各个企业均获得了不同程度的成长，而且保持着和机构、组织之间紧密的关系，导致中小企业的相关信息在集群内快速传播。如果某家企业出现违约行为，其竞争对手和关联企业都可以迅速地获知相关信息，并在行业内进行传播，对违约企业业务的开展造成影响，甚至会影响他与其他组织的合作，进而流失重要客户和丧失金融机构的信任，获得信贷融资的难度加大。为了集群的良性发展，集群内企业形成互相监督机制，增加了企业的违约成本，使企业对自身信用的重视程度提高，在一定层面上可以约束企业的违约行为。集群内信息可以快速传播，降低了银行和企业之间的信息不对称程度，保障了银行信贷资金安全，提高了银行为中小企业集群融资的积极性。

（三）缓解企业抵押担保物不足的难题

目前，中小企业贷款大多需要提供固定资产作为抵押物，但中小企业普遍缺少可供抵押的资产，而且中小企业的信用记录和评价缺失，担保体系不健全，导致中小企业在信用贷款过程中处于不利地位。但集群内中小企业业务联系较多，彼此熟悉程度较高，而且信息传递速度快，在集群融资过程中的连带责任使企业之间形成了互相监督的机制，因此存在一种隐形的担保功能。中小企业集群在融资过程中也对其他企业提供了抵押担保或信用担保，形成了风险共担的机制，有效地缓解了中小企业信用不足或抵押物不足的问题。

（四）降低了银行交易成本

银行给单个中小企业提供贷款，存在贷款额度小、贷款风险大、贷款审批效率低等问题，加大了银行给单个中小企业提供贷款的风险和成本。当银行给中小企业集群提供贷款时，可以批量对集群内的中小企业进行审查，并且可以获得多个中小企业的相关信息并可以对比信息的真实性，降低了审贷风险、提高审批效率的同时，大额的贷款也增加了银行的收益。中小企业集群融资的谈判成本和监督成本降低的同时，银行可以通过标准化的业务流程获得规模效益，使平均交易成本降低。

综上所述，尽管银行缺乏为单个中小企业提供融资的积极性，但银行为中小企业集群提供融资的积极性较大。而且银行在满足集群大额融资的过程中，也可以获得规模效益，银行和中小企业集群之间具有互利共生关系。中小企业集群具有了单个中小企业不可比拟的融资便利性，借助中小企业集群的优势获得信贷融资对于中小企业形成了一定的监督机制，有利于中小企业的发展。

第三节　中小企业集群与银行共生模式分析

一、可行性分析

尽管由于各种因素的限制，银行为单个中小企业融资缺乏积极性，但银行可以与中小企业集群建立互利共生的关系，主要源于如下两点：

第一，银行利润增长点在不断改变。随着我国资本市场规模的不断扩大，大企业获得了更多上市融资的机会，在顺利上市融资之后，很多大企业成立了自己的集团财务公司和金融公司，对资金的运作能力增强，对银行信贷资金的需求不断降低。上市公司普遍资金实力雄厚，具有较强的盈利能力，成为许多大银行争夺的主要客户，大银行在竞争大客户的过程中不可避免地要不断降低贷款利率，降低了信贷资金的收益率。尽管众多中小企业愿意承担较高的信贷利率来获得融资支持，但银行出于自身资金的安全性考虑，对中小企业存在强烈的惜贷行为。而中小企业集群往往融资金额比单个中小企业大，融资风险却相对较低，使银行为其提供信贷支持的积极性大为提高，也成为银行新的利润增长点。

第二，有利于分散银行风险。目前，我国银行存在对大企业信贷的偏好，如果大客户出现经营风险，银行受到的影响相对较大，风险集中度相对较高。如果银行将贷款分散于多个中小企业，贷款成本高，贷款风险相对也比较大。而中小企业集群行业分布较为广泛，尽管资金需求数量多，但需求期限灵活多样，担保方式也灵活多样，既增加了银行的收益，也降低了银行的风险。

综上所述，银行需要不断扩大业务范围实现利润的增长，具有为中小企业集群提供信贷融资的积极性，也有能力满足中小企业集群大额、灵活的资金需求，这有助于银行和中小企业集群共生模式的建立。

二、共生模式构建

对于不同类型的共生单元来说，中小企业集群和银行之间理想的共生模式如图14-1所示：

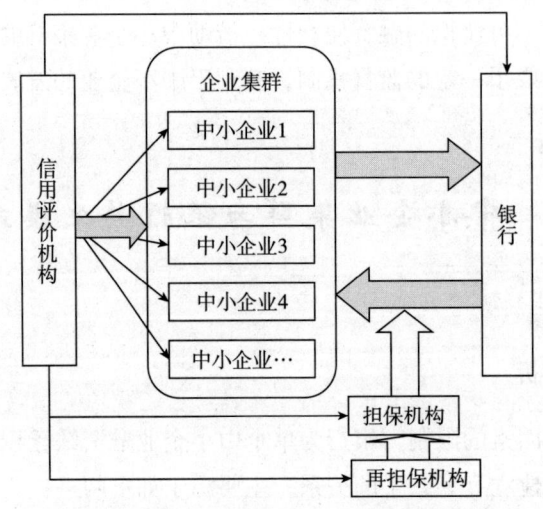

图14-1 中小企业集群—银行共生模式

第一，多个因为地缘或业缘联系在一起的中小企业组成中小企业集群，他们之间存在着业务上的竞争或依存关系，彼此了解程度较高，相互之间承担担保责任和连带责任，因此在中小企业集群之间也就建立了潜在的监督机制。第二，银行为中小企业集群提供信贷支持，相对来说信贷金额较大，利息收益具有一定的规模效益，信贷风险也被多个中小企业所分散，中小企业之间的互相监督机制和信息传播机制也降低了银行和企业之间的信息不对称程度。第三，担保机构为中小企业集群的信贷融资提供担保。担保机构会在对中小企业集群进行详细的调研之后才会提供担保，并会采取一定的措施保障自身的安全性，因此担保机构的存在不但增加了中小企业集群的信用，而且分担了银行的风险。同时再担保机构的存在降低了担保机构的违约风险，对银行信贷资金起到了双重保障的作用。第四，信用评价机构会将其掌握的企业经营信息、信用信息、纳税信息和财务信息纳入信用评价系统，对单个中小企业和中小企业集群的信用状况做出评价。无论是银行在对中小企业提供信贷融资之前，还是担保机构在对中小企业提供担保之前，都会获得相关的评价等级，从而做出相应的决策。

中小企业集群和银行共生模式在信用评价机构、担保机构和再担保机构的参与下运作更加顺畅，更容易实现互利共生。

三、中小企业集群与银行共生机制

（一）风险防控机制

多个中小企业之所以集合在一起组成中小企业集群，一定存在某种联系，如地理位置接近、业务范围接近，等等。一旦企业在业务交易中出现产品质量缺陷或不能如期交货等问题，消息会很快在集群内传播，这种传播不但会影响其正常业务的开展，还可能面临银行的断贷，导致资金链的断裂，因此违约成本甚高。一个企业的违约还会影响集群内其他企业的利益，因此中小企业集群建立之初就会对中小企业进行筛选，选择资信良好有发展实力的企业入群，而且集群内中小企业之间形成了互相监督的机制，这属于第一层次的风险防控机制。

银行在对中小企业集群发放贷款之前，会对其进行尽职调查，根据调查信息做出是否贷款的决定，并确定贷款金额和贷款利息。银行在对中小企业集群发放贷款之后，会对贷款的使用情况进行跟踪和监督，防止道德风险和逆向选择的发生。银行对中小企业集群信贷融资的筛选和监督形成了第二层次的风险防控机制。

信用评级机构会借助企业的财务报告、互联网大数据信息、中国人民银行和海关等部门收集的企业信息对企业集群进行调查，并做出评价，信用评级结果会直接影响银行的信贷决策和担保机构的担保决策。信用评级在为信用良好的中小企业集群带了信贷便利的同时，也为信用较差的中小企业集群带来了惩罚。因此，信用评级机构的信用评价形成了第三层次的风险防控机制。

多层次风险防控机制对银行资金的安全性形成了保障，也对企业形成了一定的监督作用。

（二）风险分担机制

根据收益共享风险共担的原则中小企业集群会制定相关制度，在某个中小企业不能按时偿还贷款，其他中小企业将承担连带还款责任，甚至可能连带被银行拒贷，因此在银行信贷融资中集群内中小企业实现了风险共担。另外，银行在面临信贷损失的时候，担保机构将根据担保条款分担银行的部分风险，而再担保机构也会分担担保机构的部分风险。因此，银行、担保机构、再担保机构和集群内企业共同承担中小企业集群融资的违约风险，在降低了银行信贷风险的同时，也提高了银行发放信贷融资的积极性。

（三）信息反馈机制

因为某种联系，多个中小企业组成企业集群，组成企业集群对于中小企业无论在业务拓展还是在融资方面都具有一定的积极作用，集群内中小企业之间的联系密切，信息交流和传播的速度较快，自身信息被公开的同时也可以便利地获得其他企业的相关信息，因此企业之间形成了互相监督的机制。中小企业集群内部具有的商会、行业协会等进一步加强了企业之间的联络，也加强了企业与地方政府、金融机构、信用评价机构之间的联系，各机构之间信息的传递为共生关系各方提供了更加完备的信息，降低了各方收集信息的成本，也降低了银行和企业之间的不对称程度。互联网的发展和应用，为各类信息的传播和对比提供了更大的空间，也形成了有效的信息传播机制。

银行乐于为优质企业集群提供信贷支持的同时，也刺激优质的企业集群更乐于提供相关信息给银行，从逆向选择的角度出发，银行会将不愿意提供信息的企业判断为劣质企业集群，因此迫使企业集群主动传递信息给银行。同样的道理存在于企业集群和评级机构、担保机构之间。中小企业集群如果为了获得更优惠的贷款或更好的评级而提供虚假信息的话，被银行和评级机构识别的可能性增加，随之而来的严厉惩罚和不良影响将使这些企业望而却步。

（四）收益分配机制

在共生模式的监督机制和信息传递机制下，中小企业集群更容易获得银行的信贷支持，信贷支持对于中小企业业务开展、投资、规模扩大具有积极的作用。中小企业在信贷资金的支持下，盈利途径和盈利能力将会不断提高。银行在提供融资的过程中获得了利息收入，也赢得了新的利润增长点。担保机构、再担保机构和信用评价机构通过担保业务、再担保业务和评级业务的开展也可以获得相应的收益。中小企业集群的融资便利性不仅带来了企业利润的增长，也带来了银行收益和业务的扩张，在推动经济向好发展的同时，共生主体都将从中获益。

四、中小企业集群与银行共生关系

（一）生成了稳定的共生界面

多个中小企业通过某种联系组织起来形成了中小企业集群，然后在与银行的信贷融资中互相提供担保，承担连带责任。集群内中小企业在这种关系中形成了互相联系、互相支持、互相监督的机制。因此，集群内中小企业从自身利益出发，将会在成立初期对企业进行筛选，在连带责任的压力下将劣质企业排除在外，使中小企业集群的实力得以增强。银行在为中小企业集群提供融资的过程中，可以获得规模经济的好处，提高了银行的收益。银行与中小企业集群实现了互利共生，具备了稳定的关联关系和相互兼容关系。从共生理论的视角出发，银行向中小企业集群提供贷款的数量是银行的主质参量，集群企业的利润是中小企业集群的主质参量，银行和中小企业集群的主质参量是正相关的兼容关系，形成了稳定的共生界面。

（二）在共生体系中共生单元均可获得共生能量

作为不同类型的共生单元，中小企业集群和银行生成了稳定的共生界面，在共生机制的作用下产生了共生能量。中小企业集群和银行均可从中获得共生能量，从而形成了长期稳定的合作关系。参与到集群融资中的各个中小企业，不但提高了自身信用，降低了违约风险，还通过各种联系的加强提高了盈利能力。盈利能力的提高使银行更乐于为其提供信贷支持，更多的信贷支持进一步提高了集群中小企业的研发能力和获利能力，也增加了银行的收益和放贷的积极性，形成了互利共赢的局面。

银行在对中小企业集群融资的过程中，可以从央行、海关、评级机构、互联网获得中小企业相关信息，降低了信息收集的成本，提高了信息的准确性，获得了外部规模经济效应，通过对优质中小企业集群的信贷也增加了银行的利润空间。可见，中小企业集群和银行通过合作产生了共生能量，而且均从中分享了共生的收益，使各自的实力得以增强。

(三) 形成连续性共生组织模式

在中小企业集群和银行的共生体系中,共生关系具有一定的必然性和稳定性。中小企业因为某种联系形成了中小企业集群,互相担保机制的存在使其成为利益共同体,在业务上也建立了互相支持、互相监督的联系,使其随机性不断降低,利润来源不断提高。银行通过中小企业集群不断扩大信贷规模,既拓展了业务领域,又积累了客户资源,使银行的利润来源不断增加,银行是中小企业集群最重要的外源融资渠道,对于支持中小企业的发展具有重要作用。中小企业集群和银行之间相互作用形成了互利共生的局面,如果从共生理论的视角分析,无论是共生界面还是利润分配特征,都形成了连续共生的组织模式。

(四) 形成互惠共生的行为模式

金融共生系统内部各共生单元之间的相互作用方式称为共生行为模式,学者将其简单地划分为寄生、偏利共生、非对称性共生和对称性互惠共生模式。如果共生过程中产生共生能量,且共生能量在共生单元中均衡分配,同步进化,则形成了共生单元之间竞合关系最强的对称性互惠共生模式。多个中小企业组成的中小企业集群在融资过程中克服了单个中小企业规模较小,固定资产较少的缺陷,为集群内企业获得了更有力的谈判条件和谈判地位,而且集群内中小企业的合作是建立在信任和了解基础之上的,滤掉高风险企业之后的组合更加稳定,保障自身安全性的同时也降低了银行的风险,在银行与中小企业集群之间形成了互惠共生模式。

但在操作过程中,不但涉及企业数量众多,还涉及银行、担保、评级等多个机构,不同的主体利益诉求不同,对集群融资机制和制度安排的观点不同,因此涉及集群融资模式往往耗时较长,而且设计过程中还需要考虑如何使各参与主体的风险分担合理,如何使合作模式寿命更长,如何使合作机制更稳定等问题导致设计过程中难免有缺陷存在,因此目前的中小企业集群与银行共生模式尚不属于对称性互惠共生模式,仍需要不断完善。

本章小结

目前,中小企业从银行获得的资金支持相对较少,难以满足其生产经营的需要,提出在中小企业集群融资方面,银行具有明显的优势和意愿。尽管银行更愿意为大企业提供服务，但随着资本市场的发展，大企业通过资本市场融资的可能性增加，对银行的信贷资金需求减少。银行从拓展业务的角度出发，可以利用自身的资金和信息优势，在为中小企业集群融资方面寻找新的途径和利润增长点。集群内中小企业互相担保和互相监督机制在一定程度上对银行资金的安全性形成了保障，信用评价机构和担保机构的参与进一步分担了银行的风险，形成了中小企业集群和银行的互利共生模式。但在信贷资金存在缺口的大背景下，银行在共生体系中可以保持优势地位，从共生体系获取更多的共生能量。通过长期的合作，希望中小企业集群和银行之间的共生模式向连续性互惠共生模式转变。因此，要注意发挥银行的积极作用，在中小企业集群融资方面提供更多的支持和服务，构筑更为融洽的共生关系。

第十五章 基本结论与对策建议

第一节 基本结论

本书从我国中小企业融资困境入手,探索中小企业融资困难的原因,首先论证了金融发展对中小企业的促进作用,其次从中小企业信用评级、融资能力、融资效率及融资风险等方面展开实证研究,发现中小企业融资过程中存在的问题,最后从互联网金融、大数据背景以及中小企业集群等方面构建了中小企业融资模式。本书不仅为我国中小企业融资提供理论支持,对缓解中小企业融资难也具有一定的指导意义。本书的主要结论如下:

结论1:各种融资渠道共同作用能够促进实体经济的增长。具体来说表外融资和直接融资与GDP和固定资产投资有着因果关系,而表内融资存在周期性影响效果。因此,各地应该适当调控融资结构,将表内融资占比在适当的范围内尽量减小,加大发展直接融资,从而降低企业融资的资本,促进实体经济的发展。

结论2:金融发展程度与中小企业创业活跃度之间具有正相关性,并且创业活跃度还与地区国民生产总值和出口总额呈正相关。金融业要着重服务于产业结构转型升级,要集中资金服务于中小企业创业融资,给予政策上的支持和引导,切实加强金融服务实体经济的能力,让中小企业在创业时期能够获得充足的、优惠的相关贷款;在度过转型期之后,再不断扩大金融自由度,拓宽金融融资渠道,提高金融运行效率,向金融较为发达的地区学习,促进金融业的建设与发展。

结论3:中小企业作为推动我国经济发展的重要力量,他们急需一套完整的、合理的信用评价体系,以解决发展中普遍存在的资金问题。充分考虑到中小企业的特点,依托互联网的发展,借助基础信息整合机制,打造一个开放、共享的中小企业信用平台,推动中小企业信用评级不断完善。

结论4:中小企业的发展潜力、盈利水平、企业规模、资金的运营能力与融资效率呈正相关,企业的资产负债率与融资效率呈负相关。新三板中小企业多数处于规模报酬递增阶段,而新三板中小企业资金使用效率较低的主要原因是纯技术效率过低。

结论5:一方面,影子银行对缓解中小企业的融资具有正面的作用;另一方面,如果对影子银行的现行运行体系不加管理,则会给中小企业带来负面影响。中小企业对影子银行也会产生一定的反作用,当规定的贷款利率上升时,中小企业就会转向影子银行借款,如此便会扩大影子银行的规模;中小企业的融资需求扩张时,也会带动影子银行规模的扩张。GDP、M1的增长会给中小企业带来更多的资金,同时经济中流转的资金增多对扩大影子银行的业务范围也有积极的作用。

结论6:大数据是在云计算的基础上通过数据的集合对信息进行采集和整理,进而解决信息不对称的问题,对于从金融方面来讲主要处理的是数据的需求者和供给者两者之间的信息不对称。大数据取代了传统的信息收集方式,使融资和贷款更加高效安全。

结论7:中小企业集群有通过银行获得融资的优越性。中小企业集群之间的互相担保和监督功能有效地降低了银行的风险,但中小企业集群和银行之间一般不能达到对称性互惠共生的模式。通过长期合作,中小企业集群和银行之间的共生组织模式将逐渐向连续共生模式转变。

第二节 对策建议

一、加强中小企业自身建设

(一)树立企业形象

中小企业必须树立自身良好的形象,得到社会和金融机构的认可才能获得更好的发展。因此除提供给社会高品质的服务和产品外,不断提高自身内容的同时,还要通过各种手段宣传自己,让社会和消费者认识、喜欢,并愿意为企业做宣传。中小企业要牢固树立诚信观念，提高企业信用评级，及时借款，按时还贷，杜绝不良信用记录。建立成熟的信用体制、建立健全内部信用管理制度，将守法和信用作为基本准则，以诚实的人格得到来自于社会和银行的欣赏。

（二）改善管理模式

中小企业应建立符合社会主义市场经济制度的产权制度和管理制度，完善法人治理结构。明确企业产权，实现产权分离，建立并完善现代企业制度。建立权责机制，明确各部门机构职能和责任，明确员工责任，发挥每个人的作用。调整企业组织架构，削减企业层次，减少冗余机构，提升工作效率。建立完善的规定和准则，强化企业查核工作，管理企业行为。创建企业文化，加强员工对企业的认同感，培养员工的集体荣誉意识，增强企业的凝聚力和向心力。

（三）加强信用建设

中小企业融资困难的原因之一就是信用评级较低而且与银行之间存在信息不对称问题，导致银行提供贷款的风险太高。所以中小企业本身信誉要足够好才能打消银行担心贷款不能收回的顾虑。首先，在申请贷款时中小企业要保证所提供的财务数据的准确性。其次，中小企业的权益人要有足够好的信用。最后，中小企业要努力提升自身经济实力，银行不向中小企业提供贷款归根结底是因为担心收不回贷款，如果中小企业实力雄厚到足以打消银行的顾忌，银行自然会批准中小企业的贷款申请。

（四）完善财务制度

中小企业要强化财务管理建设，加强成本控制；建立完善的财务管理制度；健全企业采购、生产、销售、库存管理各个环节的管理办法；加强流动资产管理；健全内部约束制度，确保资产的保值及增值。确保企业的财务指标能真实准确地反映企业的财务状况，做到信息透明化，最大限度地消除银企之间的信息不对称现象。

（五）企业创新转型

中小企业应挖掘自主创新潜力，打造以创新为核心企业。建立研究室和科技研究中心，加强与高等院校、科学研究机构的合作与交流，走产学研结合的道路，大力推进科技转化为生产力，强化创新能力，提高企业核心竞争力，从而得到银行认可。随着世界发展阶段的变化而做出转型，去实现世界发展对于企业发展提出的新要求，否则只会在逆行中消亡。

二、政府扶持

（一）减税减负

政府对中小企业的扶持力度应继续加强，可以给予中小企业一定的税收优惠政策，如退税减税等，也可以出台落实一些促进中小企业发展的相关法律法规等。此外，当中小企业的抵押权益登记到期时，允许他们将继续使用同一抵押物申请延期抵押贷款；当中小企业利用抵押物向银行借款时，以固有资产等为信用凭证或者反担保抵押的，在企业与银行商讨后，不予估值，直接去公证处做公证；对于中小企业信贷融资过程中的抵押登记费、担保费等进行适当优惠，从而降低中小企业的融资成本，使企业负担不断减少。

（二）鼓励金融机构发展

鉴于目前中小企业面临的融资环境，必须开放民间金融的市场准入，发展民间金融机构。加强国有银行对中小企业的支持力度。政府要贯彻落实中小企业贷款可最高上调30%的政策，还可以设立一些为中小企业服务的试点单位，对中小企业贷款尝试一些制度上的创新，发挥国有银行的资本实力。

（三）完善中小企业融资抵押条件

对于中小企业使用的集体所有权的土地，积极确定土地的评估制度，并进行产权登记，以便中小企业可以利用集体所有土地进行抵押贷款。对于许多中小企业的房产没有产权证的问题，为符合条件的企业办理房产证成为当务之急，通过将中小企业的部分沉淀资产盘活，为中小企业融资提供更多的可抵押资产。另外，无论是股权还是应收账款抵押的方法和规章都应不断完善，扩大抵押物的范围，简化抵押物登记程序，提高办事效率。

三、金融机构改革

（一）优化信贷投放结构

加大信贷投放力度，对生产经营正常、项目前景好的企业尽量满足其融资需求，不压贷、不抽贷；对暂时困难的优质企业采取无还本续贷、应收账款质押以及保证担保等方式予以支持，帮助企业度过寒冬；主动为企业减压减负，通过减免金融服务收费、贷款展期以及无还本续贷等方式，缓解企业"融资贵""融资难"等问题；主动上门对接项目，全面深入开展金融服务挺进社区、园区、专业市场、繁华地段和机关单位"五个挺进"和深耕农村、社区（街道）、商区（园区）、校区"四个深耕"活动，主动传导金融业务知识和金融政策，因地制宜、量身定做推出适宜的金融服务。

（二）优化抵押贷款

第一，不再单一的以有形资产作为抵押来进行贷款，创新对无形资产的利用方式，使无形资产也能作为抵押进行贷款，变"废"为"宝"，为中小企业贷款开辟新的途径。第二，对于抵押物的要求进行合理的优化，简化原有的抵押体系或建立新的抵押体系，使中小企业能简单便利地完成银行对抵押物的要求，同时也能保障银行的利益。

四、信用担保体系的完善

（一）健全担保法律体系

信用担保业作为一个行业，以提供信用担保为主要经营内容，因此需要组织法和行为法两部分作为该行业的法律规范。然而，我国现行的担保法主要对担保行为进行了规范，没有涉及对担保机构的规范，因此目前担保机构的准入条件、运行机制等问题依旧处于无法可依的境地。公司法是规范担保公司主要的组织法，一些部门如国家经贸委发布了规范担保公司的部门规章，虽然也具有一定的规范性质，但还不能称其为法律渊源，因此信用担保行业的组织法还有待继续完善。过去，我国市场的开放是先开放后立法，如证券市场、期货市场等，产生的弊病很多。信用担保业如果要大发展，不应该再走这样的道路，否则既不利于信用担保业的发展，也给管理甚至是法院的审判增加了难度。

（二）担保业的外部监管体系有待不断完善

目前，我国中小企业主管部门、财政部、人民银行等部门负责中小企业信用担保行为的监督管理，对中小企业担保机构进行统一监管。各地还组建了中小企业信用担保协会，对各地担保行业统一管理，鼓励各担保公司将自己的信息库进行信息共享，构建担保行业的信息库，促进担保机构间的合作和信息交流，并鼓励各担保机构进行互相监督，对于金额较大的信贷需求，鼓励各担保机构进行合作以分散风险，实现收益共享，风险分担。

担保业监管体系包括自律和他律两个层面。按照精简、统一、效能的原则，由中小企业主管部门、人民银行等部门组建政策性的监管委员会，对政府主导和社会主导的信用担保机构统一监管，在中小企业主管部门设立监管办公室，作为该委员会的常设机构。

结束语

中小企业融资难题作为一个世界性的难题,受到各国学者的广泛关注。而中小企业融资问题的研究涉及中小企业的信用评价、融资风险评价、融资能力等多个方面,而中小企业融资问题的解决更是一项需要与时俱进的工作,本书通过对我国当前大数据、互联网、云融资模式、共生理论进行系统研究之后,提出了可行性的、操作性强的对策建议。

展望未来,相信随着世界经济的复苏、我国经济的不断发展、中小企业自身竞争力的不断提高和外部环境的不断改善,中小企业一定能获得更多的资金支持,实现可持续发展。

参考文献

[1] Modigliani F, Miller M. H, Corporate Income Taxes and the Cost of Capital: A Correction [J]. Ametican Economic Review, 1963, 48 (3): 261 -279.

[2] Elexander A, Tobichek and Stewart C. Myers. Problems in the Theory of Optimal Capital Structure [J]. Journal of Financial and Quantitative Analysis, 1966, 1 (2): 1 -35.

[3] Myers S C, Majluf N S. Coporate financing and investment decisions when firms have information that inverstors do not have [J]. Journal of financial economics, 1984, 13 (2): 187 -221.

[4] Jensen and Mecking. The theory of the firm, Managerial behavior, Agency cost and capital structure (Periodical style) [J]. Joumal of Financial Economics, Vol. 3, 1976: 64 -78.

[5] Dimitrios Buhalis. Strategic use of information technologies in the tourism industry [J]. Tourism Management, 1998, 19 (5): 409 -421.

[6] Yiping Li. Exploring Community Tourism in China: The Case of Nanshan Cultural Tourism Zone [J]. Journal of Sustainable Tourism, 2004, 12 (3): 175 -193.

[7] Lending: The Importance of Bank Organizational Structure [M]. Economic Journal, 2002

[8] Moro & Andrea. Reduction in information asymmetry and credit access for small and medium - sized enterprises [J] Journal of Financial Research, 2015 (1).

[9] Stiglitz, Joseph E. and Weiss, Andrew, Credit Rationing in Market with Imperfect Information [J]. The American Economic Review, 1981, 71 (3): 393 -410.

[10] Ruta Aidis, Saul Estrin, Tomasz Mickiewicz. Review of Economics and Institutions, 2010, 1 (1).

[11] Zyanko V. Vìsnik. Kiïvs'kogo Nacìonal'nogo Unìversitetu ìmenì Tarasa Ševčenka. Ekonomìka, 2013, 6 (148), pp. 17 – 20.

[12] Erkan Poyraz, Yusuf Tepeli. Dokuz Eylül Üniversitesi İktisadi ve İdari Bilimler Fakültesi Dergisi, 2016, 31 (1).

[13] Luca Grilli Regional Studies, 2019, 53 (5), pp. 620 – 629.

[14] Richard P. Gregory Research in International Business and Finance, 2019, 48, pp. 48 – 58.

[15] Bens. Bernanke. Credit in the Macroeconomy, FRBNY Quarterly Review [M]. 1992 – 1993: 50 – 75.

[16] Bens. Bernanke, Alan S. Blinder. The Federal Funds Rate and the Channels of Monetary Transmission, American Economic Review [M]. 1992: 901 – 921.

[17] Myers S. The capital structure puzzle [M]. Journal of Finance, 1984, 39 (3): 575 – 592.

[18] Jensen. Meekling Theory of the Firm: Managerial Behavior [M]. Agency Costs and Ownership Structure, 2012 (l2): 11 – 13.

[19] Ann E. Harrison. Global capital flows and financing constraints [J]. 2003: 9 – 13.

[20] Andrea Caggese. Financing constraints, firm dynamics, export decisions, and aggregate productivity [J]. 2012: 14 – 18.

[21] Xiuwei Tang. The Research on Financing Predicament and Effectiveness of Small and Medium – size Enterprises in China [A] //Proceedings of 2nd International Conference on Education, Management and Social Science (ICEMSS 2014) [C]. 国际信息与计算机科学研究学会, 2014.

[22] Xiya Luo 1 School of economics and management, North China Electric Power University, Beijing, China. Study on the Financing Methods of China's Listed Companies [A]. International Economics Development and Research Center (IEDRC). The Proceedings of 2011 3rd International Conference on Information and Financial Engineering [C]. International Economics Development and Research Center (IEDRC), 2011.

[23] Du Hai – ouZhengZhou Institute of Aeronautical Industry Management, ZhengZhou, China. The Analysis of Financing Structure Optimization Problem in Small

and Mediumsized Enterprise [A]. IEEE, Zhengzhou Institute of Aeronautical Industry Management, Henan University of Technology, University of Electronics Science and Technology of China, Sichuan Institute of Electronics. Proceedings of 2011 3rd IEEE International Conference on Information Management and Engineering (ICIME 2011) VOL. 01 [C]. IEEE, Zhengzhou Institute of Aeronautical Industry Management, Henan University of Technology, University of Electronics Science and Technology of China, Sichuan Institute of Electronics, 2011.

[24] Wu C, Wang N. The empirical study of influence factors in small and medium – sized enterprise (SMES) financing in Liaoning province [J]. Journal of Chemical & Pharmaceutical Research, 2014.

[25] Wang S J. Research on the Problems of Small and Medium – sized Enterprises Financing in Qinghai Province——Under the Background of Inflation [J]. Journal of Qinghai Normal University, 2013.

[26] You T J. The discussion on the financing difficult questions of the "small and medium – sized enterprises" under the new situation——"Hengshi guarantee experience" as an example [J]. Journal of Jiamusi Education Institute, 2012.

[27] Allen Berger, Gregory Udell: Economics of small business finance: The role of private equityand debt markets in the financial growth cycle. journal of bank and finance.

[28] Berger, A. N, Udell, Relationship Lending and Lines of Credit in Small Firm Finance, Journal of Business, 1995.

[29] Melisso Boschi, Alessandro Girardi, Marco Ventura. Partial credit guarantees and

[30] Ramona Rupeika – Apoga. Financing in SMEs: Case of the Baltic States [J]. Procedia – Social and Behavioral Sciences, 2014, 150.

[31] Meghana Ayyagari. Asli Demirguc – kunt. Vojislav maksimovic. Financing in developing countries [J]. Handbook of the Economics of finance, 2013 (2).

[32] Yu. Ru Syau, E. StanleyLee. Fuzzy Numbers in the Credit Rating of Enterprise Financial Condition. Review of Quantitative Finance and Accounting, 2001 (12).

[33] Darren J. Kisgen. Credit Ratings and Capital Structure. AFA 2004 San Diego Meetings, May 29, 2003.

[34] Elizabeth Mays (Editor), handbook of Credit Scoring, Hardcover, AMA-

COM, December 2000.

[35] BACHMANN A, BECKER A, BUECKRNER, et al. Online Peer – to – Peer Lending: A literature Review [J]. Journal of Internet Bank – ing and Commerce, 2011, 16 (2): 1 – 18.

[36] Zhou J. Discussion on the financing problems of small and medium – sized enterprises [J]. Journal of Jiamusi Education Institute, 2012.

[37] Zhang Y, Zhu J. Discussion on Analytical Approach of Small – and Medium – sized Enterprises' Financial Risk [J]. Journal of Systems Science & Information, 2011. MOLLICK E. The Dynamics of Crowdfunding Determinants of Successand Failure [C]. SSRN Electronic Journal. SSRN. Doi: 10. 2139 / ssrn. 2088298, 2012.

[38] Storey D. J., Tether B. S. New technology – basedfirms in the European U- nion: An introduction [J]. Research Policy, 1998 (26): 939 – 946.

[39] SHENYAN, SHEN MINGGAO, XU ZHONG, et al. Banksize and small – and – medium enterprise (SME) lending: Evi – dence from china [J]. World Development, 2008 (37): 800 – 811.

[40] 曾康霖. 怎样看待直接融资与间接融资 [J]. 金融研究, 1993 (10): 7 – 11.

[41] 宋文兵. 对当前融资形势的理性思考 [J]. 改革与战略, 1997 (6): 1 – 6.

[42] 卢福财. 企业融资效率分析 [D]. 北京: 中国社会科学院博士学位论文, 2000.

[43] 高有才. 企业融资效率研究 [D]. 武汉: 武汉大学博士学位论文, 2003: 25 – 37.

[44] 孟丽君. 山东省上市中小企业融资效率的实证研究 [D]. 青岛: 中国海洋大学博士学位论文, 2012.

[45] 方芳, 曾辉. 中小企业融资方式与融资效率比较 [J]. 经济理论与经济管理, 2005 (4): 38 – 42.

[46] 王平. 基于 FAHP 的民营企业融资效率评价 [J]. 商业研究, 2006 (19): 114 – 117.

[47] 朱冰心. 浙江中小企业融资效率研究 [D]. 杭州: 浙江大学博士学位论文, 2016: 39 – 55.

[48] 肖科, 夏婷. 湖北中小企业融资效率的模糊综合评价 [J]. 武汉金

融, 2006 (7): 42-44.

[49] 李冬梅. 黑龙江省上市公司融资效率问题研究 [D]. 哈尔滨: 哈尔滨工程大学博士学位论文, 2007.

[50] 马占新. 数据包络分析及其应用案例 [M]. 北京: 科学出版社, 2013.

[51] 伍装. 中国中小企业融资效率研巧机制 [J]. 软科学, 2006 (1): 132-137.

[52] 张文娟. 云南旅游产业转型升级策略研究 [D]. 昆明: 云南大学博士学位论文, 2015.

[53] 高玮. 消费升级背景下山西省工业与旅游产业融合发展研究 [D]. 太原: 山西财经大学博士学位论文, 2017.

[54] 杨睿. 文化创意产业与旅游产业融合——以昆明为例 [D]. 昆明: 云南财经大学博士学位论文, 2018.

[55] 张佳佳. 加快旅游业转型升级 云南全力推进"旅游革命" [J]. 时代金融, 2018 (25): 52-53.

[56] 李海林. 西双版纳州旅游产业转型发展研究 [D]. 昆明: 云南大学博士学位论文, 2014.

[57] 邓启. 云南省旅游产业结构优化研究 [D]. 昆明: 云南财经大学博士学位论文, 2015.

[58] 秦瑞阁. 云南省旅游业税收贡献分析 [D]. 昆明: 云南财经大学博士学位论文, 2018.

[59] 金力伟. 金融支持云南省旅游产业发展研究 [D]. 北京: 中央民族大学博士学位论文, 2015.

[60] 谢晖. 云南旅游业可持续发展研究 [D]. 昆明: 昆明理工大学博士学位论文, 2006.

[61] 黄卫挺. 居民消费升级的理论与现实研究 [J]. 科学发展, 2013 (3): 43-52.

[62] 钟山. 云南旅游产业转型升级策略探讨 [J]. 商场现代化, 2017 (10): 100-101.

[63] 马兴泉. 云南旅游产业发展的 SWOT 分析 [J]. 商, 2016 (24): 291.

[64] 史静静. 消费升级视角下的乡村休闲旅游发展策略探析 [J]. 中国集

体经济, 2018 (29): 108-111.

[65] 杨慧萍, 刘春灵. 旅游业与民族文化产业融合研究——以云南藏区为例 [J]. 河北旅游职业学院学报, 2016, 21 (3): 41-45.

[66] 段雅俊. "一带一路"背景下云南旅游业的发展研究 [J]. 科技经济导刊, 2018, 26 (34): 91-92+94.

[67] 张一鸣. "一带一路"战略背景下云南旅游业发展研究 [J]. 时代金融, 2017 (8): 76-77.

[68] 邱成功. 我国中小企业融资问题研究 [M]. 北京: 中国人民大学出版社, 2013.

[69] 刘敏, 丁德科. 创新我国中小企业贷款模式的对策研究 [J]. 管理世界, 2010 (8) 1-6.

[70] 李可. 我国中小民营企业融资路径创新探索 [J]. 中国商贸, 2012 (16): 171-172.

[71] 中国人民银行研究局. 中国中小企业融资状况调查报告 [R]. 2005.

[72] 王在全. 中小企业融资新三十六计 [M]. 北京: 中国经济出版社, 2013.

[73] 林毅夫, 孙希芳. 信息—正规金融与中小企业融资 [J]. 经济研究, 2005 (7): 35-44.

[74] 崔军. 民营中小企业关系型融资的经济学分析 [J]. 财经视线, 2012 (23): 90-91.

[75] 李显, 曹丽华. 民营企业融资困境的金融制度 [J]. 经济纵横, 2006 (6): 12-15.

[76] 程国平. 社会融资规模作为货币政策中介目标的合理性 [J]. 财经问题研究, 2014 (9): 54-57.

[77] 季仙华. 完善金融市场体系, 支持实体经济发展 [J]. 宏观经济管理, 2014, 26 (3).

[78] 盛松成, 阮健弘, 张文红. 社会融资规模理论与实践 [M]. 北京: 中国金融出版社, 2016: 56-57.

[79] 盛松成, 施兵超, 陈建安. 现代货币经济学 [M]. 北京: 中国金融出版社, 2012: 19-20.

[80] 陆前进, 卢庆杰. 中国货币政策传导机制研究 [M]. 北京: 立信会计出版社, 2006: 218-231.

[81] 盛松成，阮健弘，张文红．社会融资规模理论与实践［M］．北京：中国金融出版社，2016：79-80．

[82] 杨倩．中国社会融资规模及其对实体经济增长的影响研究［D］．上海：华东师范大学博士学位论文，2017．

[83] 李东卫．银行业支持实体经济发展的制约因素及建议［J］．贵州城乡金融，2013，31（1）．

[84] 李凤．短期融资券优化企业融资结构［J］．科学大众：科学教育，2013，15（1）．

[85] 史晓宁．吉林省社会融资规模及结构对实体经济的影响研究［D］．长春：东北师范大学博士学位论文，2018．

[86] 中国人民银行．地区社会融资规模统计指标解释［R］．2014．

[87] 张大维，刘博，刘琪．EViews 数据统计与分析教程［M］．北京：清华大学出版社，2010：60-62．

[88] 訾晓笑．金融业服务实体经济发展［J］．决策与信息：下旬，2013，16（2）．

[89] 李晓红．辽宁省中小企业对辽宁经济的贡献分析［J］．中国集体经济，2018（25）：25-26．

[90] 刘定平．区域经济发展水平与中小企业发达程度的关系测度［J］．数量经济技术经济研究，2004（5）：18-24．

[91] 姚秋．辽宁省中小企业金融支持现状与成因分析［J］．黑龙江对外经贸，2009（11）：142-143．

[92] 邓欣．辽宁省中小企业融资问题研究［D］．大连：东北财经大学博士学位论文，2005．

[93] 胡珊珊．我国金融发展对创业的影响研究［D］．南宁：广西大学博士学位论文，2013．

[94] 李伟．中小企业发展与金融支持研究［D］．武汉：华中科技大学博士学位论文，2004．

[95] 杜欣．中国金融非均衡发展研究［D］．沈阳：辽宁大学博士学位论文，2007．

[96] 梁斯．区域金融发展差异化表现若干思考［J］．合作经济与科技，2013（18）：54-55．

[97] 白晶洁，张岢．普惠金融发展、区域收敛与包容性经济增长——基于

辽宁省44县（市/区）数据的实证研究［J］．征信，2018，36（3）：20-26.

［98］刘宽．金融发展水平对创业活跃度影响实证分析［D］．南昌：南昌大学博士学位论文，2016.

［99］彭恂，张质彬．我国普惠金融发展存在的主要问题及改进措施［J］．企业改革与管理，2019（3）：112-113.

［100］尹鹏．区域金融对经济发展贡献度空间差异研究［D］．济南：山东财经大学博士学位论文，2013.

［101］陈刚．金融如何促进创业：规模扩张还是主体多样化［J］．金融经济学研究，2015，30（5）：29-42.

［102］汪菲．金融发展、融资约束与区域企业融资行为［D］．合肥：安徽工业大学博士学位论文，2012.

［103］郑义．我国区域金融发展不平衡分析［J］．金融发展研究，2015（7）：16-22.

［104］白钦先．金融结构、金融功能演进与金融发展理论的研究历程［J］．经济评论，2005（3）：39-45.

［105］方先明，苏晓珺．科技型企业融资风险：来源、评价与控制［J］．科技管理研究，2015（21）：34-36.

［106］罗晶晶．L公司融资风险评价与控制研究［D］．西安：西安石油大学博士学位论文，2017.

［107］李欣．PPP模式下城市轨道交通项目融资风险评价研究［D］．绵阳：西南科技大学博士学位论文，2018.

［108］杨谨溪．房地产企业融资风险评价——以YJ公司为例［D］．大庆：黑龙江八一农垦大学博士学位论文，2017.

［109］王灿灿．供给侧改革背景下煤炭企业融资风险评价研究［D］．天津：河北工程大学博士学位论文，2017.

［110］王岚．基于MGCE的中小企业融资风险综合评价［D］．郑州：郑州航空工业管理学院博士学位论文，2016.

［111］郭亚楠．科技创新型企业融资风险的量化分析与研究［D］．西安：西安工业大学博士学位论文，2018.

［112］卢璐．HY科技公司融资风险评价研究［D］．西安：西安石油大学博士学位论文，2018.

［113］马秀贞，毛振鹏，宋福杰．政策创新与科技型中小企业发展——以青

岛市为例 [J]. 中共青岛市委党校青岛行政学院学报, 2018 (2): 8-11.

[114] 于静霞. 新能源企业融资的财务风险控制研究 [D]. 北京: 财政部财政科学研究所博士学位论文, 2012.

[115] 于洋. 中国小微企业融资问题研究 [D]. 长春: 吉林大学博士学位论文, 2013.

[116] 章立. 科技型中小企业的投融资风险管理 [M]. 北京: 中国金融出版社, 2015: 120-140.

[117] 郑杰. SPSS 统计分析从入门到精通 [M]. 北京: 中国铁道出版社, 2015: 230-260.

[118] 刘曼红. 风险投资: 创新与金融 [M]. 北京: 中国人民大学出版社, 2014: 54-66.

[119] 张玲. 科技型中小企业融资风险管理——基于生命周期的视角 [J]. 现代管理科学: 2014 (13): 13-16.

[120] 高明. 融资约束对企业"走出去"影响的分析 [D]. 昆明: 云南师范大学博士学位论文, 2016: 18-20.

[121] 李杨, 杨思群. 银行与中小企业融资问题研究 [J]. 上海金融, 2001 (10): 4-6.

[122] 尼尔·格雷戈里, 斯托伊安·塔涅夫, 赵红军等. 中国民营企业的融资问题 [J]. 经济社会体制比较, 2001 (6): 51-55.

[123] 李末末. 融资约束对我国中小企业出口贸易影响的实证研究 [D]. 昆明: 昆明理工大学博士学位论文, 2017: 13-17.

[124] 韩春明. 经济周期中我国民营企业融资问题研究 [D]. 北京: 首都经济贸易大学博士学位论文, 2014: 24-28.

[125] 汪燕. 中小民营企业融资困境的实证分析 [D]. 上海: 华东师范大学博士学位论文, 2005: 29-35.

[126] 李秀娟. 民营企业融资方式研究 [D]. 扬凌: 西北农林科技大学博士学位论文, 2013: 16-23.

[127] 中华全国工商业联合会. 全哲洙同志在"四好"商会建设视频会议上的讲话 [R]. 2017: 1-2.

[128] 国家统计局. 对十届全国人大四次会议第 7074 号建议的答复 [R]. 2006: 1-2.

[129] 张中元. 外部融资约束对企业出口行为的影响——基于中国企业普查

数据的实证研究［J］．经济理论与经济管理，2015，35（3）：34-49．

［130］裘丽娅，王璐．融资约束下研发投入对企业绩效的影响——来自创业板上市公司数据［J］．铜陵学院学报，2017（6）：3-4．

［131］金树颖，柳砚妮．企业社会责任与融资约束交互影响的实证研究［J］．沈阳航空航天大学学报，2018（1）：1-3．

［132］卢宁文，杨胭脂．融资约束对并购绩效的影响研究——基于支付方式的中介效应［J］．时代金融，2018（5）：1-3．

［133］秦娜，曾祥飞．内部控制融资约束对企业R&D投资的影响［J］．统计与决策，2018（3）：3-4．

［134］杨东峰．融资环境对我国出口影响的理论与实证分析［D］．南京：南京大学博士学位论文，2011：37-45．

［135］武磊．融资约束对中国企业实质影响的实证研究［D］．成都：西南财经大学博士学位论文，2011：63-72．

［136］严欣杰．浙江省中小企业融资困境与对策研究［D］．杭州：浙江大学博士学位论文，2017．

［137］娄海洋．中小企业融资影响因素实证分析［D］．济南：山东农业大学博士学位论文，2017．

［138］陈德智．长春市中小企业融资问题研究［D］．长春：吉林大学博士学位论文，2017．

［139］王伟凯．德州市中小企业融资难的政府支持问题及对策研究［D］．南宁：广西师范大学博士学位论文，2017．

［140］叶中正．中小企业融资现状分析及解决方案研究［D］．昆明：云南财经大学博士学位论文，2017．

［141］李君．中小企业融资影响因素的实证研究［D］．昆明：昆明理工大学博士学位论文，2017．

［142］陈龙文．桃花工业园中小企业融资问题研究［D］．南宁：广西大学博士学位论文，2017．

［143］袁剑．我国中小企业融资优化问题研究［D］．长春：吉林大学博士学位论文，2017．

［144］景政．我国中小企业融资困境研究［D］．济南：山东大学博士学位论文，2016．

［145］杨柳青．我国中小企业融资困境与出路［D］．天津：天津财经大学

博士学位论文,2016.

[146] 周建树.中小企业融资问题研究[D].天津:天津大学博士学位论文,2016.

[147] 包东青.南通中小企业融资现状与对策研究[D].镇江:江苏科技大学博士学位论文,2015.

[148] 潘峰.我国中小企业融资难问题研究[D].武汉:华中师范大学博士学位论文,2014.

[149] 袁成杰.经济新常态下中小企业融资效率问题研究[J].河北金融,2015(2).

[150] 康志勇.出口贸易与自主创新——基于我国制造业企业的实证研究[J].国际贸易问题,2011(2):35-45.

[151] 杨淑娥.破解新常态下科技型中小企业融资困境[J].经营管理者,2015(8Z):15-16.

[152] 杨倩,杜文强.经济新常态下中小企业融资问题探讨[J].现代商贸工业,2015,36(14):17-18.

[153] 佘颖.新常态下民营中小企业融资问题探究[J].经营管理者,2016(24).

[154] 黄浩.中小企业融资难的现状、成因分析及对策研究[J].考试周刊,2016(64):192-193.

[155] 李亮.中小企业融资难现状分析与探讨[J].现代经济:现代物业中旬刊,2010,9(10):43-44.

[156] 蔡建国,张兰.政策分析中小企业融资问题——基于国内外中小企业融资方式及现状的比较探讨[J].时代经贸旬刊,2007(S2):93-94.

[157] 李若兰.新常态下中小企业融资难问题及对策研究[J].时代经贸,2015(26):52-54.

[158] 侯小坤.新常态下中小企业融资问题研究[J].安阳师范学院学报,2016(4):30-33.

[159] 李双杰.高收益债券市场对缓解中小企业融资困境的作用[J].财政科学,2017(2):110-124.

[160] 肖作平,吴世农.我国上市公司资本结构影响因素实证研究[J].证券市场导报,2002(8):39-44.

[161] 刘攀,吴冬梅.试论信用评级制度对信用风险的弱化作用[J].西

南金融, 2003 (11): 53-54.

[162] 萧维. 企业资信评级 [M]. 北京: 中国财政经济出版社, 2005.

[163] 张其仔, 尚教, 周雪琳等. 企业信用管理 [M]. 北京: 对外经济贸易大学出版社, 2002.

[164] 夏敏仁, 林汉川. 企业信用评级: 基于国外经验的中国体系研究 [M]. 上海: 上海财经大学出版社, 2006.

[165] 郝丽萍, 胡欣悦, 李丽. 商业银行信贷风险分析的人工神经网络模型研究 [J]. 系统工程理论与实践, 2001 (12): 62-69.

[166] 田博, 覃正. 电子商务中的信用模型研究 [J]. 情报杂志, 2007 (4): 42-44.

[167] 杨淑娥, 黄礼. 基于BP神经网络的上市公司财务预警模型田 [J]. 系统工程理论与实践, 2005 (4).

[168] 高尚, 刘夫成. 与K均值混合的支持向量机的个人信用评估 [J]. 中南大学学报 (自然科学版), 2013, 44 (7): 169-173.

[169] 石晓军, 任若恩, 肖远文. 边界Logistic违约率模型及实证研究 [J]. 管理科学学报, 2007, 3: 44-51.

[170] 杨海军, 太雷. 基于模糊支持向量机的上市公司财务困境预测 [J]. 管理科学学报, 2009, 3: 102-110.

[171] 于兆吉, 郭亚军. 电子商务环境下信用评级的一种新方法 [J]. 控制与决策, 2009, 24 (11): 1668-6721.

[172] 陈元燮. 建立信用评级指标体系的几个理论问题 [J]. 财经问题研究, 2000 (8): 3-8.

[173] 程功, 任宇航. 公司资本结构对信用风险的影响 [J]. 北京理工大学学报 (社会科学版), 2007, 19 (1): 73-76.

[174] 陈建中, 徐玖平. 群决策的交互式TOPSIS方法及应用 [J]. 系统工程学报, 2008, 23 (3): 276-281.

[175] 胡理增, 薛恒新, 于信阳. 以客户终身价值为准则的客户重要程度识别系统 [J]. 系统工程理论与实践, 2005, 25 (11): 79-85.

[176] 张荣刚, 梁琦. 产业集群内中小企业融资环境实证分析 [J]. 生产力研究, 2007, 1: 135-136.

[177] 万芊, 刘力. 地区金融环境与中小企业融资行为 [J]. 金融论坛, 2010, 10: 73-80.

[178] 牛黎明. 改善我国中小企业融资环境的研究 [D]. 上海: 复旦大学硕士学位论文, 2009: 2-49.

[179] 常相全. 基于 AHP_ DEA 的农村金融生态环境评价 [J]. 决策参考, 2008 (11): 58-60.

[180] 霍彩珍. 中小企业融资外部环境研究 [J]. 财会通讯, 2010 (5): 11-12.

[181] 陈小燕. 基于 CAS 理论的企业与环境协同进化研究 [D]. 天津: 河北工业大学硕士学位论文, 2005: 2-61.

[182] 鞠春燕. 我国中小企业融资环境问题研究 [D]. 苏州: 苏州大学硕士学位论文, 2008.

[183] 刘文科. 我国中小企业外部融资环境研究 [D]. 济南: 山东经济学院硕士学位论文, 2011.

[184] 陈长亮. 新经济形势下中小企业融资环境研究 [J]. 财会通讯, 2012, 12: 9-10.

[185] 蒲林霞. 中小企业融资环境分析 [J]. 生产力研究, 2011, 4: 183-194.

[186] 吴卫星. 中小企业融资环境问题研究 [D]. 南昌: 江西师范大学硕士学位论文, 2012.

[187] 鲍静海. 我国中小企业金融制度创新研究 [M]. 北京: 人民出版社, 2008.

[188] 王洪生. 金融环境融资能力与中小型科技企业成长 [J]. 当代经济研究, 2014 (3): 86-91.

[189] 张玉明, 王洪生. 基于云创新的政府管理创新研究 [J]. 东南学术, 2014 (2): 73-78.

[190] 陈晓红, 刘剑. 不同成长阶段下中小企业融资方式选择研究 [J]. 管理工程学报, 2006 (1): 1-6.

[191] 张正平, 胡夏露. P2P 网络借贷: 国际发展与中国实践 [J]. 北京工商大学学报, 2013 (2): 87-93.

[192] 肖本华. 美国众筹融资模式的发展及其对我国的启示 [J]. 国际金融, 2013 (1): 53-56.

[193] 周宇. 互联网金融: 一场划时代的金融变革 [J]. 探索与争鸣, 2013 (9).

[194] 李博. 互联网金融的模式与发展 [J]. 中国金融, 2013 (10).

[195] 谢娟娟, 刘小瑜, 廖鹏. 科技型小微企业金融支持探讨 [J]. 科技进步与对策, 2013 (9): 86-89.

[196] 刘洋. COB 银行中小企业信贷风险管理研究 [D]. 石家庄: 河北地质大学博士学位论文, 2017 (12).

[197] 王湘平. 平安银行深圳分行中小企业信贷策略改进研究 [D]. 兰州: 兰州大学博士学位论文, 2017 (12).